LA NOVELA ROMÁNTICA EN ESPAÑA

Entre libro de caballerías y novela moderna

RUSSELL P. SEBOLD

LA NOVELA ROMÁNTICA EN ESPAÑA

Entre libro de caballerías y novela moderna

EDICIONES UNIVERSIDAD DE SALAMANCA

ACTA SALMANTICENSIA
ESTUDIOS FILOLÓGICOS

293

1.ª edición: Octubre, 2002
I.S.B.N.: 84-7800-841-1
Depósito Legal: S. 1081-2002

Ediciones Universidad de Salamanca
Página en Internet: http://webeus.usal.es
Correo-e: eus@usal.es

Fotocomposición, impresión y encuadernación:
GRÁFICAS CERVANTES S.A.
Ronda de Sancti-Spiritus 9-11
Teléfono 923 26 01 11
Salamanca

Impreso en España-Printed in Spain

❦

CEP. Servicio de Bibliotecas

SEBOLD, Russell P.

La novela romántica en España: entre libro de caballerías y novela moderna /
Russell P. Sebold. — Salamanca:
1.ª ed.— Ediciones Universidad de Salamanca, 2002
244 pp.; 17x24cm.
(Acta Salmanticensia. Estudios filológicos; 293)

1. Novela española —Siglo 19.º—Historia y crítica.
2. Romanticismo-España

821.134.2-31.09"18"

A Jane, mi amada esposa y más sesuda consejera literaria, por mucho que odie la novela romántica de todos los países.

A mis antiguos alumnos, que adoran el género narrativo de Scott, Vigny y Espronceda.

Índice

PREFACIO

L ÉXITO DEL CURSO QUE YO DICTABA sobre la novela romántica española, en la Universidad de Pennsylvania, posiblemente se debiera al extraordinario paralelo que existe entre las novelas románticas y las telenovelas de nuestro tiempo. Porque la novela romántica es, por así decirlo, la telenovela del siglo XIX; satisfacía entonces a la misma necesidad de emocionante aventura compartida a la que satisface tanta epopeya televisiva de hoy. En estas páginas nos limitamos al análisis de diez obras canónicas del género novelístico romántico, mas sería una enorme equivocación pensar que fuera un género de cultivo limitado en España, como ha llegado a decir algún crítico. Aunque analizáramos, no diez, sino veinte, treinta, cuarenta novelas románticas, tal cifra no representaría todavía más que una mínima fracción de la producción total de tales obras.

Pues siendo éstas la televisión de esos años, la demanda era enorme, la producción fue enorme, y la lista completa de las lecturas de gentes sencillas que gozaban en imaginarse intrépidos paladines y nobles doncellas, incluiría, además de las narraciones canónicas, novelas tan olvidadas como *La heredera de Sangumí, romance original del siglo XII* (1835), de Juan Cortada; *Blanca y Fadrique o los efectos de la ambición, novela histórica, original* (1837), de José María de Heraso y Roig; *Los dos asesinos. Historia de tiempo del emperador Pedro el Grande* (1840), sin nombre de autor; *Ernestina, novela histórica, original* (1848), de José María del Río; *Fernando IV de Castilla, o dos muertes a un tiempo, novela original del siglo XIV* (1850), de V. África Bolangero; *El caballero de San Yuste, novela original* (1850), de José de Torres y Muñoz; *El encubierto de Valencia, novela original del siglo XIV* (1852), de Vicente Boix; *Raquel, novela original* (1852), de Joaquín Pardo de la Casta; *El favor de un rey, novela original del siglo XV* (1852), de Eustaquio María de Nenclares; *Pelayo, novela histórica, original* (1853), de Juan de Dios de Mora; *El puñal de Trastámara* (1858), de Manuel Torrijos; *Las hijas del Cid* (1859), de Antonio de Trueba; *La bandera de la muerte, novela original* (1859), de Víctor Balaguer.

Pero esto no es nada: son simplemente algunos de los títulos que pude reunir en mi despacho en tres o cuatro minutos. Hay también todos los folletines históricos de Fernández y González y Julio Nombela. Hay las segundas y terceras novelas de algunos de los autores estudiados en este libro. Habría que incluir todos los títulos de la colección de La Novela Histórica Española, publicada por Tebas (Madrid, Ediciones Giner), a mediados del decenio de 1970, así como los editados por el Círculo de los Amigos de la Historia en los mismos años. Hay centenares de novelas históricas románticas registradas en el *Catálogo de novelas y novelistas españoles del siglo XIX* (Madrid, Cátedra, 1979), de Juan Ignacio Ferreras. Y tampoco habría que olvidar todas las novelas históricas románticas mencionadas en las bibliografías anuales de la vieja *Historia de la lengua y literatura castellana*, de Julio Cejador y Frauca, especialmente los tomos VI a VIII (Madrid, Tipografía de la «Revista de Archivos, Bibliotecas y Museos», 1917-1918). Existen a la vez novelas románticas de tema contemporáneo, como *Sab* y *Dos mujeres*, de Gertrudis Gómez de Avellaneda. Todo ello revela que al menos en lo que se refiere a la recepción por los lectores decimonónicos, estamos ante un género de gran importancia. Es más: el estudio atento de las obras maestras de esta escuela novelística confirma con creces las grandes posibilidades artísticas que la forma encierra, según creo haber demostrado en las páginas que siguen.

Ni el gusto de los televidentes actuales ni el de los apasionados lectores ochocentistas de folletines puede considerarse como totalmente descaminado. Hace falta un talento poco común para levantar a gentes humildes y desilusionadas de sus rutinarios menesteres a un nivel ideal de existencia en el que las engancha cada acto de héroes y damas con quienes, sin embargo, no tienen nada en común. Y vamos claros, esto, cuando lo practica un auténtico artista como Larra, Espronceda o Avellaneda, engancha asimismo al lector culto. No obstante, sin siquiera haber mirado bien las mejores muestras del género, la crítica del siglo XX ha solido relegarlas, junto con las demás, a la categoría de obras indignas de un examen serio, alegando que se trataba de un fenómeno masivo, escasamente relacionable con la literatura.

Cuando digo *poética* en conexión con el tema del capítulo primero, entiendo una teoría mucho más pragmática y ajustada a los datos de la historia y la realidad, que abstracta y especulativa. Lo que me interesa es la *poiesis* de la obra, según decían los griegos, o sea su hechura, factura, composición, creación a nivel concreto: quiero decir, cómo ensamblan los escritores las piezas «al forjar la máquina de una novela», según dice Ramón López Soler, en el Prólogo a *Los bandos de Castilla o el caballero del Cisne*. En fin: me interesa lo que se crea merced al consorcio del genio, del tema y del tiempo. Si, como todos los amantes de la literatura deseamos creer, las obras maestras son creaciones únicas, no cabe aplicarles a todas ellas el mismo método o acercamiento crítico, como pretenden hacerlo los llamados teóricos de nuestra época. Unicidad artística y método invariable son lógicamente irreconciliables; y el resultado de éste no será más que cegarnos para la percepción de aquélla. Cuando se trata de obras originales, la mejor preceptiva es la que se descubre en sus propias páginas, completada a veces por la crítica del tiempo del autor. Pues el escritor de cierto talento acostumbra a reflexionar sobre su técnica, y si atendemos a su pensamiento, él mismo nos enseñará cómo ha hecho su obra.

Yo he leído a Lukács, Barthes, Lacan, Derrida, Foucault, Todorov, Kristeva y los demás que está en boga citar repetidamente, página tras página, en la crítica actual. Pero he aprendido más sobre la técnica de la novela romántica leyendo a

Scott, Larra, Espronceda y Escosura. El desprecio del que ha sido objeto la novela romántica española ha tenido al menos la ventaja de protegerla contra la reciente onda de innovación crítica. Pues, de esta escuela crítica, dedicados a novelistas románticos españoles, apenas existe algún capítulo de libro, alguna colección de artículos, algún artículo suelto, los cuales, por cierto, me han parecido poco iluminativos, porque se apoyan en la ya mencionada seudoteoría, revelan poca visión independiente, y entre estilo pretencioso y terminología impenetrable resisten a la lectura por una persona inteligente. Pero lo más grave es que algunos de los poquísimos estudiosos que se han ocupado de la novela romántica española en estos años han leído las obras buscando textos que justificasen los prejuicios con que el siglo XX las ha visto. Representa un esfuerzo leer una novela tan larga como *Sancho Saldaña o el castellano de Cuéllar*; mas el lector que sólo conoce alguno de los rutinarios artículos narratológicos, semióticos o deconstruccionistas del día sobre la novela de Espronceda —es el caso de no pocos estudiantes— descubrirá una rica mina de placeres literarios en el texto de la que es sin ninguna duda una de las dos o tres mejores novelas románticas de la literatura universal.

El estilo del presente libro, el concepto de la relación entre realidad y literatura que se tiene en cuenta en él; la noción de la poética novelística, la visión de la evolución de las formas novelísticas y la explicación del nexo entre tema, personaje, lector y argumento que se proponen aquí, son fundamentalmente los mismos que daban forma a mis clases sobre la novela romántica. Y son tal vez otra razón de que esas clases tuvieron siempre una matrícula apreciable. Tanto los alumnos de pregrado como los de posgrado entendían perfectamente lo que se les exponía, se les cansaba el brazo por la cantidad de apuntes que su entusiasmo les llevaba a sacar, y lo que es tal vez más importante, *vivían* las emociones de los protagonistas románticos. Por poco derramaban ellos mismos *una lágrima, una sola lágrima*, como la que Cienfuegos pide a su Celima al final de la dedicatoria de su tragedia *Zoraida*, o como la que de hecho le corre por la mejilla a Macías al final del capítulo XXVIII de *El doncel de don Enrique el Doliente*. He procurado elucidar mis ideas con la mayor sencillez posible, y he intentado hacer esto de tal forma que no se escindan el análisis y la fervorosa vivencia de las emociones románticas por el lector, pues esta última experiencia no es menos importante que la crítica para la comprensión de este género novelístico.

El capítulo primero se publica aquí por primera vez. Los capítulos restantes, en cambio, se publicaron anteriormente, en diversas revistas y otros volúmenes colectivos, con títulos a veces ligeramente diferentes, como está anotado a continuación: «Sadismo y sensibilidad en *Cornelia Bororquia o la víctima de la Inquisición*», en *Actas del I Congreso Internacional sobre Novela del Siglo XVIII*, Servicio de Publicaciones de la Universidad de Almería, 1998, pp. 63-78; «Novela y epopeya en *Los bandos de Castilla*, de López Soler», en *Salina*, núm. 10 (noviembre 1996), pp. 105-115; «Destino y locura: La novela del duque de Rivas», en *Revista de Literatura*, Consejo Superior de Investigaciones Científicas, Madrid, t. LX, núm. 119 (enero-junio 1998), pp. 101-130; «Amor sublime, precursor de la muerte: Sobre la novela de Larra», en *Hispanic Review*, t. LXVI (1998), pp. 387-414; «Lágrimas y héroes en *Sancho Saldaña*», en *Hispanic Review*, t. LXIV (1996), pp. 507-526; «Impostura, antihistoria y novela policíaca en *Ni rey ni roque*, de Escosura», en *Salina*, núm. 11 (noviembre 1997), pp. 69-75; «Marco narrativo y desastre clásico en *Cristianos y moriscos*, de Estébanez Calderón», en *Salina*, núm. 12 (noviembre 1998), pp. 91-95; «Esclavitud y sensibilidad en *Sab*, de la Avellaneda», en *De la Ilustración al Romanticismo. II Encuentro: Servidumbre y Libertad*, Servicio de Publicaciones de la Universidad de Cádiz, 1987, pp. 93-108; «Tuberculosis y misticismo en *El señor de Bembibre*», en *Hispanic Review*, t. LXIV (1996), pp. 237-257; «Caballero y caballero a lo divino en *Doña Blanca de Navarra*», en *Luz vital, estudios de cultura hispánica, en homenaje a Víctor Ouimette*, ed. de Ramón F. Llorens y Jesús Pérez Magallón, Casa Museo Azorín / CAM, Monóvar (Alicante), 1999, pp. 181-193.

Quedo muy agradecido a mi viejo amigo Francisco Rico por su reiterado interés en este libro. Y me es muy grato reconocer la enorme deuda que tengo con José Manuel Bustos Gisbert, director de Ediciones Universidad de Salamanca, con el editor Fernando Benito Martín y con todo el equipo de esta excelente editorial universitaria. En todos los sentidos, ha sido ejemplar su eficacia, profesional su ayuda, y amabilísimo su contacto humano.

RUSSELL P. SEBOLD
Académico Correspondiente
de la Real Academia Española

Universidad de Pennsylvania
Filadelfia
15 de octubre de 2001

I

INTRODUCCIÓN: LA NOVELA ROMÁNTICA, SU NOMBRE Y SU POÉTICA

1. El término *novela romántica*

En el fondo, es redundante decir novela romántica, tan redundante como si dijéramos novela novelística, romance romancesco, o romance romántico; pues *novela* y *romance* son sinónimos. Primero, es menester establecer el sentido particular de cada uno de los componentes del término doble que nos interesa. *Novela* y *romance* significan o pueden significar una narración ficticia extensa, en prosa o verso. *Romance* en este sentido es hoy en día poco usado. Sin embargo, según la vigésima segunda edición (2001) del *Diccionario de la lengua española*, de la Real Academia Española, la tercera acepción del sustantivo *romance* es: «Novela o libro de caballerías, en prosa o en verso». Ejemplo claro de lo cual se nos ofrece todavía en el segundo cuarto del siglo XX, en el título de una ficción de José María Pemán: *Romance del fantasma y doña Juanita: novela* (1927), donde la voz final sirve para reafirmar la acepción de *romance* de la que se trata. Ahí está también el *Romance de lobos* (1908), comedia bárbara de Valle-Inclán, que en realidad es un romance o novela de caballerías, que simplemente tiene forma dialogada, como la *Celestina* y varias novelas de Galdós.

Se desprende de la citada definición académica de *romance* y de los títulos de novela citados que en la práctica se observa una distinción entre *novela* y *romance*. Novela es una relación de las experiencias de gentes ordinarias con quienes fácilmente podemos identificarnos. Dice el *Diccionario* académico, en la edición citada, que lo propio de la novela es «la descripción o pintura de sucesos o lances interesantes, de caracteres, de pasiones y de costumbres». Costumbres, esto es, la conducta normal, cotidiana de la raza humana. (La conexión entre *novela* y vida ordinaria queda más clara, curiosamente, por la definición académica dieciochesca, citada más abajo.) En cambio, *romance* es una relación de cosas inauditas, maravillosas, fantásticas y tan alejadas de nuestra experiencia, que incluso podrían narrarse en verso.

La distinción estaba implícita aun antes que *novela* se usara en su acepción literaria actual. En el siglo XV, se diferenciaba entre cronistas *escientes*, que consultaban fuentes latinas y se atenían a la verdad histórica, y cronistas *romancistas*, que sólo sabían romance o español y cuyas obras desordenadas y fabulosas, no gozaban de autoridad por basarse en la poesía popular y la leyenda. Y estos *romances*, escritos por historiadores romancistas —que no se han de confundir con los romances viejos, artísticos, épicos, históricos, fronterizos, etc.— eran composiciones de considerable extensión en verso o en prosa, cuyos temas amorosos y aventuras inverosímiles y fantásticas eran siempre en gran parte ficciones. *Romance* en esta acepción cayó luego en desuso hasta el siglo XVIII[1].

Mientras tanto, había evolucionado el significado de la palabra *novela*, que en el siglo XVII, en la obra de Cervantes, Castillo Solórzano, Zayas Sotomayor y Salas Barbadillo, se refería a relaciones cortas de sucesos fingidos, de carácter singular y no pocas veces maravilloso. En el tomo IV (1734) del *Diccionario de Autoridades*, muy al contrario, se lee: «NOVELA. s. f. Historia fingida y *tejida* de los *casos* que *comúnmente* suceden o son *verisímiles*» (las cursivas son mías). Las voces *tejida* y *casos* descubren la pluralidad de las fuentes de la acción de la novela, o sea su complejidad y extensión; con el adverbio *comúnmente* y el adjetivo *verisímiles* se apunta al carácter ordinario, cotidiano de la *novela*, tan diferente del tono del *romance*. Ya decíamos que aquí se insiste más en la índole realista de la novela que en la definición académica actual de *novela*. La característica de mayor extensión que se deduce de esta definición se confirma por una observación importante de Gregorio Mayans y Siscar, en su *Vida de Cervantes* (1737): «Yo soy de sentir que entre *cuento* y *novela* no hay más diferencia, si es que hay alguna, que lo dudo, que ser aquél más breve»[2].

En 1743 se publica la *Vida*, de Torres Villarroel, y entre los curiosos términos que su autor aplica a esta narración realista, de más de doscientas páginas en todas las ediciones, se encuentra el de *novela certificada*[3]. *Fray Gerundio de Campazas* (1758, 1768), del padre Isla, es tan extenso como *Don Quijote*; y su autor acaba por llamarlo *novela*. En el último capítulo, Isla dialoga con un ficticio orientalista inglés, quien ha leído las supuestas fuentes documentales de las aventuras pulpitables del ignorante frailecillo, y el lingüista le advierte: «Si, como vuestra merced la llama *historia*, la llamara *novela*, en mi dictamen no se había escrito cosa mejor, ni de más gracia, ni de mayor utilidad»[4]. Al final del siglo XVIII, cuando la Inquisición examina la relación ficticia de la vida del niño naufragado, *Eusebio*, de Pedro Montengón, obra tan extensa como *Fortunata y Jacinta*, publicada originalmente en cuatro tomos, y de casi mil páginas en la nueva edición de Fernando García Lara, en Cátedra, los graves calificadores no vacilan en llamarla *novela*. Consideremos su juicio favorable de 1785: «La novela titulada *El Eusebio* es una

[1] Véase Miguel Garci-Gómez, «*Romance* según los textos españoles del Medievo y Prerrenacimiento», en *The Journal of Medieval and Renaissance Studies*, Duke University, t. IV (1974), pp. 35-62.

[2] Gregorio Mayans y Siscar, *Vida de Miguel de Cervantes Saavedra*, ed. de Antonio Mestre, Clásicos Castellanos, 172, Madrid, Espasa-Calpe, 1972, p. 25.

[3] Véase Russell P. Sebold, *Novela y autobiografía en la «Vida» de Torres Villarroel*, Letras e Ideas, Minor, 5, Barcelona, Editorial Ariel, 1975, pp. 43-44 y *passim*.

[4] Véase José Francisco de Isla, *Fray Gerundio de Campazas*, ed. de Russell P. Sebold, Colección Austral, A257-A258, Madrid, Espasa-Calpe, 1992, t. II, p. 417.

producción [...] que puede ser útil»; y otro negativo de 1802: «Lea quien quiera esta novela [...], reconocerá todavía mayores inconvenientes»[5].

En la crítica literaria dieciochesca, se emplean a veces como sinónimos los sustantivos *novela* y *romance*. Verbigracia, en su capítulo sobre la epopeya, el jesuita Antonio Burriel habla de «los poemas romancescos que llamamos novelas o romances»[6]. Pero la mayoría de las veces se distingue entre ellos con cierta precisión, y la distinción registrada en las obras de época es ya la misma que hemos deducido del Diccionario académico moderno. En su traducción y adaptación, de 1798-1799, de las *Lecciones sobre la retórica y las bellas letras*, del inglés Hugo Blair, José Luis Munárriz desarrolla la historia de la ficción extensa en prosa, en Europa, y concluye que «de *romance* heroico y magnífico vino a parar en *novela* familiar»[7]. En el mismo apartado, Munárriz se refiere a «aquellos *romances* de caballería andantesca, que presentaron una caballería ideal en una elevación aun más extravagante, que la que tuvo en realidad» (p. 292); y observa que «el *romance* de Turpín fue seguido de *Amadís de Gaula*» (p. 294). Mas, por lo contrario, cambia de término cuando apunta que «las *novelas* de Fielding están escritas con gracejo», y cuando insiste en su opinión de que «el más moral de todos los escritores de *novelas* es Richardson» (p. 297). Producida en los años finales de la centuria, esta adaptación española de Blair nos proporciona así un apto resumen de la evolución terminológica que se venía acusando en la crítica de las narraciones ficticias largas. Pero no se piense que la diferenciación, presente en tales páginas, se haya de achacar al influjo de los términos ingleses *romance* y *novel*, tan semejantes por su forma. Pues por el examen del uso del nombre español *romance* en el siglo XVIII y los comienzos del XIX que realizamos a continuación, para la explicación histórica del término compuesto *novela romántica*, quedará claro que largos años antes que Munárriz soñara con traducir a Blair, ya se había establecido en castellano la acepción de *romance*, de «extensa narración caballeresca». Recordemos también el trabajo de Garci-Gómez.

Puede juzgarse que el sustantivo medieval *romance* se vuelve a usar, en la acepción indicada, antes de 1745, porque en su carta *De la crítica*, publicada en ese año, en el tomo II de sus *Cartas eruditas y curiosas*, el padre Feijoo usa el adjetivo derivativo *romancesco* como sinónimo de *fabuloso, inverosímil, extravagante* o *desaforado*. Escribe: «Así sucede frecuentemente que uno dice con gran razón que tal historieta tiene todo el aire de fábula o narración *romancesca*»[8]. En *Los eruditos a la violeta* (1772), de Cadalso, se alude socarronamente a la posibilidad de comparar las aventuras de los filósofos con las de los paladines de romances de

[5] Citados por Ángel González Palencia, «Pedro Montengón y su novela *Eusebio*», *Entre dos siglos, estudios literarios*, Madrid, C.S.I.C., 1943, pp. 142, 171.

[6] Antonio Burriel, *Compendio del arte poética, sacado de los autores más clásicos, para el uso e instrucción de los caballeros seminaristas del Real Seminario de Nobles de Madrid*, Madrid, sin nombre de imprenta, 1757, p. 117.

[7] José Luis Munárriz, *Lecciones sobre la retórica y las bellas letras, por Hugo Blair*, 2.ª ed., Madrid, Imprenta Real, 1804, t. III, p. 295. Las cursivas son mías en esta cita, así como en las sucesivas de Blair relativas a las voces *romance* y *novela*.

[8] Benito Jerónimo Feijoo y Montenegro, *Obras escogidas*, ed. de Vicente de la Fuente, Biblioteca de Autores Españoles, 56, Madrid, Atlas, 1952, p. 602a. La cursiva es mía.

caballerías, cuando se recomienda la *Histoire des philosophes*, de Alexandre Savérien, porque «os presentará [...] con una relación y curioso *romance* de la vida y milagros de cada uno»[9]. En 1778, en su reedición neoclásica de la *Poética de Aristóteles, dada a nuestra lengua castellana por D. Alonso Ordóñez de Seijas y Tobar*, el gran helenista Casimiro Flórez cita como ejemplo del gusto vulgar los «malos libros de *romances* y aventuras»[10]. Más abajo, en el segundo apartado del presente capítulo se cita un pasaje de 1779, de Tomás Antonio Sánchez, en el que este filólogo pionero insinúa que el *Poema del Cid* es un *romance*, en el nuevo sentido de libro de caballerías. En 1788, el novelista Pedro Montengón se basa en crónicas para celebrar la fundación de Venecia y Padua por Antenor; y sin embargo, afirma que puede a la vez servirse de recursos épicos ficticios, como Virgilio en la *Eneida*, «pues lo hago en un *romance*, y no en historia»[11]. Quiere decirse que escribe una novela histórica, llena de aventuras inventadas (*romancescas*), pues los dos tomos de la obra tienen más de ochocientas páginas. En fin, es una novela moderna también por su extensión física. En su *Década epistolar sobre el estado de las letras en Francia* (1781), el duque de Almodóvar remite para el género novelístico «a la *Biblioteca Universal de Romances*, [...] que es muy suficiente dosis de novelería»[12], de cuyos términos —*Romances, novelería*— se deduce una vez más la esencial sinonimia entonces de *romance* y *novela*. La conocida novela histórica del ya mencionado Montengón sobre el último rey godo de España, otra obra en la que se funden historia y caballerías, lleva la palabra que nos interesa en su mismo título: *El Rodrigo. Romance épico*, Madrid, en casa de Sancha, 1793.

En el mismo año, al hablar de la verosimilitud necesaria en la tragedia urbana o comedia lacrimosa, Santos Díez González asevera que esa forma dramática «debe por consiguiente estar purificada de aquellos fantásticos incidentes que son lo maravilloso de los *romances* y libros de caballerías»[13]. En una de las sanguinarias y sangrientas novelas contenidas en la *Galería fúnebre de espectros y sombras ensangrentadas, o sea el historiador trágico de las catástrofes del linaje humano* (1831), de Agustín Pérez Zaragoza Godínez, se explica que el joven amante y aventurero «Cornelio [...] no tenía aquel carácter sombrío de algunos amantes que pretenden imitar a los personajes de aquellos *romances* de Tristán o de Amadís»[14].

9 José Vázquez [Cadalso], *Los eruditos a la violeta, o curso completo de todas las ciencias, dividido en siete lecciones para los siete días de la semana*, Madrid, Imprenta de don Antonio de Sancha, 1772, p. 30. La cursiva es mía.

10 Flórez Canseco, Casimiro, ed., *La Poética de Aristóteles dada a nuestra lengua castellana por don Alonso Ordóñez de Seijas y Tobar, Señor de San Payo. Añádese nuevamente el texto griego, la versión latina y notas de Daniel Heinsio, y las del abad Batteux reducidas del francés; y se ha suplido y corregido la traducción castellana por el Lic. —, Catedrático de lengua griega en los Reales Estudios de esta Corte*, Madrid, Por Don Antonio de Sancha, 1778, Prólogo sin paginar [p. VII]. La cursiva es mía.

11 Pedro Montengón, *El Antenor*, Madrid, Por Don Antonio de Sancha, 1788, t. I, p. IV. La cursiva es mía.

12 Francisco María de Silva, seud. de Pedro de Luján, duque de Almodóvar, *Década epistolar sobre el estado de las letras en Francia*, 2.ª ed., Madrid, en la Imprenta de Sancha, 1792, p. 197.

13 Santos Díez González, *Instituciones poéticas*, Madrid, en la Oficina de D. Benito Cano, 1793, p. 116.

14 Agustín Pérez Zaragoza, *Galería fúnebre de espectros y sombras ensangrentadas*, ed. de Luis Alberto de Cuenca, Madrid, Editora Nacional, 1977, pp. 392-393. La cursiva es mía.

En su discurso de recepción en la Real Academia Española, leída en el, para la novela, importante año de 1834, el duque de Rivas expresa su ardiente esperanza de que «la sociedad [...], aficionada ya a los admirables *romances* de Walter Scott y a la sublime originalidad de Lord Byron y de Víctor Hugo, animará a algunos ingenios privilegiados para que resuciten nuestras viejas crónicas y olvidados *romances* en novelas históricas»[15]. En donde son muy dignas de notarse varias cosas. Designando las novelas históricas de Scott con el sustantivo *romance*, sinónimo de libro de caballerías, Rivas llama la atención sobre el papel de continuador de este género que desempeña la novela romántica. La segunda vez que aparece *romance* en este trozo parece que Rivas se refiere, no ya a novelas, sino a esas narraciones fantásticas extensas de cronistas romancistas de la Edad Media. Por fin, la reunión, en estas líneas de 1834, del interés histórico de Scott y el tono sublime de Byron parece ser una alusión al rasgo más original de la novela romántica española frente a la inglesa y la francesa, cuestión sobre la que volveremos al final del segundo apartado de este capítulo.

Veintiséis años más tarde, al contestar al discurso de recepción de Cándido Nocedal en la misma Academia, el duque de Rivas se ocupa una vez más del «inmortal Walter Scott, padre verdadero del *romance* histórico», a quien llama también en el mismo párrafo «modelo único en el importante género de los *romances* históricos»[16]. Líneas en las que se manifiesta muy claramente la absoluta sinonimia de *romance* y *novela*, en el subgénero novelístico que nos ocupa. Y en 1841, por citar ya nuestro último ejemplo, en la novela *Sab*, de Gertrudis Gómez de Avellaneda, el noble esclavo mulato y personaje titular recuerda que en su niñez la hija del amo «Carlota leía en alta voz delante de mí los *romances*, novelas e historias que más le agradaban»[17].

Ahora bien: ¿por qué, teniendo en cuenta la sinonimia de *romance* y *novela* durante los cien años representados por los documentos consultados; por qué, teniendo en cuenta que una de las primeras obras del género, *El Rodrigo*, de Montengón, se identifica como *romance* en su mismo título; por qué, teniendo en cuenta que se puede hablar de los *romances* de Walter Scott; por qué, pregunto, no se designa como *romance* casi ninguna de las extensas ficciones históricas de la segunda y más conocida época romántica, la del ochocientos? El término que sus autores utilizan en sus prólogos es *novela*; la palabra que aparece en las portadas es *novela*, las más veces en la frase *novela original*; en los anuncios se usa la voz *novela*; y los críticos románticos nos hablan normalmente de las *novelas* de sus compañeros de movimiento. Hay alguna excepción, como la siguiente de 1835, ya mencionada en mi Prefacio: *La heredera de Sangumí. Romance original del siglo XII.* Escrito en castellano por Juan Cortada. Barcelona, Por los Herederos de Roca, 1835.

15 Ángel de Saavedra, duque de Rivas, *Obras completas*, Barcelona, Montaner y Simón, Editores, 1885, t. II, p. 513c. La cursiva es mía.

16 Ángel de Saavedra, duque de Rivas, Discurso de contestación al de don Cándido Nocedal sobre la novela en su recepción en la Real Academia de la Lengua, en *El romanticismo español. Documentos*, ed. de Ricardo Navas Ruiz, Biblioteca Anaya, 96, Salamanca, Ediciones Anaya, 1971, p. 271. La cursiva es mía.

17 Gertrudis Gómez de Avellaneda, *Sab*, ed. de José Servera, Letras Hispánicas, 437, Madrid, Ediciones Cátedra, 1997, p. 266. La cursiva es mía.

Las otras excepciones a *novela* suelen consistir en el uso, en la portada, de términos como *historia, crónica, cuento, leyenda*, pero son infrecuentes.

Para contestar a la pregunta que hacíamos sobre la preponderante preferencia de los románticos decimonónicos por *novela* respecto de *romance*, así como para aclarar el sentido del término *novela romántica*, es esencial relacionar éste con el interés arqueológico pintoresco de los novelistas románticos, del que hablaremos con más extensión en el siguiente apartado. Pero, primero, hay que tener presente a la vez que los adjetivos *romancesco* y después *romántico* tienen en los siglos XVIII y XIX la misma carga semántica que el sustantivo *romance*. Significan «melodramático, extravagante, inesperado, desaforado, singular, sobrecogedor»; incluso pueden aplicarse a un elemento foráneo pintoresco que esté presente en el medio físico. No existe mejor ejemplo del adjetivo *romancesco* con las acepciones nuevas que el siguiente de Moratín, en su comentario sobre la comedia *Lo que va de cetro a cetro y crueldad de Inglaterra*, de José de Cañizares: «*Jornada tercera*. Pasan seis años entre la segunda y la tercera jornada. Eduardo refiere al conde de Feria cómo le llevaron a la bóveda de su familia, creyéndole muerto; cómo pudo salir de allí, y cómo halló en la orilla del mar una gruta y una mina, que por fortuna iba a parar precisamente al jardín de la prisión de Estuarda: todo *romancesco* y maravilloso, y de aquello que no sucede jamás»[18]. Desde el punto de vista de neoclásicos como Moratín, el mal teatro tenía en conjunto los mismos rasgos que las malas narraciones del género caballeresco, que venían censurándose desde el *Diálogo de la lengua*, de Juan de Valdés; y de allí que en el Prólogo de su citada edición neoclásica de la *Poética de Aristóteles*, Flórez Canseco aluda desfavorablemente a los *romances*.

Ahora repito mi pregunta: ¿por qué no se designa como *romance*, con este sustantivo, casi ninguna de las ficciones históricas extensas de los primeros decenios del ochocientos? No cabe duda de que los narradores de principios del XIX se habían propuesto de modo consciente hacer algo que recordara hasta cierto punto aquellos maravillosos «romances de caballería andantesca» de los siglos XIV a XVI. Mas tampoco puede olvidarse que esos narradores son hijos del Siglo de las Luces; y así, a la par que quieren crear relatos emocionantes, conmovedores que llenen a sus lectores de la más anhelante expectación ante posibles revelaciones portentosas, también se consideran como estudiosos serios del pasado real, científicamente conocible y documentable a través de las crónicas y la literatura antigua. Les atraía mucho lo arqueológico de las casas, los trajes, las joyas, los muebles, la vajilla de antaño —todo aquello que, según Jorge Manrique, desaparecióse como las verduras de las eras—; y al mismo tiempo, les interesaban los actos privados, insignificantes del hombre medio durante las grandes épocas del pasado, la *petite histoire*, la historia menuda cotidiana que no se halla incorporada a las crónicas e historias oficiales.

Al final del capítulo primero de *El doncel de don Enrique el Doliente*, Larra alude al carácter de apariencia histórica que tiene su narración, pero también dice:

[18] Leandro Fernández de Moratín, *Obras póstumas*, Madrid, Imprenta y Estereotipia de M. Rivadeneyra, 1867-1868, t. III, p. 166. La cursiva es mía.

> Debemos confesar que no hay crónica ni leyenda antigua de donde le hayamos trabajosamente desenterrado [...]; respondemos, sin embargo, de que [...] historias verdaderas de varones doctos andan por esos mundos impresas y acreditadas, de cuyo contenido no nos atreveríamos a sacar tantas líneas de verdad, o por lo menos de verosimilitud, como las que encontrará quien nos lea en nuestras páginas, tan fidedignas como útiles y agradables[19].

Casi parece hacerse eco de estas líneas larrianas H. Butterfield, al afirmar, en su ya histórico estudio sobre la novela histórica, que ésta «puede en cierta forma ser fiel a la historia sin ser fiel a los datos, [...] pues la vida [de cierta época] la hace suya el novelista, dejando que ella dé nacimiento a sus propios "datos" y sus propias manifestaciones inevitables»[20]. ¿Fidelidad y utilidad históricas en un escrito cuyo autor confiesa haberlo elaborado al margen de lo que está documentado en las obras históricas? ¿Cuál es esa fidelidad? ¿Cuál es esa utilidad? ¿Cómo se logran estas cualidades a través de fingidas tramas novelísticas? Las finas observaciones que un sensible novelista ha realizado sobre la psicología humana en individuos representativos de nuestra especie —encarnadas en figuras verosímiles— se proyectan sobre el pasado medieval, como si fuera una pantalla de cine, y en esa pantalla miramos a esas figuras con su veracidad de todos los tiempos, exornadas con las formas, fórmulas, pertrechos, trajes, comodidades, prejuicios e instituciones de la vida medieval, que el novelista también ha observado lo mejor que haya sabido hacerlo. Pues «l'observation dans le passé, c'est la recherche historique», decía Émile Faguet[21]. Y combinar los patrones atemporales del carácter humano con las circunstancias concretas, minuciosamente recreadas, en que durante otro tiempo vivía el hombre distinguido, el hombre medio, el hombre humilde, era para estos escritores ochocentistas conocer la historia auténtica, la vida diaria de la olvidada mayoría humana de la centuria que se estudiara; «pues el décimo siglo eran los hombres / lo que en el siglo son decimonono», según afirma el duque de Rivas sobre el carácter humano, en su gran novela histórica en verso[22]. Así se hace la pequeña historia de las nubladas eras del pretérito; lo sabían muy bien no sólo Larra y Rivas, sino López Soler, Espronceda, Gil y Carrasco, Navarro Villoslada, etc. Gracias a ello, en departamentos de historia de universidades de nuestros días se han podido organizar clases sobre formas de vida en el pasado, basadas exclusivamente en novelas. Recuerdo una del departamento de historia de la Universidad de Wisconsin, cuyas lecturas reglamentarias eran once novelas brasileñas.

Ahora queda claro por qué los narradores de la primera mitad de la centuria XIX prefieren llamar *novelas* a sus nuevas epopeyas. Desde 1734, como hemos visto, se define la novela como una «historia fingida y tejida de los casos que comúnmente suceden» (*Autoridades*), es decir, como la relación de un acaecer familiar; y

[19] Mariano José de Larra, *El doncel de don Enrique el Doliente*, ed. de José Luis Varela, Letras Hispánicas, 76, Madrid, Ediciones Cátedra, 1978, p. 57.

[20] *The Historical Novel.* An Essay by H. Butterfield, Fellow of Peterhouse, Cambridge, At the University Press, 1924, pp. 51, 106.

[21] Émile Faguet, *Rousseau artiste*, Société Française d'Imprimerie et de Librarieie, s.a. [¿1912?], p. 3.

[22] Duque de Rivas, *El moro expósito*, ed. de Ángel Crespo, Clásicos Castellanos, 224-225, Madrid, Espasa-Calpe, 1982, t. II, p. 336.

esto es lo que buscaba el novelista de 1830, pero enfocándose normalmente en el pasado. La exotiquez de lo que era común y familiar en épocas alejadas, y la complejidad del argumento eran casi suficientes incentivos para el lector. Apariciones sobrenaturales, astrología, alquimia, brujería, hay algo de esto en casi todas las novelas románticas. Mas, en la mayor parte de ellas, lo sobrenatural no desempeña el papel de primer móvil; y por otra parte, la creencia en tales fenómenos era común y familiar en la Edad Media, especialmente entre los humildes, y era así obligatorio tomar tan extravagantes supersticiones en cuenta para hacer la *petite histoire* de la realidad de aquel tiempo.

No era lógico que semejantes obras se denominasen de otro modo que como novelas, o bien como novelas históricas, o novelas históricas románticas; ya que también hay novelas históricas clásicas, renacentistas, barrocas y actuales. Mas el hecho de que se prefiera decir simplemente *novela romántica*, es una casualidad muy feliz; o acaso, más bien que casualidad, sea efecto de un instinto certero de los críticos al dejarse guiar por un recuerdo de la terminología literaria de los siglos XVIII y XIX. En todo caso, insisto en que resulta exacto dar la preferencia al término compuesto *novela romántica*, porque en la reunión de estas dos voces se resume la doble naturaleza del género: (1) ante todo, el realismo de la *novela*, es decir, lo que comúnmente sucede, aunque sea en un tiempo lejano; acompañado (2) de notables reminiscencias del ambiente del *romance* de caballerías.

2. Realismo, arqueología y nacimiento de la novela romántica

¿Cómo y cuándo nace la novela romántica, o bien la novela histórica romántica, puesto que son históricas la mayor parte de las novelas románticas? Para resolver esta cuestión con cierta precisión es necesario recordar que en el fondo toda novela histórica es realista, y toda novela realista es histórica. Pues el novelista puede basar su narración, ya en la historia contemporánea de su propio tiempo, ya en la historia de su país tal como se forjaba cien años antes de su nacimiento, o ya en el remoto período del Medievo o el Renacimiento. (*Sab*, la única novela de asunto contemporáneo que estudiamos en este libro, es así, no menos que las otras, una novela histórica romántica.) En los tres marcos temporales indicados, será forzoso un ajuste relativamente riguroso del componente ficticio de la novela a la realidad cotidiana del siglo y lugar concretos seleccionados como escenario. Como consecuencia —ya lo veremos—, son las mismas las técnicas fundamentales del escritor en la llamada novela histórica y la llamada novela realista. Por tanto, acostumbro a designar la técnica de la novela de ubicación histórica remota como *realismo de tiempo pretérito*.

En los manuales de historia literaria suele decirse que la novela histórica española tiene sus principios en la *Crónica sarracina* (hacia 1430), de Pedro del Corral, o bien en la anónima *Historia del Abencerraje y la hermosa Jarifa* (1551) y las *Guerras civiles de Granada* (1595), de Ginés Pérez de Hita; pero yo pienso en la moderna novela histórica, que es un género mucho más científico. Sobre todo, pienso en la moderna novela histórica al subrayar la estrecha relación novela histórica ⟷ novela realista, y al preguntar cuándo y cómo se origina la novela histórica romántica. Pues preguntar por el momento y el modo de la aparición de

LOS BANDOS DE CASTILLA

Ó

EL CABALLERO DEL CISNE

Novela Original Española

Tomo 1.º

VALENCIA

Imprenta de Cabrerizo

1830

De López Soler, *Los bandos de Castilla,* Valencia, Cabrerizo, 1830.

la moderna novela histórica es prácticamente lo mismo que preguntar por los primeros orígenes de la moderna novela realista; porque, como queda insinuado, son dos especies de un solo género, y nace la novela histórica poco después de inaugurarse la realista.

El procedimiento fundamental de ambas variantes novelísticas es la observación detenida, sistemática, analítica del mundo con el fin de sacarle una fotografía escrita, por utilizar una metáfora decimonónica. Hace falta decir algo sobre la corriente filosófica y científica que llevó a los escritores a hacerse observadores sistemáticos de su mundo, y especialmente sobre la nueva erudición histórica dieciochesca, que influyó en los novelistas románticos para que concentrasen su observación en la sociedad humana del pasado. Veremos a la par que de las fechas de la aludida escuela de erudición histórica es posible deducir cuándo era posible el nacimiento de la moderna novela histórica romántica.

El escrutinio directo y científico de la realidad se inicia en 1620 con la publicación del *Novum Organum Scientiarum*, del canciller de Verulam, Francis Bacon, y la divulgación de su método inductivo o *instantiarum naturæ comparatio*. Otros hitos de igual importancia para la observación científica de la realidad y su antecedente, la realidad histórica —la «criba» histórica—, fueron la publicación de los *Philosophiæ Naturalis Principia Mathematica*, de Sir Isaac Newton, en 1687, y del *Ensayo sobre el entendimiento humano*, de John Locke, en 1690. Merced a la traducción francesa de esta obra de Locke, realizada por Pierre Coste y editada en 1700, se diseminó la doctrina sensista del filósofo inglés por toda Europa. No menos importante para el nuevo afán de observar la naturaleza fue la aparición en 1704 de la edición original en inglés de la *Óptica* de Newton, seguida en 1706 de la versión latina del propio autor, a través de la cual llegó a los lectores cultos de todos los países. Se volvió a subrayar la importancia de los órganos de la observación —los cinco sentidos corporales— para el conocimiento de la realidad gracias a la estampación de dos obras del abad de Condillac, en las que éste continuaba las enseñanzas sensistas de Locke: *Essai sur l'origine des connaissances humaines* (1746) y *Traité des sensations* (1754).

La *Logique* de Condillac, que es un breviario de sus ideas sensistas, tuvo numerosas ediciones españolas a partir de 1784 (tengo delante una de 1823)[23], y al mismo tiempo sus criterios sensistas informaron la mayor parte de los libros de texto españoles de psicología, filosofía e higiene del siglo XIX, por ejemplo, los *Elementos de psicología*, de Pedro Felipe Monlau, cuya octava edición (Madrid, Rivadeneyra, 1868) está en mi mesa. Los sensistas hablaban también de la «sensación interior» que da origen a los sentimientos; y los principales exponentes de este sensismo interior fueron el discípulo de Locke, Anthony Ashley Cooper, conde de Shaftesbury, que ya en 1709 hablaba de la «pasión romántica» en *The Moralists*[24],

[23] *La Lógica o los primeros elementos del arte de pensar, obra aprobada por la Junta de Dirección de las Escuelas Palatinas, y aplaudida por célebres Universidades, escrita en francés por el abad de Condillac, y traducida por D. Bernardo María de Calzada, capitán del Regimiento de Caballería de la Reina*, Barcelona, en la Imprenta de V. Sierra y Martí, 1823. La edición príncipe de esta versión española (1784) fue publicada por la célebre imprenta ilustrada madrileña de Joaquín Ibarra.

[24] Anthony Ashley Cooper, Earl of Shaftesbury, *Characteristics of Men, Manners, Opinions, Times*, ed. de John M. Robertson, Indianapolis, Bobbs-Merrill Company, 1964, t. II, p. 4.

y el gran iconoclasta romántico de Ginebra Jean-Jacques Rousseau. Los poetas de la naturaleza de 1770 (Cadalso, Jovellanos, Meléndez Valdés) estaban profundamente influidos por estas corrientes sensistas sentimentales, pero no se entendería la minuciosidad de su observación/visión intimista de la naturaleza sin tomar en cuenta que al mismo tiempo leían con arrobo la *Óptica* de Newton; y en sus descripciones sentimentales están los modelos de las que caracterizan a esas novelas románticas en las que es importante el elemento del idilio, como *Los bandos de Castilla*, *Sab* y *El señor de Bembibre*.

Nació el ensayo costumbrista inglés de Joseph Addison y Richard Steele —antecedente del moderno realismo novelístico— una vez que se había implantado en la mentalidad inglesa el nuevo hábito de la observación, óptica que ilumina los pormenores. En España, lejos de hacerse esperar hasta los tiempos de Mesonero Romanos y Larra, el costumbrismo moderno también apareció en los primeros años de la decimoctava centuria, concretamente a partir del decenio de 1720, en los ejemplos ilustrativos contenidos en los discursos o ensayos del padre Feijoo, y en las Introducciones a los *Pronósticos* de Torres Villarroel, las cuales son bocetos descriptivos de costumbres y tipos populares pintorescos[25]. A raíz de las grandes innovaciones filosóficas y científicas bosquejadas en estas líneas, aparecieron también las primeras novelas realistas modernas —esto es, novelas sobre la vida cotidiana contemporánea—: *Moll Flanders*, de Defoe, y *Tom Jones*, de Fielding, en Inglaterra; *Manon Lescaut*, del abate de Prévost, y *La vie de Marianne*, de Marivaux, en Francia; y la *Vida*, de Torres Villarroel, y *Fray Gerundio de Campazas*, del padre Isla, en España[26]. La crítica inglesa ha acuñado un término para referirse a la técnica de Defoe en *Moll Flanders*, con el cual a la vez se llama la atención sobre el viraje completo que se produjo en toda la literatura por la influencia de la epistemología sensista y la observación científica. El aludido término es «realismo circunstancial», y significa que el novelista se ocupa ahora de las minucias, menudencias, pormenores y detalles de los asuntos cotidianos del hombre en su medio familiar.

Las circunstancias que constituyen ese nuevo realismo en *Moll Flanders* y otras novelas de su tiempo son inventarios de ropas, muebles y joyas; rollos de tela, cuentas detalladas, facturas de la casera, libros mayores, documentos relativos a hectáreas de tierra concedidas a colonos, collares robados, zapatos rotos, necesitados de repararse, etc. El título completo de *Moll Flanders* también revela la prosa de las circunstancias de donde emana el nuevo realismo: *The Fortunes and Misfortunes of the Famous Moll Flanders &c. Who was Born in Newgate* [un presidio londinense], *and during a Life of continu'd Variety for Threescore Years, besides her Childhood, was Twelve Year a Whore, five times a Wife (whereof once to her own Brother), Twelve Year a Thief, Eight Year a Transported Felon in Virginia, at last grew Rich, liv'd Honest, and died a Penitent, Written from her*

[25] Sobre esto véase mi ensayo «Feijoo, costumbrista moderno», en *De ilustrados y románticos*, Madrid, Ediciones El Museo Universal, 1992, pp. 191-195; y el apéndice segundo, «El costumbrismo y lo novelístico en los *Pronósticos* de Torres: Análisis y antología», de mi ya citado libro *Novela y autobiografía en la «Vida» de Torres Villarroel*, pp. 151-198.

[26] Pueden consultarse mi ya mencionado libro sobre la novela de Torres Villarroel y la Introducción a José Francisco de Isla, *Fray Gerundio de Campazas*, ed. de Sebold, t. I, pp. 56-83.

own Memorandums... En España, sobre la novela *Fray Gerundio*, del padre Isla, Antonio Alcalá Galiano hace observaciones que recuerdan las de los críticos ingleses sobre el realismo circunstancial. En la novela de Isla, dice, «hay pinturas de costumbres y profesiones bien dibujadas y coloridas, fiel traslado de los objetos que representan»[27]. Pero aquí nos habíamos comprometido a hablar de la novela romántica, o novela realista de tiempo pretérito. No se preocupe el lector; no hemos perdido el camino. Precisamente lo que comparte la novela histórica romántica con las obras de Defoe, Fielding, Prévost, Marivaux, Torres e Isla es el realismo circunstancial, pero enfocado, no ya en el presente, sino en el pasado lejano.

Sin embargo, por de pronto, hace falta tomar en cuenta otro antecedente; pues, según decía antes, sobre la variante de la novela realista que nos toca considerar, influirá no solamente la nueva filosofía de la observación, sino también la renovada disciplina de la historia, es decir, la ya aludida «criba» histórica o pacienzudo examen y cotejo crítico de los datos unos con otros, para establecer la autenticidad o falsedad de cada uno, así como su relación con el conjunto del segmento social o cultural en el que se concentre la investigación. Se trata de la aplicación del espíritu de Bacon, Newton y Locke, no ya a fenómenos físicos, sino a los asuntos humanos desde la perspectiva de su paulatina evolución. Un ejemplo de la nueva táctica crítica ante la historia es el siguiente razonamiento del padre Enrique Flórez, en sus *Memorias de las reinas católicas. Historia genealógica de la Casa Real de Castilla y de León* (1761), sobre la supuesta amante judía de Alfonso VIII (conocida en lo antiguo como Fermosa, y después como Raquel): «Ésta es una novela mal fingida, publicada con otras en la *Crónica general*, resumida de allí por los que no saben discernir las fuentes de los charcos, sin encontrarse apoyo en los escritores coetáneos, y por tanto, nacida de invenciones vulgares, que introducen aventuras de caballería por historias [...] porque los escritores coetáneos que tomaron por asunto la historia de don Alfonso VIII no mencionan tal cosa, [...] pues siendo el escándalo tan patente en el reino, durando no menos que siete años, y degollada la dama en el palacio, más debía temerse la omisión que la relación del suceso. Pero lo que positivamente convence la ficción es ver por las escrituras que el rey anduvo por diversas partes de su reino en los siete años próximos a su casamiento con la reina doña Leonor [de Inglaterra], como en los otros»[28].

Al mismo tiempo, al llevarse al examen de la historia el minucioso sentido del detalle que caracteriza a la metódica observación científica, se fue originando la actitud arqueológica ante el pasado, la cual se ocupa menos del suceder histórico que de las costumbres, formas de vida y pormenores regionales que caracterizan a los diferentes pasados humanos. Ahora bien: la nueva escuela novelística que nos interesa en el presente libro hará una crítica histórica semejante a la de los nuevos historiadores, pero, desde luego, sobre la base de una historia medio ficcionalizada y presentada con toda la riqueza del detallismo arqueológico. Se trata del equivalente para la novela histórica de ese esencial ingrediente de la novela de tema

[27] Antonio Alcalá Galiano, *Historia de la literatura española, francesa, inglesa e italiana en el siglo XVIII*, Madrid, Imprenta de la Sociedad Literaria y Tipográfica, 1845, p. 120.

[28] Enrique Flórez de Setién, *Memorias de las reinas católicas*, Colección Crisol, núms. 122-123, Madrid, Aguilar, 1945, t. I, pp. 528-529.

contemporáneo que Galdós llama «erudición social», o sea conocimientos detallados sobre el medio ambiente histórico en el que se vaya a suponer acaecidos una serie de sucesos ficticios realistas[29].

Ramón y Cajal tiene unas líneas muy iluminadoras sobre lo revolucionario de la novela moderna y la enorme diferencia entre ésta y la novela del Siglo de Oro, en cuanto a la descripción del medio de los personajes; diferencia que se produjo en el siglo XVIII:

> Lo que diferencia al primer golpe de vista al novelista moderno del antiguo es la manera de tratar el paisaje. [...] El fondo no les interesaba. [...] Recuérdese, entre muchos, a Quevedo. Durante el viaje de su buscón Pablos a Madrid no habla siquiera del paso del Jarama. Del Madrid monumental no dice palabra. Puesto el protagonista en la ruta de Segovia, sólo nombra a Cercedilla y el puerto, omitiendo pormenores. Llegado a Segovia, el buscón no hace la menor alusión al alcázar, al acueducto ni al río Eresma. Parece volar en aeroplano, a seis mil metros. Costumbre de la época, que hoy deploramos, porque hemos adquirido el sentido geográfico y monumental, de que carecieron nuestros escritores de la Edad de Oro[30].

En esas novelas el suceso era lo importante; atraía menos la circunstancia del suceso, mas en la nueva novela, la moderna, la que se remonta al siglo XVIII, el suceso no tiene sentido si se separa de su circunstancia, ya sean datos de la actualidad, ya datos arqueológicos, según el enfoque del novelista.

Consideremos el testimonio de un crítico que está más cerca, en el tiempo, de la revolución en la representación novelística de la realidad. El ensayista decimonónico francés Gustave Planche define el *realismo épico*, sinónimo del término, *realismo de tiempo pretérito*, que he empleado en varios trabajos míos, y a la vez aclara la índole exacta del interés de los nuevos novelistas en el medio o fondo de los personajes:

> Le réalisme épique compte dejà une multitude de disciples empressés. Il ne s'agit plus, pour cette école obéissante, de connaître la politique des rois, les passions qui les entraînaient aux périlleuses aventures; il faut savoir, avant tout, quel écusson était placé à la porte du château, quelle devise était inscrite sur l'étendard, quelles couleurs étaient portées par l'amoureux baron. C'est là tout ce que le roman demande à l'histoire[31].

Amado Alonso fue tal vez el primer crítico en haber utilizado el calificativo *arqueológico* para caracterizar semejante visión de la realidad histórica en la novela romántica[32], y algún comentario contenido en su *Ensayo sobre la novela histórica* casi parece haber tenido el citado pasaje de Planche por modelo, verbigracia:

[29] Véase Benito Pérez Galdós, «La sociedad presente como material novelable» [Discurso de recepción ante la Real Academia Española, 1897], en *Ensayos de crítica literaria*, ed. de Laureano Bonet, Ediciones de Bolsillo, Barcelona, Ediciones Península, 1972, pp. 173-182.

[30] Santiago Ramón y Cajal, *Charlas de café. Pensamientos, anécdotas y confidencias*, Crisol Literario, 10, Madrid, Aguilar, 1969, pp. 263-264.

[31] Gustave Planche, «Moralité de la poésie», *Portraits littéraires*, París, Charpentier, Libraire-Éditeur, 1853, t. II, pp. 416-417.

[32] Sin embargo, una centuria antes, el cubano o español del Nuevo Mundo Domingo del Monte (1804-1853) usaba el término *anticuario* para hablar de lo mismo. En su ensayo *Sobre la novela histórica*,

«Lo histórico es el saludo, lo arqueológico la fórmula usada en él»[33]. En otro ensayo, Gustave Planche aplica sus ideas al análisis de una novela histórica concreta, la *Chronique du règne de Charles* IX, de Prosper Mérimée, y destaca en esta obra «l'achèvement et la réalité des détails»[34]. Aludiendo al señero papel del conjunto de pormenores en toda novela histórica, el ya citado crítico inglés Butterfield dice, con frase feliz, que su ambiente es el producto de «una conspiración de detalles»[35].

Todo esto equivale a decir que el novelista realista de tema contemporáneo de la nueva era ha ingerido una dosis de teoría observacional (sensismo), mientras que el novelista realista de tema pretérito ha ingerido una doble dosis de esa teoría (sensismo más postura arqueológica). Mirar el pasado bajo la lupa arqueológica es hacer con él lo mismo que hace con el presente el novelista que sale a dar un paseo, libreta y lápiz en la mano, uno de los días de Carnava . Pues, según la muy apta observación ya citada de Émile Faguet, «l'observation dans le passé, c'est la recherche historique». El novelista histórico observa directamente con los ojos los vestigios de la época que se propone recrear en su obra (ruinas, muebles y trajes antiguos); *observa*, a través de los libros y los documentos, lo desaparecido. Por otra parte, tanto los novelistas de enfoque histórico como los de enfoque actual son por hábito apuntadores de detalles felices que más tarde podrán incorporar a su microcosmos ficticio. En su artículo «De la novela», en *El Tiempo* (1840), Alberto Lista atribuye a Walter Scott las palabras siguientes: «Tengo recogidas observaciones exactas y numerosas sobre la Edad Media»[36]. El paralelo entre los novelistas realistas de ambos marcos temporales, en cuanto a sus procedimientos prácticos, quedará muy claro si comparamos estas palabras del gran novelista histórico escocés con otras muy semejantes del primer novelista realista sistemático moderno de tema contemporáneo en España, José Francisco de Isla, con alusión a su novela *Fray Gerundio* (1758; 1768), pues, en carta de 20 de septiembre de 1752,

---

dice que es «necesaria la ciencia minuciosa del *anticuario* para escribir con tinta una novela histórica. Y esta ciencia no se reduce a conocer la necrología y los resultados visibles de los hechos, que eso se aprende en las historias vulgares. [...] Las costumbres se conocen, o al menos se sospechan por el estudio de las leyes, por el de las letras, las ciencias, las artes, las preocupaciones del tiempo. Y aún no bastan tales investigaciones; que si el novelista pretende imprimir a su obra el sello peculiar, inequivocable de una época dada, es preciso que [...] revuelva guardarropas, visite museos de antiguallas, consulte cuadros y pinturas y examine y compare ruinas de toda especie» (en *Escritos de Domingo del Monte*, ed. de José Fernández de Castro, Colección de Libros Cubanos, XIII, La Habana, Editorial Cultural, 1929, t. II, pp. 220-221; la cursiva es mía).

33 Amado Alonso, *Ensayo sobre la novela histórica* [primera edición: Buenos Aires, 1942]. *El modernismo en «La gloria de don Ramiro»*, Biblioteca Románica Hispánica, 338, Madrid, Gredos, 1984, p. 14. La enorme equivocación de Amado Alonso era pensar que el sentido arqueológico favorecía el tipo genérico y se oponía a la creación de personajes individuales. En los estudios que siguen a esta Introducción, el lector verá personajes individuales, no solamente notables sino singulares en su línea. Pero habría que recordar que Amado Alonso no considera la novela histórica romántica de España, sino solamente la de los países vecinos.

34 Planche, «Prosper Mérimée», *Portraits*, t. I, p. 209.

35 Butterfield, *The Historical Novel*, p. 106.

36 Recogido en Alberto Lista y Aragón, *Ensayos literarios y críticos*, Sevilla, Calvo-Rubio y Compañía, Editores, 1844, t. I, p. 156. Puede consultarse asimismo la ya citada antología de crítica romántica de Navas Ruiz, *El romanticismo español. Documentos*, p. 270.

escribe: «Tengo ya echados muchos rasgos hacia ella, y aun hechas algunas apuntaciones»[37]. Hasta tal punto es una misma la técnica fundamental que rige la novela realista de tema actual y la de tema histórico, que las palabras siguientes del famoso novelista francés Choderlos de Laclos, sobre la novela de enfoque contemporáneo, también vendrían de perlas a cualquier novela de tema histórico remoto: «Observer, sentir et peindre, sont les trois qualités nécessaires à tout auteur de romans»[38].

Veamos ahora ejemplos de obras históricas españolas que representan la nueva actitud arqueológica ante el pasado y abren el camino a la moderna novela histórica. Las fechas de estas obras históricas nos permitirán formular a la par algunas conclusiones sobre el momento a partir del cual se hacía posible el nacimiento de la nueva variante de la novela realista que se llama histórica romántica, o simplemente romántica. Entre las décadas de 1740 y 1780, se concentra una producción de obras de investigación histórica que adoptan una actitud crítica, minuciosa, arqueológica ante la poesía antigua, las costumbres religiosas, la arquitectura, la pintura, la escultura, y en fin, ante todo lo que se conserva en ese mejor de todos los documentos sobre las pasadas formas de vida, la literatura. En 1745, fray Martín Sarmiento compone sus *Memorias para la historia de la poesía y poetas españoles*, que tardará hasta 1775 en publicarse, en la famosa imprenta de Ibarra. Más de treinta años antes que Tomás Antonio Sánchez publicara el *Poema de mío Cid*, el padre Sarmiento lo había visto, si bien no entero, al menos un trozo de su principio: «De los sos ojos tan fuertemente lorando, / tornaba la cabeza, é estábalos catando», etc., sacado, dice, de un códice en pergamino, que se guardaba en el Archivo del Concejo de Vivar[39]. Con su exigente «criba» histórico-literaria, Sarmiento distingue a cada paso entre historia y ficción: «Los [poemas] de los Doce Pares han mezclado tantas patrañas, que los incautos creyeron ser historia lo que era fábula; y al contrario, las que se introdujeron en los romances del Cid han ocasionado que algunos discretos creyesen ser fábula lo que ha sido historia»[40]. Al mismo tiempo, por los ejemplos que pone, así como por las comparaciones que hace entre crónicas, poemas sobre figuras históricas y novelas como *Amadís de Gaula* y *Don Quijote*, su obra se convierte en una mina de materiales curiosos para futuros novelistas históricos.

Entre estas primicias de la moderna filología —filología para la palabra antigua es lo mismo que arqueología para la civilización antigua, y la filología es no pocas veces la clave de la arqueología—, también se destaca, como posible fuente de información para la nueva ficción de ambiente histórico, el singular libro de Luis José Velázquez, marqués de Valdeflores, *Orígenes de la poesía castellana* (Málaga, 1754; 1797). Velázquez trata de todos los géneros de la poesía castellana, comenzando con Gonzalo de Berceo, y en todos los apartados de su libro se hallan joyas con que podrían exornarse narraciones de tonalidad histórica.

[37] José Francisco de Isla, *Cartas familiares*, en *Obras escogidas*, ed. de Pedro Felipe Monlau, Biblioteca de Autores Españoles, 15, Madrid, Ediciones Atlas, 1945, p. 561a.

[38] Choderlos de Laclos, «Sur le roman de *Cecilia*», en *Œuvres complètes*, ed. de Maurice Allem, Bibliothèque de la Pléiade, 6, París, Librairie Gallimard, 1951, p. 525.

[39] Fray Martín Sarmiento, *Memorias para la historia de la poesía y poetas españoles*, Colección Hórreo, Buenos Aires, Emecé Editores, 1942, p. 172.

[40] *Ibíd.*, p. 170.

En 1747, el agustino Enrique Flórez inició la publicación de su monumental obra, *La España sagrada*, y dio a la imprenta veintinueve tomos antes de morirse en 1773; pero con sus continuaciones, debidas a otros agustinos, la obra llegó a cincuenta y un tomos. En los que quien prepara una novela histórica puede conocer la España antigua diócesis por diócesis: iglesias, conventos, abadías, monumentos, inscripciones, crónicas antiguas, monedas, santos, obispos, etc. El mismo padre Flórez tiene otras dos obras históricas de criterio y método igualmente científicos y minuciosos: sus *Medallas de las colonias, municipios y pueblos antiguos de España*, tres volúmenes (1757-1773); y sus ya citadas *Memorias de las reinas católicas* (1761), donde lo más *novelesco*, sin duda, es la intrigante información que incluye Flórez sobre las que él llama «amigas» de los reyes: un tesoro de argumentos para novelas históricas.

Otro vasto repositorio de información histórica, arqueológica, aprovechable para la ambientación de novelas históricas son los dieciocho tomos del *Viaje de España* (1772-1774), de Antonio Ponz. Es el inventario del tesoro de artes plásticas conservadas en iglesias, ayuntamientos y universidades, pero también habla Ponz de la industria antigua, la agricultura y la ganadería en tiempos antiguos, las armas antiguas, la vida de los ermitaños, etc. En el mismo decenio, Tomás Antonio Sánchez inaugura la edición de su admirable *Colección de poesías castellanas anteriores al siglo* XV (1779-1790), cuatro volúmenes en los que da a luz por vez primera el *Poema de mío Cid*, las obras de Berceo, el *Poema de Alexandre* y la alegre obra del Arcipreste de Hita. Monumento de la temprana filología, en cuyas normas historiográficas no dejan de mezclarse de cuando en cuando ficción e historia. Ya hemos tomado nota de que hacia la mitad del siglo XVIII se restituye una acepción medieval de la voz *romance*. Se hace común hablar de *romances* de caballerías, y utilizando este sustantivo para caracterizar al *Poema del Cid*, Sánchez prácticamente define la novela histórica romántica, de ambiente realista: «Por lo que toca al artificio de este *romance* —escribe—, no hay que buscar en él muchas imágenes poéticas, mitología, ni pensamientos brillantes; aunque sujeto a cierto metro, todo es histórico, todo sencillez y naturalidad»[41]. Fijémonos en las palabras finales de esta cita: con los medios expresivos a su alcance en el setecientos, Tomás Antonio Sánchez está diciendo que el *Cid*, obra histórica caballeresca, es a la vez realista; es, en fin y con ciertas reservas, un antecedente del género que nos ocupa aquí. Pues, al lado de lo romancesco, habría que relacionar la sencillez y la naturalidad, que Sánchez destaca en el *Cid*, con el carácter de lo que «comúnmente sucede» que se subraya en la definición de *novela*, en el *Diccionario de Autoridades*.

Jovellanos conocía todas estas obras históricas y filológicas, y por su cuenta él también hizo investigaciones históricas y artísticas sobre las leyes visigodas, la arquitectura del castillo de Bellver, la antigua política agricultural y las diversiones y el teatro españoles a lo largo de los siglos. En sus intrigantes páginas sobre el castillo de Bellver hay preciosas evocaciones del Medievo, completas con un fantasma, que fácilmente se insertarían en alguna novela romántica; mas, también en su *Memoria sobre las diversiones públicas* (leída ante la Real Academia de la

[41] Tomás Antonio Sánchez, *Colección de poesías castellanas anteriores al siglo* XV, Madrid, Antonio de Sancha, 1779-1790... t. I, p. 229. La cursiva es mía.

Historia en 1796; publicada en 1812), existen trozos que son estupendos ejemplos del nuevo sentido arqueológico de los escritores setecentistas, así como del costumbrismo histórico que sería fundamental para el realismo épico de la novela histórica romántica. Las líneas de Jovellanos citadas a continuación son tales, que parecería muy natural hallarlas en una novela romántica como *Los bandos de Castilla o el caballero del Cisne, El doncel de don Enrique el Doliente*, o *El señor de Bembibre*:

> ...¿quién se figurará una anchísima tela pomposamente adornada y llena de brillante y numerosísimo concurso, ciento o doscientos caballeros ricamente armados y guarnidos, partidos en cuadrillas y prontos a entrar en lid; el séquito de padrinos y escuderos, pajes y palafreneros de cada bando; los jueces y fieles presidiendo en su catafalco para dirigir la ceremonia y juzgar las suertes; los farautes corriendo acá y allá para intimar sus órdenes, y los tañedores y ministriles alegrando y encendiendo con la voz de sus añafiles y tambores; tantas plumas y penachos en las cimeras, tantos timbres y emblemas en los pendones, tantas empresas y divisas y letras amorosas en las adargas; por todas partes giros y carreras, y arrancadas y huidas; por todas choques y encuentros y golpes y botes de lanza, y peligros y caídas y vencimientos? ¿Quién, repito, se figurará todo esto sin que se sienta arrebatado de sorpresa y admiración? ¿Ni quién podrá considerar aquellos valientes paladines ejercitando los únicos talentos que daban entonces estimación y nombradía en una palestra tan augusta, entre rivales y damas, sin sentir alguna parte del entusiasmo y la palpitación que herviría en sus pechos, aguijados por los más poderosos incentivos del corazón humano, el amor y la gloria?[42].

A través de las cinco ediciones de la *Memoria* realizadas entre 1812 y 1839, estos materiales estaban al alcance de los novelistas románticos. Es más: la *Memoria* está informada por esa poética del costumbrismo a la que respondería el encanto de tantas descripciones contenidas en la novela romántica; pues Jovellanos declara que es menester «buscar una luz más cierta y clara para *observar nuestros usos y costumbres* con algún provecho»[43]. El verbo *observar* y el sintagma *usos y costumbres* se encontrarán a cada paso en los artículos de costumbres, en la novela romántica y en la novela de costumbres del ochocientos. Al mismo tiempo, Jovellanos sentía el romanticismo de la historia como el que más; pues en el pasaje reproducido, lo expresa con las voces *arrebatado*, *entusiasmo* y *palpitación*; y pocos novelistas de los primeros decenios del siglo XIX leerían estas líneas sin sentir las mismas emociones.

No cabe testimonio más convincente de la relación entre las obras arqueológicas que hemos reseñado y el costumbrismo/realismo histórico de las novelas románticas, que la primera obra de Gustavo Adolfo Bécquer, titulada *Historia de los templos de España*, de la que sólo llegó a publicarse el tomo primero (1857), sobre los templos de Toledo. Bécquer sigue los pasos del padre Flórez y Antonio Ponz, pues se une a «nuestros arqueólogos» para estudiar «con la detenida

42 Gaspar Melchor de Jovellanos, *Memoria sobre espectáculos y diversiones públicas. Informe sobre la Ley Agraria*, ed. de Guillermo Carnero, Letras Hispánicas, 61, Madrid, Cátedra, 1997, pp. 146-147. En el pasaje citado la voz *tela* significa un «sitio cerrado [con telas] y dispuesto para fiestas, lides públicas y otros espectáculos» (*Diccionario de Autoridades*).

43 *Ibíd.*, p. 123. La cursiva es mía.

observación» la arquitectura, la pintura, la escultura, los archivos, las leyendas y las costumbres religiosas de las iglesias de España. Como resultado de su investigación, Bécquer espera que «aparezcan a nuestros ojos esas generaciones gigantes que duermen bajo las losas de sus sepulcros». En los *Templos*, se da una recapitulación del proceso evolutivo que llevó de la investigación histórica moderna a la ficción romántica, pero todo en una sola obra. Pues a la observación de Bécquer se une el mismo romanticismo de la historia y el mismo costumbrismo histórico que él conocía ya por las novelas románticas e incorporaría algunos años más tarde a sus propias *Leyendas*. Júzguese por las formas expresivas utilizadas en los *Templos*: «el ardiente corcel de la fantasía»; «el escondido misterio de sus rápidas transiciones»; «el polvo de cien generaciones»; «el cuadro histórico de los acontecimientos que fueron causa del voto de la católica Isabel»; «esa indefinible y misteriosa majestad que el tiempo imprime a los edificios que han desafiado su curso destructor»[44].

Otras tres obras que tenía que conocer Bécquer y que fueron una mina de información arqueológica, legendaria y costumbrista para los novelistas románticos del siglo XIX son las *Vidas de españoles célebres* (el Cid, Guzmán el Bueno, el Gran Capitán, etc.) y las *Poesías selectas castellanas desde el tiempo de Juan de Mena hasta nuestros días*, ambas obras de Manuel José Quintana, ambas publicadas en 1807, la primera estampada por la Imprenta Real, la segunda por Gómez Fuentenebro y Compañía; y el *Romancero de romances caballerescos e históricos anteriores al siglo XVIII*, cinco tomos, Madrid, Eusebio Aguado, 1828-1832, de Agustín Durán. Los personajes de novelas románticas recitan romances tomados de esta colección, y los novelistas buscan en Durán epígrafes para colocar a la cabeza de sus capítulos. Leer páginas de una de las biografías heroicas quintanianas es prácticamente leer ya páginas de una novela romántica del decenio de 1830, por ejemplo, en la vida del Gran Capitán: «Acabada la guerra, siguió a la corte, siendo siempre el principal ornato de ella a los ojos de Isabel, que jamás estaba más contenta y satisfecha que cuando Gonzalo concurría a su presencia. Sus acciones y sus palabras, en que sobresalía la galantería respetuosa y bizarría de aquel siglo, unidas a la lealtad y eficacia de sus servicios, habían establecido altamente su estimación en el ánimo de aquella princesa, que no se cansaba de alabarle»[45].

Mas volvamos al siglo XVIII. Aun antes que se hubiesen dado a la estampa todas las obras arqueológicas dieciochescas, los escritores creadores de ese tiempo comenzaron a aprovecharse de su contenido. Cadalso ejerce de novelista de tema contemporáneo en las *Cartas marruecas*, y era al parecer de tema contemporáneo, aunque alegórico, su novela perdida: *Observaciones de un oficial holandés en el nuevamente descubierto reino de Feliztá*. Pero a la vista del profundo interés de Cadalso en la historia española, el cual se refleja a cada paso en el «neomedievalismo» de Nuño en las *Cartas marruecas*, no es nada sorprendente que se atrajera también por la novelística histórica; y el primer ejemplo de novela histórica romántica

[44] Juan de la Puerta Vizcaíno y Gustavo Adolfo Bécquer, *Historia de los templos de España*, Madrid, Imprenta y Estereotipia de los Señores Nieto y Compañía, 1857, Introducción sin paginar y pp. 3, 4, 13 y 25. (Edición facsimilar de Ediciones El Museo Universal, Madrid, 1985.) Vizcaíno se ocupó únicamente de la financiación de este tomo; Bécquer es de hecho su único autor.

[45] Manuel José Quintana, *Vidas de españoles célebres*, Madrid, Imprenta Real, 1807, pp. 216-217.

que puede mencionarse con plena justificación historiográfica es el breve poema cadalsiano, en bellos sextetos alirados, titulado *Carta de Florinda a su padre el conde don Julián, después de su desgracia*, sobre la famosa doncella seducida por el último rey visigodo Rodrigo, publicado entre los *Ocios de mi juventud*, de Cadalso, en la edición príncipe de esta obra, en casa de Sancha, en 1773. Es el fino autoanálisis sentimental de una mujer a un mismo tiempo enamorada y adolorida por la cruel seducción que ha sufrido a manos del objeto de su amor. En este aspecto se acusa la influencia del pensamiento sentimental de Shaftesbury y Rousseau, así como la de conocidas heroínas novelísticas de aquel tiempo que dedicaban largas misivas al desmenuzamiento de sus emociones: Pamela y Clarissa, de Richardson; Julie, de Rousseau[46]. Aparte del uso de nombres de personajes históricos y legendarios, el Medievo novelístico en el que se lamenta esta Florinda ya muy romántica se esboza con alusiones a pormenores arqueológicos como el torneo, las divisas de los caballeros, sus blasones, las libreas de sus sirvientes, los agüeros, etc.

Del mismo momento, más o menos, es otro poema novelesco, sobre lo que en términos actuales podríamos llamar un flirteo del Cid joven con la princesa mora de Madrid, en cuyas descripciones se da una riqueza arqueológica no superada en ninguna novela romántica del siglo XIX. Me refiero a la *Fiesta de toros en Madrid (Quintillas)*, de Nicolás Fernández de Moratín, pero en concreto pienso en la versión original del poeta, en 158 quintillas, no en el mucho menos interesante pero lamentablemente mejor conocido texto cortado por su hijo Leandro, de solamente 72 quintillas. Veamos un par de ejemplos. Primero, arqueología en sentido literal, sobre los baños de la princesa Elipa, «que la fama tanto alaba / y el tiempo los destruyó, / pero aunque todo lo acaba, / seña y ruinas dejó / donde el edificio estaba» (quintilla 5). El público femenino de la corrida: «Las damas, en los balcones, / con trapiches y escabeles, / en cojines y posones / se pusieron, y en rejeles, / con dosel y pabellones» (quintilla 33). Detalles de la ropa de Elipa: «Marlota lleva turquí / con plata y oro escarchado, / de un riquísimo tabí, / y un zaragüel de brocado / con garbión de caniquí» (estrofa 36). Tampoco hay que olvidar que la actitud de observador científico que tanto cambió la visión del medio y contenido de la ficción durante la Ilustración, servía para representar en forma nueva más viva esas caras de la naturaleza que han sido las mismas en todas las épocas históricas. Por ejemplo, este trozo de la descripción del caballo del Cid, Babieca: «En la frente estrella blanca, / la crin enlazada a trechos, / tremolante cuando arranca; / anchos, musculosos pechos; / casco igual, redonda el anca» (quintilla 84)[47].

[46] Véase R. Merritt Cox, «A New "Novel" By Cadalso», *Hispanic Review*, t. XLI (1973), pp. 655-668, donde se estudia la psicología de heroína de novela sentimental dieciochesca en el personaje Florinda.

[47] Para el texto original de la *Fiesta de toros en Madrid*, de Moratín padre, véase Aureliano Fernández Guerra, «Lección poética sobre las celebérrimas Quintillas de D. Nicolás Fernández de Moratín», en la *Revista Hispano-Americana*, t. XVIII (1882), artículo que es más conocido por la separata de 35 páginas, impresa en el año siguiente de 1883 por la madrileña Imprenta de Manuel G. Hernández. También puede consultarse el texto original de 158 quintillas en *Los toros en la poesía castellana*, ed. de José María de Cossío, Madrid, Compañía Íbero-Americana de Publicaciones, S. A., 1931, t. II, pp. 217-239. Sobre el nuevo realismo y exotismo de la visión histórica presente en la *Fiesta de toros en*

El novelista alicantino Pedro Montengón sigue los pasos de Cadalso al tratar de la seducción de Florinda por Rodrigo, en su novela *El Rodrigo. Romance épico* (Sancha, Madrid, 1793). Señalamos antes el uso, en el título de esta obra, del nuevo término para narraciones de caballerías, *romance*, del que deriva el calificativo *romancesco*, que viene utilizándose desde 1745 para describir aventuras singulares, y que con el mismo sentido que *romántico*, antecede a este adjetivo en el uso hasta el segundo decenio del siglo XIX. La Florinda de Montengón es una de esas lánguidas víctimas de la podre social que serán una constante de la novela romántica hasta la conclusión del género en los folletines. Rodrigo, en las manos de Montengón, es un digno precursor de protagonistas románticos a lo Byron, medio angélicos, medio satánicos, como Macías y Saldaña: joven de singular nobleza, corrompido por el sibarítico e impuro ambiente de la corte, Rodrigo cometerá, por un amor sincero en sí, un acto que le llevará a horrorizarse de sí mismo y aun a intentar el suicidio.

El dato arqueológico se halla a cada lado en *El Rodrigo* de Montengón. Bastará el principio de la descripción del templo arruinado en el que Rodrigo buscó al mago Adenulfo, que le había de revelar la ya cercana destrucción de España:

> Así llegó [el rey] a penetrar en un antiguo templo, casi del todo destruido, que parecía haber sido del dios Marte, como lo indicaban algunos vestigios de las medio caídas paredes, y de las columnas sepultadas en parte entre los escombros del mismo edificio, sobre los cuales se había entronizado el zarzal, y se cimbraba el estéril jaramago. No mereció tal vista la atención de Rodrigo, por tener empeñados a sus ojos los perros que le precedieron, y que parados delante de la boca de una oscura gruta que había en el fondo del mismo templo, parecía que no osasesn entrar en ella, dando muestra de su temor al entrado rey, hacia el cual torcían ladrando sus cabezas, sin moverse de aquel sitio[48].

Líneas en las que se unen la observación y la arqueología, y en las que se ejemplifica la potencialidad de lo arqueológico para sugerir lo sobrenatural de ciertos influjos siniestros que intervienen a veces en la acción de las novelas románticas y que los canes con su sabio olfato y oído sospechan enseguida. El capítulo en el que examinamos con mayor detenimiento ejemplos de estas minuciosas descripciones realistas es el tercero, sobre la novela en verso, del duque de Rivas; pero, una vez conocidas las características de semejantes cuadros realistas, en sencillo estilo enumerativo, como de lista, el lector por sí solo identificará y analizará fácilmente numerosas muestras en cualquier novela romántica.

Con una rápida ojeada a la producción novelística entre 1790 y 1830, año de la publicación de *Los bandos de Castilla*, de López Soler, en otro tiempo considerada como la primera novela romántica, se entenderán mejor nuestros argumentos

---

Madrid (versión original), véase mi artículo «Ilustración y toros», *Ínsula*, núm. 504 (1988), pp. 15-16; recogido en *Ilustración y neoclasicismo. Primer Suplemento*, ed. de David T. Gies y Russell P. Sebold, Barcelona, Editorial Crítica, 1992, pp. 129-135.

[48] Pedro Montengón, *El Rodrigo. Romance épico,* Madrid, En casa de Sancha, 1793, pp. 142-143; o bien, en Montengón, *Obras*, ed. de Guillermo Carnero, Alicante, Instituto de Cultura Juan Gil-Albert, 1990, t. I, p. 322. Sobre *El Rodrigo*, véase «Montengón y la novela romántica», en mi ya citado libro *De ilustrados y románticos*, pp. 103-108.

sobre las condiciones y el momento que favorecían la aparición del género novelístico romántico. En los años indicados, se estampan regularmente novelas románticas, ya de tema contemporáneo como *Sab*, que estudiamos en nuestro capítulo IX, ya de tema pretérito como las restantes novelas que estudiamos[49]. (Me ha resultado imposible consultar ejemplares de las dos primeras obras enumeradas a continuación.) De Bernardo María de Calzada, se edita en 1791, en Madrid, en la Oficina de Jerónimo Ortega e Hijos de Ibarra, una obra sobre uno de los temas más románticos de todos los tiempos: *La verdadera historia de Inés de Castro. Suceso portugués*. De 1796 parece ser la primera edición de una novela que, tal vez influida por la tragedia de Schiller, de 1787, tendrá varias ediciones en los tres primeros decenios del siglo XIX: *Historia del Príncipe Don Carlos, hijo de Felipe II*. Entre 1800 y 1817 se dan a la imprenta los once tomitos de las *Lecturas útiles y entretenidas*, de Pablo de Olavide, bajo el seudónimo Atanasio Céspedes y Monroy, las cuales son por la mayor parte novelas de tema contemporáneo, con decididos elementos románticos (*El desafío*; *La dulce venganza*, etc.), pero alguna hay cuya acción se ubica en la época de los Reyes Católicos. En 1801 se publica *Cornelia Bororquia*, que se estudia en nuestro capítulo I. De 1804 (Viuda de López) son los dos tomitos de *Mis pasatiempos*, de Cándido María Trigueros, el segundo de los cuales contiene novelitas históricas arábigo-españolas e historias de caballería andante.

De 1807 y 1811 son dos novelas de tema contemporáneo, en las que se distinguen elementos románticos: *La Serafina*, de José Mor de Fuentes (Madrid, Repullés); y *La Amalia, o cartas de un amigo a otro residente en Aranjuez*, de Ramón Tamayo y Calvillo (Madrid, Ibarra). En 1818, en Valencia, en la imprenta de Mompié, se edita *Anastasia o la recompensa de la hospitalidad. Anécdota histórica de un casto amor contrariado*, de Antonio Marqués y Espejo. En Londres, en la casa de Baldwin, Cradock and Joy, en 1822, el español desterrado José María Blanco Crespo (Blanco White) publica, en inglés, la novela histórica romántica *Vargas, A Tale of Spain*, sobre el mismo tema que *Cornelia Bororquia*[50]. (También otros españoles desterrados publicarán en inglés novelas históricas de asunto español: Valentín Llanos Gutiérrez, *Sandoval, or the Freemason*, en 1826; Telesforo de Trueba y Cossío, *Gómez Arias, or the Moors of the Alpujarras*, en 1828, y *The Castilian*, en 1829). Rafael Húmara y Salamanca publica su novela histórica *Ramiro, conde de Lucena* en la madrileña Imprenta y Librería de Burgos, en 1823.

49 Para el conocimiento de la novela en este período intermedio son útiles los libros siguientes: Reginald F. Brown, *La novela española 1700-1850*, Madrid, Dirección General de Archivos y Bibliotecas (Ministerio de Educación Nacional), 1953; Juan Ignacio Ferreras, *Los orígenes de la novela decimonónica (1800-1830)*, Madrid, Taurus, 1973; y Juan Ignacio Ferreras, *Catálogo de novelas y novelistas españoles del siglo XIX*, Madrid, Cátedra, 1979. De ningún modo se da en España en esos años el mundillo literario absolutamente afrancesado, totalmente desprovisto de producción novelística original, nativa, que se imagina José F. Montesinos, en su obra *Introducción a una historia de la novela en España en el siglo XIX. Seguida del esbozo de una bibliografía española de traducciones de novelas (1800-1850)*, Valencia, Castalia, 1955; reediciones. Este libro tendría que retitularse *La presencia de la novela francesa en España en el siglo XIX*; y concebido así, sería valioso, pero con su presente título y formato, causa la mayor confusión, pues bajo el pretexto de hacer un estudio general de la novela en España no habla sino de novelas francesas traducidas al español.

50 En Alicante, en el Instituto de Cultura Juan Gil-Albert, en 1995, se publicó la versión española de *Vargas*, realizada por Rubén Benítez y María Elena Francés.

De la Imprenta de Guillermo Stavely, en Filadelfia, son los dos tomos de 1826 de la novela anónima de tema histórico mejicano *Jicoténcal*. Obra importante para la historia de la mentalidad romántica, aunque no de tema histórico, sino contemporáneo, es la novela epistolar *Voyleano o la exaltación de las pasiones*, de Estanislao de Cosca Vayo, publicada por Mompié en Valencia, en 1827: «Esclavizando los sentidos con los sentimientos vehementes que despierta en la inocente juventud, [la sensibilidad] crea en nuestros corazones una enfermedad más peligrosa que la misma fiebre» (pp. 15-16). En la madrileña Imprenta de Santiago Aguado, en 1829, se imprime la siguiente obra de Carolina Cobo: *La ilustre heroína de Zaragoza o la célebre amazona en la guerra de la Independencia. Novela histórica.*

La más absurda de todas las polémicas surgidas en torno a la historia de la novela romántica fue la que mantuvieron, hace unos treinta años, un par de investigadores por otra parte respetables sobre si la primera novela del género romántico fue *Ramiro, conde de Lucena*, de 1823, o bien *Jicoténcal*, de 1826. Evidentemente, ninguna de las dos lo fue. Es dañino para la comprensión de la historia literaria ese arbitrario esquema de periodización conforme al cual se organizan tantos manuales literarios y clases universitarias: ...1600-1699, 1700-1799, 1800-1899, etc. Pues tal visión lleva a los incautos a buscar los antecedentes de obras y géneros determinados tan sólo en el territorio cerrado de las centurias en las que se han escrito o han llegado a su apogeo como formas literarias. Es peligroso señalar primeras obras de géneros literarios. Tal práctica se presta a errores, porque aun las obras más innovadoras suelen tener sus antecedentes. La gestación de nuevos géneros literarios es lenta, ¿y cómo se puede escoger con la seguridad del acierto cualquier momento determinado en esa pausada evolución para afirmar que la obra producida en ese año sea la primera de su raza literaria? Los estilos y los géneros sufren modificaciones debido a nuevas tendencias y direcciones de la mentalidad de las clases cultas de una época: filósofos, científicos, juristas, novelistas, poetas empiezan a concebir y luego ver su mundo de otra forma. Una vez que la nueva cosmovisión se ha enseñoreado del mundo literario, puede crearse, partiendo de uno de los géneros establecidos, una obra tan revisionista, tan radicalmente nueva, que con ella se funde un nuevo género, al menos un nuevo subgénero. Pero ¿quién ha de arrogarse el derecho de decir que ese heraldo del nuevo género se haya de producir cinco años, diez años o veinte años después de haberse acusado la nueva mentalidad colectiva?

No es probable que lo que comúnmente se considera novela histórica romántica se diera en España con anterioridad a los tres últimos decenios del siglo XVIII, porque hasta ese tiempo no están operativas en el medio literario español ni las modernas disciplinas científicas de la historia y la filología, que ya conocemos, ni esa nueva cosmología que dará nacimiento a la psicología romántica, sobre la que diremos algo dentro de un momento. A partir de 1770, aproximadamente, queda abierta la puerta a la nueva variante de novela histórica. Prueba de ello es la publicación en 1773 de la *Carta de Florinda a su padre el conde don Julián, después de su desgracia*, de Cadalso, y la composición entonces de la *Fiesta de toros en Madrid*, de Nicolás Moratín, en las que se manifiesta el nuevo historicismo romántico, con el que en la primera de estas obras se simultanea la aparición de la nueva psicología romántica, de la que era entonces el máximo conocedor el autor de las *Noches lúgubres*: «Al joven don Rodrigo / hermosa parecí. Llamóme hermosa. /

¡Ay, sobrado te digo / en frase tan sencilla y azarosa! / Él era rey y joven, y era amante; / y yo mujer, hermosa e ignorante». Hallándose de repente deshonrada, quiere Florinda apuñalar al rey, «y en tan dudoso, oscuro y cruel abismo, / vuelvo el puñal contra mi pecho mismo»[51]. Existiendo las condiciones que posibilitaron la *Carta de Florinda* y la *Fiesta de toros en Madrid*, lo mismo hubiera podido publicarse en 1773, que en 1793, una novela como *El Rodrigo. Romance épico*, de Montengón, que es sólo la primera obra ahora conocida en la que se reúnen todas las características de la novela histórica romántica, según se cultivará durante buena parte del siglo XIX. De ahí el peligro de señalar de modo definitivo esta novela histórica romántica como la primera. Repito: *El Rodrigo* es sólo la primera novela romántica ahora conocida[52]. Con suerte se descubrirá algún día otra igualmente desarrollada de 1778, de 1783, o de 1789. Esperemos que así suceda.

A la vista de la comunidad histórica, filosófica y literaria de los países occidentales, se podrían aplicar a cualquiera de éstos los precedentes razonamientos sobre las condiciones que llevaron a la eclosión de la novela histórica romántica hacia un momento determinado. Mas hay otra condición que, aunque ha afectado a casi todos los géneros literarios en los países de Occidente, es pertinente a la novela histórica romántica tan sólo en España. Me refiero a ese exquisito y aristocrático dolor —aristocrático porque distingue al afligido— en el que pensamos al ver nombres como Tediato, Wérther, Obermann, Chateaubriand, Byron, Espronceda, Musset, etc.; dolor que a la vez que le muestra al adolorido el vacío de su cosmos y el vacío de su propio corazón, también le levanta por encima de toda su raza por la fina sensibilidad con que ha sabido apreciar la nonada de cuanto existe. Este dolor, que más tarde se llamará *fastidio universal, mal du siècle, Weltschmerz*, lo sintió ya en 1744 el inglés Mark Akenside, que tenía el pecho «thus decreed / the universal sensitive of pain». En el continente, lo sintió Cadalso en 1771; pues su sosia literario Tediato, creado en ese año, es objeto de «la risa universal, que es eco de los llantos de un mísero» y tiene «mil enemigos por fuera y un tormento interior capaz, por sí solo, de llenarme de horrores, aunque todo el orbe procurara mi infelicidad»[53].

[51] José de Cadalso, *Poesías*, en *Poetas líricos del siglo XVIII, I*, ed. de Leopoldo Augusto de Cueto, Biblioteca de Autores Españoles, 61, Madrid, Atlas, 1952, pp. 251a, 252b.

[52] Menéndez Pelayo fue un lector sensible y percibió la novedad de *El Rodrigo*; pero como no tomó en cuenta la influencia del sensismo, ni la de la nueva erudición histórica arqueológica dieciochesca, ni la de la naciente mentalidad dolorosa romántica para precisar los cotos cronológicos, a partir de los cuales podía desarrollarse la nueva forma novelística, no vio el papel de posible primera obra de su género que le corresponde al *romance* montengoniano. Refiriéndose al novelista alicantino, Menéndez Pelayo dice simplemente que «su *Rodrigo* [...] es una de las más antiguas tentativas de novela histórica» (en «Jesuitas españoles en Italia», *Estudios y discursos de crítica histórica y literaria*, Santander, Aldus, 1942, t. IV, p. 99).

[53] Mark Akenside, *The Pleasures of Imagination* (1744), en *Poetical Works*, Londres, Bell and Daldy, 1867, p. 29; José de Cadalso, *Cartas marruecas. Noches lúgubres*, ed. de Russell P. Sebold, Letras Hispánicas, 78, Madrid, Cátedra, 2000, pp. 389, 405. Véase Russell P. Sebold, «Sobre el nombre español del dolor romántico», *Ínsula*, núm. 264 (noviembre 1968), pp. 1, 4-5; recogido en ambas ediciones de mi libro *El rapto de la mente. Poética y poesía dieciochescas*, El Soto, 14, Madrid, Editorial Prensa Española, 1970, pp. 123-137; 2.ª ed., Autores, Textos y Temas, 5, Barcelona, Anthropos, 1989, pp. 157-169; «El "blando numen" de los versos de Dalmiro y las primeras punzadas del dolor romántico»,

Para que quede completamente clara nuestra tesis sobre el momento en el que llegó a ser posible la eclosión de la novela histórica romántica, resultará útil resumir lo dicho en los trabajos indicados en la última nota a pie de página. La moderna descripción realista exhaustiva o fotográfica y la desgarradora separación *byroniana* entre el romántico y su mundo, entre el romántico y su propia psique, proceden de la misma causa: el sensismo, la filosofía de la observación. Una vez que el hombre se convenció de que tenía en sus cinco sentidos corporales la fuente de todos los conocimientos, dejó de acudir a la revelación divina. Cortada la vía cognoscitiva entre el hombre y Dios, tampoco tardó en cortarse la vía consolativa que los había unido. Ante el universo queda solo el hombre, que en esos años, en efecto, Rousseau definía como ser solitario. Nada consolado por su orgullo de gran conocedor del cosmos, el hombre añora el solaz espiritual que en otro tiempo le brindaba la divinidad, y busca sustitutos en los seres naturales. De ahí la fusión psíquica entre el yo romántico y la naturaleza, que a la vez conduce a la nueva poesía romántica de la naturaleza (por ejemplo, las escenas idílicas de la novela romántica). Se prevé todo esto en la misma filosofía que condicionó la mente literaria colectiva para el dramático viraje cosmológico que suponía el situar el yo del escritor o personaje en el eje del universo, y hacer girar todo lo demás en torno suyo. Basta el siguiente trozo del *Traité des sensations*, de Condillac, en el que, hallándose sola y desesperada la famosa estatua de piedra, convertida en hombre por la paulatina adquisición de los cinco sentidos,

> elle s'adresse en quelque sorte au soleil [...] Elle s'adresse aux arbres [...] En un mot, elle s'adresse à toutes les choses dont elle croit dépendre. Souffre-t-elle sans en découvrir la cause dans ce qui frappe ses sens? Elle s'adresse à la douleur comme à un ennemi invisible, qu'il lui est important d'appaiser. Ainsi l'univers se remplit d'êtres visibles et invisibles, qu'elle prie de travailler a son bonheur[54].

Ahora bien: para concluir este apartado, es forzoso hacer una nueva pregunta: ¿por qué, para estudiar los orígenes de la novela histórica romántica en España, en particular, hace falta tener en cuenta la desconexión espiritual entre el hombre romántico y su mundo, esto es, el *fastidio universal*? En su artículo de 1840 sobre las «Poesías de don José de Espronceda», en el *Semanario Pintoresco Español*, Enrique Gil y Carrasco comenta la novela en su aspecto de poema épico moderno: «En el estado presente de las ideas y de la sociedad la epopeya es género de difícil cultivo y poco acomodado a la filosofía del sentimiento: [...] la única epopeya compatible con el individualismo de las naciones modernas es la novela tal como la han entendido Walter Scott, Manzoni y algún otro»[55]. Más que la comparación

---

cap. IV de mi libro *Cadalso: el primer romántico «europeo» de España*, Biblioteca Románica Hispánica, 215, Madrid, Editorial Gredos, 1974, pp. 79-146; y «La filosofía de la Ilustración y el nacimiento del romanticismo español», cap. 3 de mi libro *Trayectoria del romanticismo español. Desde la Ilustración hasta Bécquer*, Filología, 10, Barcelona, Editorial Crítica, 1983, pp. 75-108. Ésta ha sido una constante preocupación mía, y también he vuelto sobre ella, en forma más breve, en otros escritos.

[54] Condillac, *Traité des sensations*, en *Œuvres*, París, Chez Les Libraires Associés, 1792, t. III, pp. 254-255.

[55] Enrique Gil y Carrasco, *Obras completas*, ed. de Jorge Campos, Biblioteca de Autores Españoles, 74, Madrid, Atlas, 1954, p. 492a.

de epopeya y novela por la visión panorámica de la vida que ambas ofrecen, me interesan las condiciones del poema épico moderno que identifica Gil: la *filosofía del sentimiento*, que se da junto con el *individualismo de las naciones modernas*. Ya hemos hablado de la segunda de estas condiciones con detenimiento al explicar cómo con la observación sistemática de la realidad se capta lo individual, lo característico, de las costumbres, ya históricas, ya contemporáneas. Por *filosofía del sentimiento*, en cambio, Gil entiende eso que hoy suele llamarse *fastidio universal*, dolor romántico, metafísico y egocéntrico. Es curioso que Gil ponga a Scott y Manzoni como ejemplos, al parecer, de ambas cualidades; pues mientras que esos novelistas logran recreaciones detallistas, realistas totalmente admirables del medio ambiente, falta en ellos, sin embargo, esa desgarradora *filosofía* de la melancolía, del tedio, del hastío romántico por antonomasia. No obstante, tan extremo afecto le parece a Gil típico de la novela de su tiempo. ¿Por qué? Pues, porque también conoce a fondo, más a fondo, la novela de su gran amigo Espronceda, *Sancho Saldaña o el castellano de Cuéllar* (1834) y la de Larra, *El doncel de don Enrique el Doliente* (1834).

Ello es que se distingue la novela histórica romántica española de la de Scott por el hecho de que se reúnen en ella la reconstrucción pormenorizada, documentada, del pasado a lo Scott y el desesperado, cínico y sublime rechazo de la sociedad humana a lo Byron. A esta combinación de influencias inglesas sobre la novela romántica española —Scott y Byron— alude el duque de Rivas en unas líneas citadas hacia el final del apartado primero de este capítulo; y a ella alude asimismo el novelista López Soler en su Prólogo a *Los bandos de Castilla*, en un pasaje citado en el capítulo sobre esta novela. Los personajes de Scott no conocen esas grandes y exaltadas emociones egocéntricas del romanticismo de gran estilo que pudieran enemistarlos con la sociedad y con Dios. Tampoco las conocen los personajes de la novela histórica romántica de Mérimée, Vigny y Hugo. Los héroes de Scott llevan vidas ordenadas; sus enemigos son sus contrarios en la guerra; no llevan un enemigo mortal dentro; sus corazones están exentos de la corrosiva carcoma que llevan en los suyos el Macías de Larra, el Saldaña de Espronceda, el *Sab* de la Avellaneda, la Beatriz de Gil, el Jimeno de Navarro Villoslada. El romanticismo de Scott es de tipo histórico exclusivamente; el de Larra, Espronceda, la Avellaneda, Gil, Villoslada y otros españoles es de tipo a un mismo tiempo histórico y psicológico. En las páginas de los novelistas españoles, Byron suele acompañar a Scott, por decirlo así. En *Ivanhoe*, en *Quentin Durward*, en *The Talisman*, en *The Lady of the Lake* (novela en verso esta última), los héroes se casan con sus damas, sirven a sus legítimos señores y defienden la fe cristiana. Paradójicamente, los protagonistas de las novelas románticas del país católico por excelencia —España— son con frecuencia materialistas, blasfemos, descreídos y ateos. En las novelas de Scott es frecuente el final arbitrario, con la reconstrucción sintética del orden social a cargo del rey, que interviene en la acción en calidad de *deus ex machina*, igual que sucede en la comedia española del Siglo de Oro. Mas el final de la novela romántica española es un *in medias res*, que deja las existencias y aspiraciones truncadas, violadas, como sucede en nuestro mundo y en las grandes novelas de todos los tiempos.

3. La novela romántica en su «laberinto»

En lo que respecta al valor de pasatiempo que la novela romántica le brinda al lector, su recurso decisivo es su argumento. El argumento, por cierta disposición de los episodios que caracteriza a la novela histórica romántica, es a la vez la mayor innovación artística que el género ofrece al lector culto interesado en el desarrollo de los géneros literarios. Pero, paradójicamente, el argumento parece, desde otro punto de vista, lo menos original de la novela romántica, no porque haya nada de imitación servil entre las obras en el caso de las mejores, sino porque cuando se producen suficientes novelas (o suficientes telenovelas) de un tipo determinado para satisfacer a una enorme demanda popular, es inevitable que se repitan muchas situaciones y combinaciones de sucesos. Examinemos primero esta repetición de elementos argumentales, y después hablaremos del arte auténtico del argumento novelístico romántico.

En cada capítulo de telenovelas policíacas como *Magnum* o *Se ha escrito un crimen*, es obligatoria una frenética persecución del reo con coches rápidos que con la mayor facilidad evitan toda suerte de obstáculos como autobuses, camiones y cercas de alambre. Por el mismo motivo del gusto popular, se da una repetición parecida de temas y situaciones en la novela romántica o telenovela del siglo XIX. Cuatro situaciones argumentales frecuentes, que así podrán servir como ilustraciones, son: las desavenencias políticas, la ambición de los caballeros dentro de sus órdenes militares, los «juicios de Dios» (o combates cuerpo a cuerpo, en los que el cielo supuestamente da la victoria al que es asistido de la razón), y los amores con infieles. En *Ivanhoe*, de Scott, se han producido desavenencias políticas entre los sajones y los normandos, entre el príncipe Juan y Ricardo Corazón de León. En *El doncel de don Enrique el Doliente*, de Larra, existen tales diferencias entre la banda del marqués de Villena y los demás nobles, entre Villena y los demás caballeros de Calatrava. En *Sancho Saldaña o el castellano de Cuéllar*, de Espronceda, los conflictos ocurren entre los partidarios de Sancho IV y los de La Cerda, entre la casa de Íscar y la de Saldaña. En *El señor de Bembibre*, de Gil y Carrasco, están fuertemente enemistados los templarios y los nobles leoneses.

En *Ivanhoe*, el ambicioso Brian de Bois Guilbert quiere hacerse maestre o general de los templarios. En *El doncel de don Enrique el Doliente*, Villena quiere imponerse como maestre de la orden militar de Calatrava. En *El señor de Bembibre*, se analiza la decadencia y caída del poder de la orden del Temple, bajo su último general, el cual aun en momento tan frágil para la historia de su corporación tiene un ambicioso rival que aspira a su cargo. Se da un ejemplo del combate cuerpo a cuerpo, conocido como juicio de Dios, en *Ivanhoe*, cuando la doncella judía Rebeca, acusada de ser bruja, tira su guante a los pies del maestre del Temple, y Ivanhoe la defiende como su campeón contra Brian de Bois Guilbert. En *El doncel de don Enrique el Doliente*, Elvira tira su guante a los pies del marqués de Villena —secuestrador de su propia esposa, de quien Elvira es dama— y la defiende Luis de Guzmán, vistiendo la armadura del Doncel, que —nuevo paralelo entre novelas— se asemeja a la de Ricardo Corazón de León.

El héroe titular de *Ivanhoe* ama a su futura esposa, Lady Rowena, y sin embargo, se enamora de la bella doncella judía Rebeca, hija de un mercader y prestamista; amor que en parte se debe a la gratitud, pues Rebeca aprovecha sus

De López Soler, *Los bandos de Castilla*, Valencia, Cabrerizo, 1830.

conocimientos de milagrosos medicamentos para curarle las heridas al campeón cristiano. En la novela de Espronceda, Sancho Saldaña ama a Leonor de Íscar, novia de su juventud, a quien ha raptado con el fin de hacerla su mujer legítima por fuerza, si hace falta llegar a tal extremo; mas también ama carnalmente, y más bien por la desesperación que por el afecto tierno, a la bella judía Esther, hija de un mercader, la cual usa el nombre moro de Zoraida a lo largo de la obra. Estas y semejantes aventuras y situaciones eran las que pedía el lectorado del tiempo, y era menester satisfacer a la insistente clientela, aun cuando no se tratara del aspecto más artístico de esas novelas. Sin embargo, la proliferación de tales materiales es lo que llevaba a la formación de las enmarañadas tramas de las novelas románticas, y en el manejo de éstas sí estriba una parte considerable de su originalidad literaria.

En manos de los novelistas románticos, el argumento se convierte en un instrumento insustituible para la identificación del lector con los personajes, así como para la representación del ancho panorama social y el caos de la sociedad humana. Nos ocuparemos primero de la participación del lector en la novela. En el umbral de *El doncel de don Enrique el Doliente*, Larra explica que los bondadosos lectores, «si han de seguirnos en el *laberinto* de sucesos que vamos a *enlazar* unos con otros en obsequio de su *solaz*, han menester *trasladarse con nosotros*, a épocas distantes y a siglos remotos, para *vivir*, digámoslo así, en otro orden de sociedad en nada semejante a este que en el siglo XIX marca la adelantada civilización de la culta Europa»[56]. He escrito en cursiva las palabras más importantes para la interpretación de este pasaje. ¿Cuáles son las personas que el novelista tiene en cuenta al componer este significativo trozo de poética? El *nosotros* se compone del escritor y su personaje ficticio, y a ellos se une, en el pronombre, otro ser de carne y hueso: el lector. Serán, pues, tres compañeros y peregrinos (van a *trasladarse* juntos), cuya trayectoria les llevará a otro mundo tan real como el nuestro, pues sólo parece exótico por su vetustez. Y no embargante las vueltas y revueltas del camino (*laberinto, enlazar*), lo pasarán bien los tres, haciéndose amigos (*solaz*). Distraído por la buena compañía, el lector se pierde en la forma laberíntica del argumento, y lo que le pasa al perderse por todas esas vías es que el tortuoso itinerario le *engancha* en ese «otro orden de sociedad», por decirlo con el verbo vulgar de hoy. Y llegado tal momento, el lector se ha convertido en «huésped» de la novela, según la feliz expresión de Fernán Caballero, en *La Gaviota*[57].

Con el ya explicado *nosotros* de la complicidad, por llamarlo así, Larra se anticipa al concepto moderno del lector como participante en la creación de la obra, o aun personaje de ella. Pienso en observaciones críticas como la siguiente de Armando Palacio Valdés, en 1921: «He llegado a pensar que el libro no lo hace el autor, sino el lector»[58]; así como en la idea del artículo de 1972, de Francisco Ayala,

[56] Larra, *El doncel*, ed. cit., p. 49. Según Larra, el lector de la novela histórica «vive en otro orden de sociedad». En un discurso académico de 1860, el duque de Rivas se refiere a las «personas» que pueblan las novelas de Scott y observa que el lector «vive con ellas como su contemporáneo» (en *El romanticismo español. Documentos*, ed. de Navas Ruiz, p. 279).

[57] Fernán Caballero, *La Gaviota*, ed. de Enrique Rubio Cremades, Colección Austral, 172A, Madrid, Espasa-Calpe, 1991, p. 380.

[58] Armando Palacio Valdés, *La novela de un novelista* (primera edición: 1921), Colección Austral, 266, Buenos Aires, Espasa-Calpe Argentina, 1965, p. 112.

titulado «El lector como personaje de ficción»[59]. La identificación del lector con el contenido de la novela, su implícita presencia en la novela, su participación en la creación de ésta y su virtual conversión en personaje son cosas frecuentes en la época de Galdós, pero resultará iluminador señalar que éste es uno de varios significativos terrenos en los que los novelistas románticos se adelantan al gran canario y sus contemporáneos. Antes de mirar ejemplos en las novelas románticas, pongamos aquí como términos de comparación dos trozos de *Misericordia*, de Galdós. En la iglesia de San Sebastián, Galdós describe a «siete reverendos mendigos», y luego dice: «Vamos con ellos». Tú, yo, todo lector y Galdós nos unimos al séquito de esos hambrientos pero graves varones para andar por esas calles de Dios pidiendo limosna. Al antiguo golfo Antoñito Zapata, convertido en diligente corredor de anuncios y marido modelo de Juliana, «todo el santo día le *teníais* como un azacán, de comercio en comercio, de periódico en periódico»[60]. En este caso, los lectores logramos un contacto aun más directo —el verbo es nuestro exclusivamente, es de *segunda* persona plural—, sin necesidad de que intermedie el novelista; y al personaje le vemos pasar y volver a pasar, como desde nuestra propia ventana. He aquí a unos lectores incorporados a la ficción para que puedan servir de testigos de lo sucedido en el país de la novela; en fin, son unos lectores completamente *identificados*. Volvamos a la novela romántica.

En *El doncel de don Enrique el Doliente*, por la imprudencia de un paje, se nos informa al autor y a los leyentes sobre la índole de cierta misteriosa situación que, por otra parte, ya nos tenía totalmente absortos. Macías ha querido mantener el incógnito a la hora de su llegada al alcázar de Madrid, y aunque esto lo sabe muy bien el pajecillo de Elvira, Jaime, éste se equivoca soltando las prohibidas sílabas al dirigirse al doncel, «a quien llamaremos por su nombre de aquí en adelante —comenta Larra—, supuesto que ya *nos* le ha revelado el imprudente paje»[61]. Se ha logrado una objetividad tan notable en la creación de este personaje, que tanto el autor como el lector nos acercamos a él como si fuese absolutamente desconocido para nosotros. El autor tampoco sabía quién era el melancólico recién llegado, y lo mismo que el lector, él se impresiona por lo que «se *nos* ha revelado». Queda claro que es cómplice de Larra el lector de su novela. En nuestro capítulo sobre *Ni rey ni roque*, se citan y explican varios ejemplos de esta complicidad, lograda con el ingenioso uso de los pronombres, y el lector encontrará muestras en casi todas las novelas históricas románticas. Examinemos, para completar nuestra caracterización de esta faceta de la poética de la novela romántica, dos ejemplos de complicidad en la única novela romántica de tema contemporáneo que es estudia en el presente libro, y que representa así el mismo marco temporal en el que Galdós había de usar tales tácticas.

En *Sab*, de la Avellaneda, seguimos atentamente un diálogo entre la protagonista Carlota y su amiga Teresa, pero casi enseguida leemos: «Un largo intervalo de silencio sucedió a este corto diálogo, y nos aprovechamos de él para dar a

[59] Francisco Ayala, «El lector como personaje de ficción», *Río Piedras. Revista de la Facultad de Humanidades*, Universidad de Puerto Rico, núm. 1 (septiembre de 1972), pp. 47-52.

[60] Benito Pérez Galdós, *Misericordia*, Colección Crisol, 138, Madrid, Aguilar, 1945, pp. 37, 97. La cursiva es mía.

[61] Larra, *El doncel*, ed. cit., p. 102. La cursiva es mía.

conocer a nuestros lectores las dos señoritas cuya conversación acabamos de referir con escrupulosa exactitud, y el local en que se verificara la mencionada conversación»[62]. Están presentes, juntos, en calidad de testigos, la autora y los lectores, y están intensamente interesados en lo que escuchan, pero la experiencia se les hará aun más intensa; porque en relación con la propuesta de la autora, tendrán que darse mucha prisa, pues lo que podrán conocer de la casa y las interlocutoras dependerá de la extensión del intervalo, cosa que ni la una ni los otros parecen saber. El estar introducidos habitantes del mundo real en el mundo de la novela de modo tan completo, que pueden ocuparse, en esa esfera ficticia, de otras cuestiones aparte de lo que dicen y hacen los personajes, es claramente la identificación más acabada que cabe postular. En otro capítulo de *Sab*, la escena es en la casucha de la vieja india Martina, a la una de la noche, y desde fuera «el observador hubiera fácilmente adivinado que una persona despierta, en aquella pieza, variaba la posición. [...] Nosotros nos permitiremos penetrar dentro y descubrir quiénes eran las personas que velaban solas, en aquella hora de reposo general»[63]. Autora y lector se mueven en el mismo nivel; juntos, entran en una humilde casucha; ¿y ese «observador», mencionado antes, será quien narra, o por qué no podrá igualmente bien ser quien lee, pues el lector circula ya muy a su gusto en el microcosmo poético de *Sab*.

En *El doncel de don Enrique el Doliente*, Larra alude por segunda vez a la forma laberíntica de su novela: «tan gran *laberinto* de riesgos y de intrigas», la llama al volver a usar el término[64], ¿y qué duda cabe ya que también forma parte del laberinto el entretejimiento, como en un mismo plano, de observaciones, impresiones y percepciones que son, algunas veces de los entes de ficción, y otras veces ya del autor, ya del lector? El crítico inglés F. L. Lucas decía que los románticos disponían de dos vías por las que podían escaparse de la vida excesivamente civilizada: podían volver a la naturaleza, los buenos salvajes y los secretos del alma soñadora; o bien podían volver a la Edad Media[65]. Mas hubiera podido añadir que disponían de otra tercera forma de solazar su deseo escapista, que era perderse por los laberintos de sus argumentos novelísticos, junto con sus lectores. Una de las principales aportaciones de la novela romántica a toda la novela moderna como forma literaria es el argumento laberíntico, de numerosos hilos, o sea la posibilidad de presentar como simultáneos los pugilatos de numerosos personajes con sus respectivos destinos, todo ello confirmado por las visitas de observación de seres de nuestro mundo.

Espronceda también diserta sobre la nueva complejidad del argumento novelístico—ya se aclarará cuál es esta novedad—: «Cuando dicen que las cosas del mundo parecen una novela, no es más sino que una novela es o debe ser la representación de las cosas del mundo, en que todo va a nuestro entender *desenlazado* y *desunido* a veces, aunque si se examina bien no carece de cierto orden y regularidad,

62 Avellaneda, *Sab*, ed. cit., p. 114.

63 Avellaneda, *Sab*, ed. cit., p. 238. La cursiva es mía.

64 Larra, *El doncel*, ed. cit., p. 325. La cursiva es mía.

65 F. L. Lucas, *The Decline and Fall of the Romantic Ideal*, Cambridge, The University Press, 1963, pp. 98-99.

y en que personas al parecer inútiles y acontecimientos en sí frívolos son acaso tan esenciales y necesarios cuanto que sin ellas o ellos, fuera imposible que tuviese tal o cual fin el asunto principal»[66]. Fijémonos en los calificativos *desenlazado* y *desunido*. Se trata de otro modo de decir *laberinto*, ya sea el del mundo, ya el de la novela que procura imitar aquél. Los colegas de Espronceda utilizan otros adjetivos semejantes para referirse a la estructura laberíntica de sus novelas. Así, Larra se preocupa por hacer «interesantes los personajes de nuestra *desaliñada* narración»[67].

Otro de los curiosos términos con los que los novelistas románticos caracterizan a la forma de sus argumentos aparece al final del más extenso excurso sobre el tema que conozco en las novelas de la época. Es de Patricio de la Escosura, y se halla al inicio de un capítulo de *Ni rey ni roque*; lo corto al copiarlo:

> Uno de los infinitos y más agradables privilegios que el género romántico concede a los que lo cultivan es el de decir las cosas como y cuando les viene a cuento, dispensándolos de *la prolija obligación de empezar una historia por su principio*, de referir hasta las veces que el protagonista fue azotado por el dómine en su infancia, y de seguirle paso a paso en el discurso de su vida, sin hacer gracia al lector de uno solo de sus pensamientos, por insignificante y necio que parezca.
>
> El autor romántico [...] *se ríe del orden cronológico*; su fin es unas veces divertir, otras horrorizar, pero siempre inspirar interés, y [...] siga el camino que su fantasía le dicta, despreciando reglas, hollando preceptos [...].
>
> En uso de mis facultades, y como ejemplo práctico, he puesto el exordio de este capítulo, con el cual respondo de antemano a la objeción que sin duda me hará la crítica clásica de andar algo *descosido* en mi novela; y hago solemne protesta de que por ahora, y siempre que me convenga, seré romántico, reservándome, empero, refugiarme en el clasicismo cuando las circunstancias lo exijan[68].

Esta digresión teórica, o quizá antiteórica, es la más importante de todas, porque en ella se hace un poco de historia del género narrativo, y se declara cuál es la novedad de los argumentos de las novelas románticas. En las graciosas líneas de Escosura, la poética de la novela clásica está representada por *la prolija obligación de empezar una historia por su principio*; y en cambio, la romántica se resume en

66 José de Espronceda, *Sancho Saldaña o el castellano de Cuéllar*, ed. de Ángel Antón Andrés, Ediciones de Bolsillo, Barcelona, Barral Editores, 1974, t. II, p. 133.

67 Larra, *El doncel*, ed. cit. p. 386. La cursiva es mía.

68 Patricio de la Escosura, *Ni rey ni roque*, La Novela Histórica Española, 5, Madrid, Tebas (Ediciones Giner), 1975, p. 64. Las cursivas son mías. Con su habitual ironía y usando la terminología de Larra, Escosura vuelve sobre esta cuestión en su deliciosa pero injustamente desconocida novela realista, de tema contemporáneo, *Estudios históricos sobre las costumbres españolas, novela original*, Madrid, Imprenta de la Sociedad Tipográfico-Editorial, 1851, p. 143. Uno de los narradores de esta novela pregunta a otro: «¿Con ánimo de proseguir su cuento, que va para mí siendo un *laberinto*?». Y un momento después, el mismo comenta: «Y quiera Dios que también traiga el de ser más claro y ordenado en las cosas que refiere, pues, a decir verdad, van confundiéndose de tal manera en mi memoria personajes y sucesos, que dentro de poco habré perdido completamente el hilo de la historia» (la cursiva de *laberinto* en el texto de Escosura es mía). Tomemos nota de que que la telenovela nos ha dado otro pintoresco término con el que se confirma de nuevo la pervivencia del argumento laberíntico, de origen romántico: *culebrón*, que en el diccionario *Clave* (1996) se define así: «Telenovela de muchos capítulos, de argumento *enredado* y tono marcadamente sentimental» (la cursiva es mía).

su carácter *descosido*, así como en el hecho de que *se ríe del orden cronológico* quien la cultiva. Lo del protagonista con el dómine es otra alusión a la novela clásica, pues piensa Escosura en *Fray Gerundio de Campazas* y otras narraciones tradicionales en las que todo se relata por orden rigurosamente cronológico desde el nacimiento y estudios del héroe hasta el final de sus días.

Reírse los novelistas del orden cronológico y desaliñarse, desenlazarse, desunirse y descoserse al contar las peripecias de su héroe es la mayor innovación que se ha introducido en la estructura del argumento novelístico desde la fundación del género novelístico en la antigüedad. Desde hacía dos milenios, la estructura argumental de todas las narraciones, ya históricas, ya ficticias, era cronológica, lineal, de un solo hilo. Antes de la centuria decimonona, por muchos rasgos modernos que se encuentren en obras como la novela picaresca, *Don Quijote*, la *Vida* de Torres Villarroel, *Fray Gerundio de Campazas*, las *Aventuras de Juan Luis*, de Rejón de Silva y las novelas de Montengón, el argumento es siempre, siempre lineal. En todo el curso de la novela predecimonónica, no se da sino una sola línea de acción en las obras, por mucho que esa línea serpentee a veces; una línea estrecha, una acción sencilla, por larga que llegue a ser, precisamente por ser puramente cronológica. Mas, a partir de las grandes novelas románticas, regirá en todo el género novelístico una estructura argumental basada en varias líneas de acción paralelas y simultáneas y que así, lógicamente, se desarrollan independientemente hasta converger. Un laberinto, en fin, como decía Fígaro.

Todas estas ideas se reconfirman por un curioso eco en la crítica teatral de la época. Larra apunta que *El trovador*, de García Gutiérrez, tiene «verdaderamente dos acciones»; se dan en este famoso drama «dos exposiciones», que llevan a «dos desenlaces»; y se analizan en sus escenas «tres caracteres igualmente principales». Gracias a ello, concluye Fígaro, puede decirse que García Gutiérrez «ha imaginado un plan vasto, un plan más bien de novela que de drama, y ha inventado una magnífica novela»[69]. No sorprende que escribiera esto quien dos años antes había dado el nombre *laberinto* al tipo de argumento característico de la nueva novela romántica.

El novelista de la nueva era alterna entre los distintos hilos de la acción que va inventando, dejándolos y prosiguiéndolos a voluntad, muchas veces sin aparente necesidad lógica en el momento de pasar de una línea a otra. Esto lo explican claramente Escosura y Espronceda, en sus ya citados excursos. Para Escosura, recuérdese, uno de los más cómodos privilegios de los novelistas románticos «es el de decir las cosas como y cuando les viene a cuento». Parece no pocas veces existir en tales novelas un desorden absoluto, «aunque si se examina bien —insiste Espronceda—, no carece de cierto orden y regularidad», pues «personas, al parecer inútiles y acontecimientos en sí frívolos son acaso tan esenciales y necesarios cuanto que sin ellas o ellos fuera imposible que tuviese tal o cual fin el asunto principal». He aquí el equivalente novelístico del *beau désordre* en el que Boileau veía todo el encanto de las odas. Orden del desorden: sin lo frívolo no existiría lo esencial. Se halla un caso extremo en la novela *La campana de Huesca* (1852), de Antonio

[69] Mariano José de Larra, *Artículos completos*, ed. de Melchor de Almagro San Martín, Madrid, Aguilar, 1944, pp. 409-410.

Cánovas del Castillo. El gran hombre de estado y novelista echa la culpa de una inexplicada desaparición del protagonista a las malas costumbres del narrador ficticio: «El cronista muzárabe suele hacer cosas como ésta, que es dejar de explicar los sucesos, cuando tienen lugar; y luego, al cabo de tiempo, hacer de modo que mal o bien se entiendan, sin ponerse a decirlo claramente»[70]. En fin: se busca cierto caos enganchador, y con el caos de sus mundos imaginarios los novelistas románticos procuran imitar el caos del mundo real.

Para que nos entendamos perfectamente, miremos un par de pasajes que representan el momento en el que el novelista deja uno de sus hilos narrativos para ocuparse de otro:

> Pasemos ahora, cambiando de escena, desde los solitarios alrededores del alcázar de Arlanza al país donde se elevaban las torres arabescas del castillo de Castromerín[71].
>
> Mientras esto pasaba en los bosques del parque, reinaba el mayor *desorden* en el castillo de Castromerín. (*ibíd.*, p. 57; la cursiva es mía).
>
> Tiempo es ya de que volvamos a hablar de la noble Matilde de Urgel, a quien enteramente abandonamos para dar cuenta al lector de lo que ocurría en el monasterio de San Bernardo y alcázares de Segovia y Castromerín. (*ibíd.*, p. 145).
>
> ...[se halla un grupo de hombres encapuchados en el puente del castillo], donde los dejaremos para acudir adonde nos llaman otros personajes, no menos interesantes de nuestra historia[72].
>
> ...a esta casa nos es fuerza por ahora trasladar la escena, y por lo mismo diremos algo sobre ella y sus moradores[73].
>
> Dejémosle descansar [a Vargas], que bien lo necesita, y veamos cómo Pedro desempeñaba su comisión (*ibíd.*, p. 79).

Por el segundo de los trozos reproducidos, queda claro que los novelistas son muy conscientes de la relación entre el cambio de hilo y el desorden, desenlazamiento o cualidad laberíntica de sus argumentos. Espronceda es, empero, quien tiene más clara conciencia de la ilación entre el descosimiento argumental y la alternación entre los hilos de la acción, como se desprende del siguiente fragmento: «Seguiremos el hilo de nuestro cuento, si es que lo tiene tan *enmarañada* madeja, y veremos de poner nuevamente en la escena algunas personas que probablemente no habrá olvidado el lector»[74]. He aquí a la vez una palabra nueva para añadir a la terminología del argumento laberíntico de la novela romántica: *enmarañado*.

La alternancia entre hilos narrativos no nos parece nada notable hoy, ni parecen quizá muy dignas de destacarse las muestras que acábanse de citar. Pero tal reacción se debe a que hemos leído numerosas novelas de Galdós, Pereda,

70 Antonio Cánovas del Castillo, *La campana de Huesca, crónica del siglo XII*, Folletín del «Diario de Barcelona», Barcelona, Imprenta Barcelonesa, 1903, p. 302.

71 Ramón López Soler, *Los bandos de Castilla o el caballero del Cisne*, La Novela Histórica Española, 12, Madrid, Tebas (Ediciones Giner), 1975, p. 48.

72 Larra, *El doncel*, ed. cit., p. 384.

73 Escosura, *Ni rey ni roque*, ed. cit., p. 44.

74 Espronceda, *Sancho Saldaña*, ed. cit., t. II, p. 181. La cursiva es mía.

Clarín, Pardo Bazán, Coloma, Palacio Valdés y otros autores más recientes, en las que el desorden argumental y el cambio de hilo narrativo son constantes. Mas estos señores aprendieron tal técnica en la novela romántica. Para entender todo el sentido histórico —la plena maravilla— de una gran innovación en la técnica literaria, es preciso remontarse imaginariamente al tiempo de ese descubrimiento y tratar de verlo con la fascinación de los ojos más inocentes de ese momento. La verdad es que sin la interpretación romántica del argumento novelístico, no existiría la novela tal como la conocemos desde el siglo XIX. No parece injusto decir que la novela romántica fue en el fondo mucho más innovadora que la realista, tanto más cuanto que ésta, según críticos reputados, no es más que una parodia de aquélla y debe toda su existencia a ella.

El argumento plurimembre no sólo permite representar el caos de los asuntos humanos, según se ha sugerido; sino que a la vez, y esto es quizá aun más importante para la novela moderna, el desenvolvimiento de varios argumentos simultáneos, casi independientes, el uno al lado del otro, capacita al novelista para figurar toda la amplitud panorámica del horizonte social. Merced a la interpretación romántica del argumento, existen en las novelas modernas *mundos* nuevos, tan anchos, tan complejos al parecer como el nuestro. Al mismo tiempo, los inesperados cambios de hilo narrativo ayudan a representar las reacciones psicológicas de los personajes y los lectores. Cuando de repente el novelista se interrumpe y pasa a contar sucesos pertenecientes a otro hilo argumental, se produce un nuevo principio *in medias res* (nuevas descripciones, nuevos diálogos, etc.), y la extrañeza de quien leía cómodamente hospedado en el hilo narrativo anterior sirve para representar literariamente la sorpresa, el misterio de situaciones nuevas ante las que nos encontramos en la vida. Considérese este ejemplo en *El doncel de don Enrique el Doliente*, junto con la sorpresa que supone para el lector hallarse de buenas a primeras en la presencia de un pesaroso personaje a quien no reconoce:

> Hacia otra parte del alcázar de Madrid, y en un aposento que a su llegada se había secretamente aderezado por las gentes de Villena, descansaba, reclinado en un modesto lecho, un caballero a quien no permitía cerrar los ojos al sueño un amargo pesar, de que eran claros indicios los hondos y frecuentes suspiros que del pecho lanzaba[75].

Por la sacudida del cambio, el abandono de una línea de acción también puede emplearse para la mímesis de la frustración que siente un personaje al no salirle bien las cosas, y el lector se identifica compartiendo la experiencia, pues de hecho se siente defraudado al tener que separarse de unas figuras cuyas aventuras seguía muy emocionado.

No quedarían completas estas páginas sobre la invención del moderno argumento novelístico por los románticos si no preguntásemos por los primeros orígenes de esta novedad, de su principio mimético y de su terminología. En la carta XXXIX de la novela epistolar *Cartas marruecas*, del primer auténtico romántico español, José de Cadalso, el personaje moro Gazel visita de mañana, en su habitación, al álter ego del autor, Nuño Núñez; y mientras espera para que éste se termine de vestir, hojea un cuadernillo titulado *Observaciones y reflexiones*

[75] Larra, *El doncel*, ed. cit., p. 97.

sueltas, que ha encontrado en la mesa de su compañero cristiano, y que es un notable caso de metaliteratura, pues bajo otro título es la misma obra en la que los mencionados personajes dialogan. Sobre las *Observaciones* de Nuño, Gazel apunta lo siguiente: «hallé que era un *laberinto* de materias sin conexión». Preguntó a su compañero por tan singular falta de orden; y éste, con una media a medio poner, respondió:

> —Mira, Gazel; cuando intenté escribir mis observaciones sobre las cosas del mundo y las reflexiones que de ellas nacen, creí también sería justo disponerlas en varias órdenes, como religión, política, moral, filosofía, crítica, etc. Pero cuando vi el ningún método que el mundo guarda en sus cosas, no me pareció digno de que estudiase mucho el de escribirlas. Así como vemos al mundo mezclar lo sagrado con lo profano, pasar de lo importante a lo frívolo, confundir lo malo y lo bueno, dejar un asunto para emprender otro, retroceder y adelantar a un tiempo, afanarse y descuidarse, mudar y afectar constancia, ser firme y aparentar ligereza, así también yo quiero escribir con igual *desarreglo*[76].

Éste es probablemente el primer texto en el que aparecen juntos y asociados como términos literarios referentes a la mímesis del mundo en una obra narrativa los sustantivos *laberinto* y *desarreglo* (sinónimo este último de *desenlazamiento, desaliño, descosimiento, desorden, desunión* y *enmarañamiento*, según dirían los románticos posteriores). En las *Cartas marruecas*, semejantes voces se refieren a conceptos filosóficos lo mismo que a objetos de la imitación, mas también se refieren ya a la forma narrativa, porque esta obra epistolar de Cadalso es mucho más novelística de lo que se ha solido creer, según he hecho ver en el apartado «Costumbrismo y novela en las *Cartas marruecas*» de la Introducción a la edición citada.

Las consecuencias de la propuesta de Cadalso y la práctica de los románticos posteriores, son trascendentales. Una técnica tan universalmente usada hoy, no solamente en novelas, sino en cine y televisión, como el *flashback* o salto atrás tiene sus orígenes en el nuevo argumento novelístico plurilineal de los románticos. Escosura se reía del orden cronológico, y esto significa que en sus novelas y en ficciones de otros literatos románticos se han colocado ciertos episodios después de otros que en realidad son muy posteriores a ellos, y cada vez que esto sucede, de ello resulta un salto atrás. Es más: no hacía falta el término inglés *flashback*, ni su calco español *salto atrás*, pues el castellano poseía otro desde 1848. En ese año, Jacinto de Salas y Quiroga (1813-1849) publicó *El dios del siglo. Novela original de costumbres contemporáneas*, novela realista muy influida por la romántica, verbigracia, la disposición laberíntica de su argumento; y gracias al ir y venir del narrador en el tiempo, cambiando repetidamente de hilo y de momento representado, hay en esta novela un capítulo muy lógicamente titulado *Escena retrospectiva*, primer nombre castellano que tiene el *flashback* de hoy. Es curioso el principio de la *escena retrospectiva* de Salas, pues viene a ser una definición del salto atrás: «En vista de este nuestro sistema, vamos a sacar de dudas a quien las tuviere, y referir

[76] José de Cadalso, *Cartas marruecas. Noches lúgubres*, ed. de Sebold, pp. 243-244. Son mías las dos cursivas: *laberinto* y *desarreglo*.

el caso oculto, para lo cual tendremos que volver a las lóbregas mansiones de la cárcel de Corte»[77].

Para la representación del mundo en el que se mueven los personajes de una novela moderna, de tema antiguo o actual, son de igual importancia y absolutamente irremplazables la minuciosa descripción realista, creación de la Ilustración, y el nuevo argumento laberíntico de los románticos, previsto por Cadalso durante la Ilustración. Sin estos sostenes, no habría novela moderna. Las dos técnicas se dan la mano a lo largo de la típica novela romántica o realista. Pues del mismo modo que hay desaliño argumental, existe a su lado cierto desaliño descriptivo. Al buscar la explicación de un fenómeno, el científico inductivo de la Ilustración observa todo cuanto puede aclararlo —el más amplio abanico de posibles causas—; y el novelista realista moderno, literato observador, hace lo mismo, describiendo muchas veces, no solamente lo que concretamente viene al caso para analizar a un personaje en su medio, sino también otros muchos detalles que meramente por casualidad se hallan presentes. Desaliño que puede parecer simplemente descripción por la descripción. Sin embargo, con la descripción *superflua* se redondea el mundo de los personajes dándole amplitud y solidez. Mas la auténtica relación funcional entre argumento plurilineal y descripción realista en el nuevo género de novela estriba en el hecho de que el primero estimula a la segunda, brindándole oportunidades para ponerse en práctica. Pues cada vez que el narrador deja un hilo argumental para ocuparse de otro, un ambiente nuevo y unos personajes nuevos se adelantan como objetos de la pintura verbal.

4. «Los más espeluznantes detalles»

Todas las características de la novela romántica que hemos examinado tienen la finalidad de enganchar al lector, de convertirle en «huésped» de las páginas que lee, de facilitarle el vivir «en otro orden de sociedad». Mas el lector de la novela romántica pide algo más que situarse imaginariamente en el lugar y el momento en los que su héroe se desenvuelve; también quiere engancharse emocionalmente, identificarse psicológicamente con lo que transcurre en la novela. Y aquí *identificarse* no significa que el lector busque una identidad o paralelo entre lo que él habitualmente siente y lo que siente el protagonista con quien se asocia; sino que, muy al contrario, quiere proporcionarse el estremecimiento de vivir imaginariamente emociones que le horrorizaría afrontar en su propia vida.

Sobre esta extraña disposición estética del lector de la ficción romancesca, gótica y romántica se hacen comentarios muy curiosos en el primer decenio del siglo XIX. En 1803, en la parodia de la novela gótica titulada *La abadía de Northanger*, de Jane Austen, dos amigas hablan de las novelas que se proponen leer juntas: «—Te leeré sus títulos. Un momento. Sí, aquí están, en mi libreta: *Castillo de Wolfenbach, Clermont, Avisos misteriosos, Nigromante de la Selva Negra, La campana de medianoche, El huérfano en el Rin* y *Misterios hórridos*. Éstas nos bastarán durante algún tiempo. —Sí, en efecto; pero ¿son todas ellas hórridas, estás

[77] Jacinto de Salas y Quiroga, *El dios del siglo. Novela original de costumbres contemporáneas*, Madrid, Imprenta de José María Alonso, 1848, t. II, pp. 91-92.

segura de que todas sean hórridas?»[78]. En 1804, en el Prólogo de su colección de novelas cortas y relatos romancescos titulada *Mis pasatiempos*, Cándido María Trigueros disiente del para él torcido concepto de la enseñanza moral que encuentra en novelas contemporáneas de los países vecinos: «¿Es por ventura apartarnos de la corruptela moral el pintar continuamente con los más vivos y aun con los más fastidiosos colores los incansables esfuerzos de la seducción? Las peores costumbres, las costumbres de los hombres más irreligiosos y relajados de París y de Londres, ¿serán un buen dechado para corregir las nuestras?»[79]. En 1805, en la Advertencia de su novela *El emprendedor*, Jerónimo Martín de Bernardo toma nota de que en su tiempo, raro es el estrado o bufete en el que no se halle una profusión de libros de toda especie, especialmente esas novelas en las que se representan «las pasiones fuertes, agitadas ideas y catástrofes negras y sangrientas [...] propias para excitar el horror y el terror»[80].

Si Locke y Condillac habían ensalzado las sensaciones, Shaftesbury y Rousseau habían ensalzado los sentimientos. Se puso de moda vivir los sentimientos al máximo, y a fines de la decimoctava centuria se descubrió que se podía apreciar los sentimientos más fielmente experimentando de modo directo todo el contraste entre los más virtuosos y los más infames. Se recordarían entonces ciertas palabras de Shaftesbury: «Donde se puede mantener una serie o sucesión continua de tiernos y amables afectos, aun en medio de espantos, horrores, penas y dolores, la emoción del alma es todavía agradable»[81]. Era la época de la novela gótica: en *El Rodrigo* (1793), de Montengón, son elementos góticos los complots del traidor Guntrando y las exquisitas crueldades de las que es víctima la desamparada Florinda; en 1796 se publicó *The Monk* (*El monje*), de Matthew Gregory Lewis, que influyó sobre la también muy gótica *Cornelia Bororquia* (1801), de Luis Gutiérrez, en la que se encierra a la inocente y piadosa doncella Cornelia en la cárcel de la Inquisición, donde ella se protege apuñalando al arzobispo de Sevilla, para luego ser quemada viva por los inquisidores. En la novela romántica se emulan, en ciertas ocasiones, el ambiente y los crímenes característicos del género gótico. No cabe mejor final gótico, por ejemplo, que el de *Sancho Saldaña*, de Espronceda: Al empezar la boda del protagonista, su querida Zoraida apuñala a su novia Leonor en el mismo altar, gritando: «—Sí, yo soy el demonio que te persigue. Yo soy Zoraida; ya me he vengado de ti»; y Saldaña acaba sus días en un monasterio trapense, vestido de estameña, llorando sus culpas. A la pervivencia del gusto gótico se debe también el gran éxito popular de la ya citada obra *Galería fúnebre de espectros y sombras ensangrentadas*, de Agustín Pérez Zaragoza Godínez.

[78] Jane Austen, *Northanger Abbey. Persuasion*, Nueva York, Dolphin Books, s. a. [hacia 1955], pp. 39-40. Escrita entre 1797 y 1803, esta deliciosa sátira tardó en publicarse hasta 1818, un año después de la muerte de su autora.

[79] Cándido María Trigueros, *Mis pasatiempos. Almacén de fruslerías*, Madrid, Por la Viuda de López, 1804, t. I, p. XIII.

[80] Jerónimo Martín de Bernardo, *El emprendedor, o aventuras de un español en el Asia. Obra original*, Madrid, Imprenta de Vega y Compañía, 1805, t. I, pp. 3-4; o bien en la excelente edición crítica moderna de Joaquín Álvarez Barrientos, Literatura y Crítica, 17, Alicante, Instituto Juan Gil-Albert, 1998, p. 114.

[81] Shaftesbury, *Characteristics*, ed. cit., p. 297.

Crueldad y misericordia, perversión e inocencia, cinismo y sensibilidad, ateísmo y piedad, desprecio y lealtad, melancolía y confianza; el goce más exquisito del lector de novelas románticas es hallarse repetidamente identificado con personajes que viven simultáneamente las emociones más contradictorias. Con tan feliz estado de identificación lectoril, rivaliza tan sólo el doloroso goce de hallarse identificado con el protagonista o la protagonista en un amor imposible. En *Estudios históricos sobre las costumbres españolas. Novela original* (1851), de Patricio de la Escosura, que es en realidad una red de novelas entrelazadas a lo Balzac o Galdós, pero en miniatura, y a la vez tertulia en la que se diserta críticamente sobre las novelas mientras los tertulianos las van narrando, una de las costumbres románticas analizadas es precisamente el amor imposible a una mujer casada, idealizada por su requeridor (de esto también se trata en nuestro capítulo sobre la novela de Larra). Alfonso Téllez, personaje de la indicada novela de Escosura, escribió a la hermosa dama Matilde, esposa de un colega en el ejército, para «protestar que mi amor no ofendía su recato y virtud, y rogarla que, si la suerte me era contraria, derramase al menos una lágrima sobre mi tumba». A continuación, Téllez comenta sobre esta carta: «Mientras la escribía y aun después de escrita, confieso que me pareció obra maestra de ternura y de pasión, y tal vez no la trocara por todas las de Rousseau en la *Nueva Eloísa*»[82].

La literatura se hace sobre la literatura, lo mismo que sobre la realidad del mundo; y especialmente en el caso de los adoloridos héroes y heroínas del romanticismo, ¿cómo puede tal personaje estar seguro de alcanzar el grado de dramática expresividad indispensable para captar toda la grandeza de su máximo momento emocional, sin buscarse un modelo o término de comparación en las palabras de un personaje paralelo de la literatura anterior? Téllez siente su propia emoción de modo más hondo porque se imagina viviéndola en la misma forma —pero más intensamente— en que vivieron la suya Saint-Preux y Julie en la dulce y lacrimosa novela epistolar de Rousseau. Y la única forma de leer bien las novelas románticas, bebiéndoles todo el sentido, es hacer respecto de sus personajes lo mismo que éstos hacen respecto de sus héroes: ir calladamente modelando nuestros sentimientos y nuestro modo de enunciarlos sobre los de los conmovedores hablantes que tenemos delante en el escenario de la obra que leemos. Una vez más, *identificarse* significa buscarnos imaginariamente experiencias emocionales que en la propia existencia podrían resultarnos muy incómodas, cuando no desastrosas. Es decir, buscarnos otra identidad.

Gracias al folletín, el cine, la radio y la televisión, el romanticismo todavía viene influyendo sobre nuestra vivencia de la emoción literaria. Y no pocas veces la experiencia profunda de ésta está muy vecina a la parodia. Saber llorar y reírse a un mismo tiempo es señal de que uno comprende en forma correcta —abraza con la vida— las obras románticas; y así, no es sorprendente que algunas de las mejores apreciaciones de la *identificación* con lo novelístico romántico se den en páginas burlescas posteriores al movimiento romántico propiamente dicho. ¿Posteriores? Ya hemos dicho que, según algunos críticos, la narrativa realista es todavía narrativa romántica, pero en clave satírica. Delicioso ejemplo de esto es el relato *La novela en el tranvía*, de Galdós, sobre un pasajero de subida fantasía romántica

[82] Escosura, *Estudios históricos sobre las costumbres españolas*, ed. cit., pp. 68-69.

que en el mencionado vehículo de transporte público va conversando con un amigo, escuchando otras conversaciones, leyendo un fragmento de periódico que otro pasajero ha abandonado y deduciendo consecuencias, hasta convencerse de que por tan prosaicos medios se le ha revelado que en cierto palacio de la Corte se halla una encantadora condesa abandonada por el conde, su marido, que es tahúr y mujeriego, y que para colmo ella está a punto de ser víctima del chantaje por el mayordomo moro de la casa, de nombre Mudarra, quien con cartas falsificadas amenaza implicarla con un supuesto amante más joven, a menos que ella conceda sus favores al falsificador. El emocionado pasajero toma a otro viajero por el Mudarra que él se ha creado, y en otro momento persigue a ese inocente compañero de viaje por la acera. Hombre cuerdo-loco, el pasajero tiene intervalos durante los que se da cuenta de lo que está haciendo: «Lector yo de muchas y muy malas novelas, di aquel giro a la que insensiblemente iba desarrollándose en mi imaginación por las palabras de mi amigo, la lectura de un trozo de papel y la vista de un desconocido». Tan improbable red de sucesos, dice, no será sino «elaboración enfermiza de mi propia fantasía», y no obstante, no cede a la razón: «Infortunada condesa; por más que digan, yo siempre sigo en mis trece. Nadie me persuadirá de que no acabaste tus días a manos de tu iracundo esposo...»[83]. Ceder, no hay que ceder nada, pues tal operación mental no está en la poética de tales ficciones ni en el esquema de su lectura.

Es quizá aun más interesante nombrar, con todos sus pelos y señales, a un lector real, de carne y hueso, que pertenece a esta raza de locos aficionados a lo romántico. Se trata del por otra parte muy respetable don Antonio de los Ríos Rosas, importante político de la España de Isabel II y Amadeo I; quien fue diputado, dos veces ministro, presidente del Congreso, grave orador, académico de la Española y caballero del Toisón de Oro. Era su secretario el folletinista Julio Nombela, rival y sucesor de Fernández y González; y notando que su jefe prefería esos folletines en los que no se le perdonaban al lector «los más espeluznantes detalles», el fiel servidor apunta lo siguiente, en sus *Impresiones y recuerdos*:

> Por aquel tiempo daba a luz el periódico callejero una novela titulada *Las primas de Satanás*, y antes que las noticias, leía Ríos Rosas el folletín, poniéndose de mal humor si visitas intempestivas le privaban de aquel gusto, que él mismo calificaba de malsano y antiliterario.
>
> Recuerdo que un día, a mediados de septiembre, llegó Alonso Martínez, que era a la sazón uno de los ministros más importantes, en el momento en que mi jefe comenzaba a leer el folletín de *La Correspondencia*, que había quedado en el número anterior en una situación del mayor interés.
>
> Aunque mayor era el que debía inspirarle la matinal visita del ministro, me encargó que fuese a la sala, donde le había introducido la doméstica, y le rogara que esperase unos instantes, pretextando que había pasado mala noche y no se había levantado. Sobre todo me encareció que le entretuviera del mejor modo posible hasta que él terminase la lectura.
>
> Cerca de media hora tardó en presentarse...[84].

[83] Benito Pérez Galdós, *La novela en el tranvía*, en *Cuentos fantásticos*, ed. de Alan E. Smith, Letras Hispánicas, 409, Madrid, Cátedra, 1997, pp. 85, 103, 104.

[84] Julio Nombela, *Impresiones y recuerdos*, Madrid, La Última Moda, 1909-1911, 4 vols., t. III, p. 297.

Ríos Rosas y yo nos habríamos comprendido perfectamente, porque en el decenio de 1980 yo miraba sin falta todas las semanas las telenovelas *Dallas*, *Dinastía* y *Falcon Crest*. Miraba también, cuando era posible en Estados Unidos, la telenovela mejicana *Los ricos también lloran*. Y durante esas absorbentes y felices horas yo no aceptaba ni visitas ni llamadas telefónicas de nadie; había que pretextar salidas, enfermedades, duchas, toda suerte de obstáculos que impidiesen que yo me pusiera al habla. Y no me siento avergonzado de tal confesión, pues no deja de haber otros señores tan graves como Ríos Rosas, y algunos mucho más científicos que él, que comparten nuestro gusto.

Nos servirá muy bien el ejemplo de Santiago Ramón y Cajal, que confiesa sus gustos literarios juveniles en estos términos:

> ...por aquellos tiempos cultivé de preferencia el registro lúgubre y melancólico. No sé quién (creo que fue en Huesca) habíame prestado cierto cuaderno de composiciones funerarias y tétricas, entre las cuales recuerdo los manoseados y chabacanos versos atribuidos gratuitamente a Espronceda, titulados *La desesperación*, y las famosas *Noches lúgubres*, de Cadalso. Inducido por tan desesperadas lecturas, creí inexcusable deber mío ponerme a tono con el sombrío humor de los protagonistas, afectando en mis palabras y en mis dibujos la más negra melancolía...

Lo cual significa que Ramón y Cajal iba reuniendo los materiales necesarios para convertirse en hombre de novela, personaje de su propia novela romántica. Veamos lo que dice a este efecto en otras páginas:

> Dejo consignado ya que en mi casa no se consentían libros de recreo. Ciertamente, mi padre poseía algunas obras de entretenimiento; pero recatábalos de nuestra insana curiosidad; en su sentir, durante el período educativo no debían los jóvenes distraer la imaginación con lecturas frívolas. A pesar de la prohibición, mi madre, a hurtadillas de la autoridad paterna, nos consentía leer alguna novelilla romántica que guardaba en el fondo del baúl desde sus tiempos de soltera.

Algunos años más tarde, en 1874, todavía joven, se le mandó a Cuba de capitán médico, sobre cuya experiencia escribe: «A fuer de sincero declaro hoy que, además del austero sentimiento del deber, arrastráronme a ultramar *las visiones luminosas de las novelas leídas*, el afán irrefrenable de aventuras peregrinas, el ansia de contemplar, en fin, costumbres y tipos exóticos...»[85]. ¿Y qué papel haría su imaginación de lector de novelas románticas en las hazañas científicas del premio Nobel de Fisiología y Medicina de 1906?

En la isla americana a la que fue destinado el Ramón y Cajal joven hace más de cien años, pero en el reciente de 1992, *Ivanhoe*, de Scott, fue la novela más vendida del año[86]; dato que, a la vista de las circunstancias de esa nación en la fecha indicada, parece el testimonio más convincente posible de la eficacia de la novela romántica como mecanismo escapista.

85 Santiago Ramón y Cajal, *Páginas de mi vida*, Crisol, 08, Madrid, Aguilar, 1954, pp. 113-116, 219-20. La cursiva del último pasaje citado es mía.

86 Según la revista *Publishers Weekly*, 19 de julio de 1993.

II

SADISMO Y SENSIBILIDAD EN *CORNELIA BORORQUIA O LA VÍCTIMA DE LA INQUISICIÓN*, DE LUIS GUTIÉRREZ

ENTRE LOS DOS CONCEPTOS que he nombrado al comienzo de mi título se da una oposición con la que se explican, ora los modelos y el mensaje moral, ora el arte narrativo gótico-romántico de la novela *Cornelia Bororquia o la víctima de la Inquisición* (1801), de Luis Gutiérrez (1771-1809). El título de esta narración varía de una edición a otra, pero por la inclusión del tema sádico en nuestro enfoque me ha parecido sugerente utilizar la forma más larga del epígrafe con su mención de la Inquisición. Para la preparación de este trabajo he utilizado la edición de Gérard Dufour, que es excelente[1]; y así no es en absoluto por una falta de satisfacción con este texto por lo que voy a empezar con una reflexión sobre las ediciones de *Cornelia Bororquia*. Al contrario, espero ilustrar en esta forma uno de los motivos del placer de carácter prohibido que brinda la lectura de esta obra. Es una reflexión en parte autobiográfica.

Desde 1952 —son cincuenta años—, mi actividad principal durante todas mis estancias en Madrid y Barcelona es una concentrada cacería de libros antiguos. No pierdo el tiempo en las bibliotecas; prefiero llevar los especímenes raros a casa. Antes que existiera un directorio impreso de librerías anticuarias, yo tenía el mío hecho a máquina que, junto con un plano guía de la ciudad, llevaba en la mano al salir en esas expediciones. Como resultado, tengo numerosas primeras ediciones de obras literarias españolas de los siglos XVIII y XIX, algunas muy raras segundas y terceras ediciones y algún ejemplar único. Es frecuente que los colegas tanto europeos como americanos me consulten sobre libros raros neoclásicos y románticos. Una fotocopia de mi ejemplar de la edición príncipe de las *Poesías* (1785) de Meléndez Valdés sirvió para la preparación de la edición de las *Obras en verso* de Batilo, de John Polt y Georges Demerson; y una fotocopia de mi ejemplar —único conocido— de la príncipe de *La Eumenia* (1805) de Zavala y Zamora fue la base de la reciente de Guillermo Carnero. De muchas de las rarísimas obras

[1] [Luis Gutiérrez], *Cornelia Bororquia o la víctima de la Inquisición*, ed. de Gérard Dufour, Literatura y Crítica, 7, Alicante, Instituto Juan Gil-Albert, 1987. Se indicarán entre paréntesis en mi texto las páginas correspondientes a citas de esta edición. Existe otra edición posterior menos fidedigna, cuyo editor ni había consultado la de Dufour: Luis Gutiérrez, *Cornelia Bororquia*, ed. de Juan Ignacio Ferreras, La Nave de los Locos, 1, Madrid, Ediciones Vosa, 1994.

que poseo no se estampó sino una sola edición; y en cambio, *Cornelia Bororquia* tuvo veinticinco ediciones en lengua española entre 1801 y 1881, así como una en francés, cuatro en portugués y una en alemán; pero —*pero* digo e insisto— en más de medio siglo de rigurosos registros de librerías nunca he visto a la venta ni un solo ejemplar de una sola edición de todas aquéllas.

Por la bibliografía de Reginald Brown[2] y otros trabajos históricos, sabía de la existencia de *Cornelia Bororquia*, y buscaba la novela con esa febril expectación que conoce todo aficionado a estremecientes relatos de horrorosos y sangrientos crímenes; por lo cual también puede calcularse la profundidad de mi agradecimiento a Dufour por haberme hecho posible satisfacer al fin mi apetito de crueldad y crúor. Antes de 1987, la única vislumbre que se me concedió fue la compra en una librería barcelonesa de una obrita de dieciséis páginas, de Barcelona, 1869, en octavas agudas, titulada *La víctima de la Inquisición o sea historia de la desgraciada Cornelia Bororquia*, que sí es un pequeño descubrimiento, porque es diferente del poema semejante, también en octavas agudas, *Canción nueva de Cornelia Bororquia o la víctima de la Inquisición*, también de Barcelona pero sin fecha, que Dufour publica en su apéndice III (pp. 209-214). Mas de la misma novela repito que nunca vi ni he visto todavía ninguna edición antigua. Y a lo que voy es a la formulación de este interrogante: ¿Cómo se explica una ausencia tan absoluta ante los esfuerzos de un pesquisidor tan persistente?

Por circunstancias puramente físicas se pierden muchos ejemplares de toda edición de hace más de cien años, a lo cual es menester añadir el hecho de que diez de las veinticinco ediciones antiguas de *Cornelia Bororquia* se imprimieron fuera de España, destinadas no solamente a la Península, sino a Hispanoamérica y a lectores extranjeros del español. Debieron, por tanto, de quedarse fuera de España numerosos ejemplares de esas diez ediciones; pero, por muy plausibles que sean tales explicaciones, quedan quince ediciones antiguas españolas de *Cornelia Bororquia*, y en las librerías anticuarias yo he visto repetidamente ejemplares de otras obras antiguas que tuvieron una sola edición. Tal es el caso, por ejemplo, de las *Aventuras de Juan Luis* (1781) de Rejón de Silva o de las *Poesías y escritos literarios y filosóficos* (1852) del poeta suicida catalán Juan Antonio Pagés. Entonces, ¿por qué —vuelvo a preguntar— hay una ausencia tan notable de ejemplares de ediciones antiguas de *Cornelia Bororquia*? Porque aun reconociendo la posibilidad de que alguno de los lectores de estas líneas haya podido comprar tal ejemplar, el hecho de que la obra se burlara de una búsqueda tan fervorosa durante tantos decenios es claro indicio de que han salido al mercado muy pocos, poquísimos, ejemplares de las ediciones antiguas de *Cornelia Bororquia*. ¿Por qué?, vuelvo a preguntar.

En 1804 el Santo Oficio prohibió *Cornelia Bororquia*, incluso para los que tenían licencia, por lo que estaba destinado a ser un libro cuya reputación de satánico le precedería en todas sus ediciones, y así era un volumen que no pocas amas de casa muy católicas y algún ortodoxo y severo *paterfamilias* quemarían o

[2] Reginald F. Brown, *La novela española* 1700-1850, Madrid, Dirección General de Archivos y Bibliotecas, Servicio de Publicaciones del Ministerio de Educación Nacional, 1953; en cuyo Índice hay que buscar las ediciones de *Cornelia Bororquia* bajo el nombre de Fermín Araujo, debido a una teoría ahora rechazada sobre la autoría de la novela.

tirarían a la basura. Mas hay otro sector del público para el cual la prohibición representa el aliciente más seductor que puede ostentar un libro, y estos lectores debieron de envolver sus ejemplares de *Cornelia Bororquia* en papel de seda y guardarlos en el arca más segura de la casa; y al pasarlos a sus hijos debieron de insistirles que se trataba de una de las rarezas o tesoros del haber familiar y que de ningún modo había que separarse de ese pequeño libro. Pues para tales lectores era uno de esos deleites que se disfrutan teniendo conciencia de la censurable singularidad del acto de disfrutarlos. Leída en la edición de Dufour, en 1987, la novela todavía poseía para mí el carácter de una de esas golosinas un tanto indecorosas que devoras en el acto antes que te la arranquen de las manos.

Desde luego, el trinitario renegado Luis Gutiérrez, que escribió *Cornelia Bororquia*, diseñó su novela para que recordara el siniestro atractivo de esos deleites sádico-eróticos que estaban de moda en la literatura europea de aquel tiempo. Y con este enlace volvemos a los dos temas anunciados en el primer período de este trabajo: 1) modelos literarios y mensaje moral de *Cornelia Bororquia*; 2) su arte literario. Dos modelos indispensables y muy sugerentes, aun por sus fechas de publicación —quien era librepensador, vivía en Francia y frecuentaba los medios editoriales, periodísticos y publicitarios, como Gutiérrez, tenía que estar al corriente de las novedades literarias—; digo, que dos modelos muy sugerentes, aun por sus fechas de primera edición, son la novela gótica inglesa *The Monk,* o sea *El monje* (1796), de Matthew Gregory Lewis y una pareja de novelas entrelazadas del marqués de Sade, *Justine ou les malheurs de la vertu* (1791), *Juliette ou les prospérités du vice* (1796) y la forma definitiva de ambas reunidas *La nouvelle Justine ou les malheurs de la vertu, suivie de l'histoire de Juliette, sa sœur* (1797). Queda muy clara la utilidad de tales modelos para quien deseaba develar la podre moral, la injusticia y la inhumanidad de la Santa Iglesia Católica Romana y la Inquisición hacia los inocentes y crédulos fieles; pues en *Cornelia Bororquia*, la mujer inocente, objeto de la violenta lujuria de un alto prelado a quien había admirado como dechado de la virtud, es el símbolo de la sociedad cristiana, oprimida por la jerarquía eclesiástica y su arma penal y policial, el Santo Oficio. En su *Idée sur les romans* (1800), el marqués de Sade observa que *El monje* de Lewis y todo su género «venía a ser el fruto inevitable de las sacudidas revolucinonarias de las que resentía la Europa entera»[3].

Semejante análisis tiene su confirmación en el hecho de que el otro género literario en el que Gutiérrez busca una sana réplica al grupo de obras que le proporcionan su símbolo de la inmoralidad social de la clerecía, son las comedias lacrimosas, cuyo cometido era precisamente instituir el respeto a la virtud natural en la sociedad europea, reemplazando las lágrimas del sufrimiento con las de la alegría, o bien las de la admiración que se derraman ante acciones naturales de valor ético individual y colectivo. Tal nexo de símbolos de la revolución y redención puramente seculares se sostiene sobre el sangriento suceso con que se inicia el desenlace de *Cornelia Bororquia*. En *El monje*, de Lewis, Antonia, la víctima principal de la lascivia del satánico monje Ambrosio, es llevada por éste a una cripta

[3] Marqués de Sade, *Idée sur les romans*, ed. de Jean Glastier, Ducros, Bordeaux, 1970, p. 52. Este ensayo se publicó originalmente como prólogo a una colección de novelas de Sade: *Les Crimes de l'Amour, ou le Délire des passions.* Nouvelles historiques et tragiques, précédées d'une *Idée sur les romans*, París, Massé, An VIII (1800), dos ediciones, ya en cuatro, ya en ocho volúmenes.

sepulcral, violada y apuñalada[4]. Mas en *Cornelia Bororquia*, la figura titular evita ser estuprada por el Arzobispo de Sevilla clavándole en el pecho a tan hipócrita como elevado jerarca el cuchillo para cortar el pan (p. 138). La inversión de la acción de la novela inglesa: una indefensa doncella administra justicia privando de la existencia, no a un mero monje, sino al más pudiente potentado de la Iglesia de Andalucía, significa sin duda, a nivel alegórico, la esperanza de una sublevación del pueblo sufrido, después de seculares tormentos por el Santo Oficio, con el consentimiento del alto clero.

Semillas de la revolución; y no debe olvidarse que Luis Gutiérrez, harto de la vida monástica, huyó de su convento de Valladolid a Francia en 1799 ó 1800, uno o dos años antes de publicar su novela en el país vecino, y allí en esos momentos todavía se vivía la Revolución por antonomasia. Luis Gutiérrez ejerció de periodista en Francia (*Gaceta de Bayona*), y es evidente el valor propagandístico liberal de todo lo que venimos exponiendo. Pero tendían a ser conservadores incluso esos lectores españoles que odiaban al Santo Oficio, y para que leyesen con aprobación un libro de contrabando, impreso en Francia (como las tres primeras ediciones de *Cornelia Bororquia*), había que hablarles en alegoría para que ellos mismos fuesen poco a poco aplicando la moraleja a las diversas facetas de la vida que conocían a primera mano. Porque, en fin, el sentido de la referida alegoría puede resumirse en la forma siguiente: No es peor violar a una muchacha indefensa que privar a los fieles de la libertad del culto, de la libertad de la lectura, de la libertad de la expresión oral, de la libertad del estudio científico, de la libertad de la autodeterminación política, de la libertad sexual, de la libertad del aborto, etc., y la Iglesia y la Inquisición eran culpables de todas estas privaciones, Pero es ya menester decir algo más concreto sobre las relaciones entre *Cornelia Bororquia o la víctima de la Inquisición* y sus antecedentes literarios.

En carta del 9 de marzo, dirigida a su padre, el Gobernador de Valencia, la prisionera inquisitorial Cornelia se queja de la conducta del Arzobispo durante sus frecuentes visitas al calabozo donde ella está encerrada—no hay que olvidar que so capa de virtuoso hombre de Dios ese prelado había sido gran amigo del padre de la doncella—, y ella destaca especialmente las «caricias» del Arzobispo, sus «violencias», «su maldad, su grosería, su barbarie, sus modales indecentes, sus ojos llenos de fuego indigno, su semblante halagüeño en apariencia y pálido y colérico en realidad, su postura indecorosa y liviana; todo, todo hubiera extinguido aun en la mayor prostituta la más leve chispa de los placeres del amor» (pp. 71-72). Dos observaciones: no sorprendería en absoluto hallar este período en *Juliette, ou les prospérités du vice*, en la que el libertinaje de cardenales y arzobispos con prostitutas lleva a violentas peleas. La otra observación es que la valiente víctima Cornelia no es una de esas señoritas etéreas e imposiblemente virtuosas de la novela sentimental de la Ilustración; es una joven real, sabe lo que es una postura liviana, y por lo menos a nivel teórico, conoce el mundo de la prostitución y lo que puede atraer o repeler a tales féminas. El Arzobispo es —vuelve a resumir Cornelia— un ser de «brutal apetito» y un «monstruo, más digno de habitar en los áridos desiertos de la Arabia» (*ibíd.*).

[4] Matthew G. Lewis, *The Monk*, ed. de Louis F. Peck y John Berryman, Evergreen, E-163, Nueva York, Grove Press, 1959, pp. 365-375.

Veamos ahora, en *El monje*, de Lewis, uno de varios posibles modelos de las posturas livianas del Arzobispo español (recuérdese que la acción de la mencionada novela gótica inglesa tiene lugar en España); luego cotejaremos dos acusaciones. El monje Ambrosio ha entrado sigilosamente en el dormitorio de Antonia, hija de la viuda Elvira, a quien fingía socorrer y consolar, y contempla la deliciosa forma de la virgen dormida. «Quedóse algunos momentos devorando esos encantos con los ojos, los cuales muy pronto habían de someterse a sus pasiones mal reguladas. La boca, medio abierta, parecía solicitar un beso; él se inclinó sobre ella; unió sus labios a los de ella, y con rapto inhaló la fragancia de su aliento. Este momentáneo placer incrementó su anhelo de otros más grandes. Su apetito subió a ese nivel frenético por el que se agitan los brutos. Se resolvió a no dilatar ni un instante más el logro de su deseo, y apresuradamente procedió a arrancarse esas prendas que impedían la gratificación de su lujuria» (*The Monk*, pp. 294-295). Todo ello tiene sus claros ecos en los siguientes términos del pasaje de Gutiérrez que cité antes: *caricias, violencias, modales indecentes, ojos llenos de fuego indigno, postura indecorosa y liviana, brutal apetito*.

No menos sugerente resulta la comparación de la acusación de la viuda Elvira al monje hipócrita Ambrosio, en *El monje*, con la autoacusación del Arzobispo de Sevilla, herido por Cornelia y moribundo ya, en la novela de Gutiérrez. La madre de Antonia sorprende a Ambrosio en su primer intento de violar a la indefensa virgen, y le reconviene acerbamente: «No es un sueño —gritó—. Es realmente Ambrosio a quien tengo delante. Es el hombre a quien Madrid estima como santo, y yo le encuentro a hora tan avanzada al lado del lecho de mi infeliz niña. ¡*Monstruo* de hipocresía! Yo ya sospechaba tus miras, pero me abstuve de acusarte por compasión a la debilidad humana. Ahora el silencio sería criminal. Toda la ciudad sabrá tu incontinencia. Yo te desenmascaré, traidor, y convenceré a la Iglesia de que protege a una víbora en su seno» (*The Monk*, p. 295; la cursiva es mía). Salvada la diferencia entre los escenarios de los dos intentos de seducción, el dormitorio propio, el calabozo inquisitorial, son semejantes los términos de la autoacusación del prelado expirante a los del severo reproche de la madre de Antonia al santurrón madrileño. El Arzobispo, arrodillado a los pies de Cornelia, dirige sus tristes y trémulas palabra a ésta:

> —Yo os he sacado, pobre inocente, de la casa paterna; yo he causado la muerte de vuestro padre; yo os he hecho gemir injustamente en este lóbrego calabozo... yo he sido un *monstruo* de crueldad, de libertinaje y de ingratitud, que no merezco... ¡Ah! Sí, ahora que no hay remedio, es cuando conozco sobradamente mis maldades. ¿Y a quién debo echar la culpa de ellas? ¿Quién me ha hecho cometer tantos crímenes? ¡Gran Dios! ¿Es posible que el hombre formado por tu misma mano sea tan frágil? Cuando compareciere al juicio de la majestad terrible, tú, joven infortunada, tú estarás allí para condenarme. Tú dirás al tremendo juez que eras dichosa hasta que yo te vi, que eras pura y sin mancha hasta que yo tuve la desgracia de solicitarte. (pp. 139-140; la cursiva es mía).

Notemos en particular, en las dos acusaciones, el sustantivo *monstruo*: uno de los lascivos hombres de Dios es «monstruo de hipocresía», y el otro es «monstruo de crueldad, de libertinaje y de ingratitud». El mismo término se le aplica a Cipriano Vargas, hermano fratricida, por llamarlo así, del novio de Cornelia, Bartolomé.

Pues él es inquisidor, y en lugar de acudir al socorro de su hermano contribuye a que sea más amenazante la persecución inquisitorial del novio Bartolomé Vargas, hombre ilustrado y lector de libros ingleses. Las líneas siguientes se toman de una carta que el desilusionado Bartolomé dirige a su inflexible hermano, donde se refiere a la vez a la triste suerte de otro lector de libros extranjeros: «...la lectura de un libro os basta sobradamente para arrancar a un padre del seno de su familia. [...] Y tú, hijo de un padre humano y honrado, tú también lava las manos en mi sangre, enajénate, deshazte, depón todas tus amables calidades, y transformado en un *monstruo* semejante a tus compañeros, ármate de puñales y cuchillos para asesinar a tus semejantes, que yo antes consentiré en ser homicida de mí mismo, que de entregarme a vuestras negras y asquerosas manos» (pp. 116-117; la cursiva es mía). Nótese la alusión al suicidio, tema frecuente en ese tiempo. Mas deseaba señalar que el vocablo *monstruo* referido a Cipriano reaparece en la descripción de sus colegas de la Inquisición, esos otros señores de «negras y asquerosas manos» que presidieron el auto de fe de Cornelia: «En la plaza había un magnífico tablado donde estaban sentados con la mayor pompa y majestad los horribles *monstruos* de la Inquisición» (p. 175; la cursiva es mía).

Monstruo es, en esta novela, sinónimo no solamente de hipócrita, sino también de ultramontano, como se desprende de la ya citada alusión a la censura de libros extranjeros, así como de los numerosos y muy interesantes pasajes en los que se ventilan los conceptos más avanzados de la Ilustración, pero que no es hoy mi propósito estudiar. Curiosamente, la voz *monstruo* deviene a la par un lazo de unión entre los principales modelos dieciochescos de *Cornelia Bororquia*, la novela erótica y la comedia lacrimosa, y por tanto es un doble símbolo de la modernidad literaria de la novela para su época, así como una nueva muestra del «carácter deliberadamente extemporáneo» del ambiente de la obra que señala Dufour (p. 43); pues con la presencia en sus páginas de anacronismos como los ya aludidos, pocos lectores se acordarán de que los personajes supuestamente se mueven en la España de Felipe II o Felipe III. Pero, antes de hablar del influjo de la comedia lacrimosa, queda por mencionar otro detalle significativo con el que se remata la feroz sátira anticlerical.

Ya he mencionado que en *Juliette, ou les prospérités du vice*, del marqués de Sade, los cardenales participan en las orgías de las prostitutas romanas. Por insinuación, Luis Gutiérrez va más allá que Sade; le lleva a ello su deseo de presentar a toda la jerarquía de la Iglesia romana como contaminada desde arriba para abajo. Pedro Valiente, sirviente desleal del Gobernador de Valencia, explica en carta a otro sirviente, antiguo compañero de trabajo, cómo se sacó a Cornelia de la casa de su padre: «El señor cura de la parroquia me había ofrecido todo cuanto yo quisiera, con tal que se la llevara una noche a su casa, enseñándome la dispensa que el señor Arzobispo había alcanzado de Su Santidad para lo consabido» (p. 95). Cura, Arzobispo, Papa; toda la pirámide de la sagrada autoridad católica funciona como cuerpo de alcahuetes para promover los planes de seducción de uno de su gremio; cosa peor infinitamente que el secreto a voces de los amores de algún pontífice romano del Renacimiento. Este viejo libro contiene pormenores altamente provocativos; y es de extrañar que no sea más conocido de los lectores generales.

Es hora ya de hablar de la otra fuente de *Cornelia Bororquia*, la comedia lacrimosa. Empecemos tomando nota de que también aparece en estas obras la voz *monstruo*, pero como el protagonista del género lacrimoso es habitualmente un buen salvaje a lo Rousseau (verbigracia, Torcuato en *El delincuente honrado*, Amato en *El precipitado*), la voz *monstruo* tiene otro sentido muy diferente. Semejante héroe es moralmente perfecto, y aunque tiene una mácula, ni ese lunar con que sólo se realza su belleza moral representa una transgresión intencionalmente cometida, pues es un crimen al que le llevó la sociedad corrompida: por ejemplo, la muerte del marqués de Montilla a manos de Torcuato en la obra de Jovellanos. Pero como estas figuras son sensibles y representan la conciencia moral de la perfecta sociedad ilustrada, se autocensuran por el acto que sólo físicamente han cometido; y por el contraste la palabra que se aplican en tales censuras no hace más que recordarnos su admirable virtud. Se lamenta así el desgraciado Torcuato ante su tierna esposa Laura, a cuyo primer marido él no pudo evitar matar: «Soy un *monstruo*, que está envenenando tu corazón y llenándole de amargura»[5].

Esta acepción irónica de *monstruo* también se acusa en *Cornelia Bororquia*, y he aquí una de varias manifestaciones de su tendencia poligenérica o agenérica, rasgo por otra parte normal en todos los géneros en las épocas románticas. El Gobernador de Valencia, noble anciano y dechado de virtudes dignas de la admiración de los filósofos ilustrados, se ve traicionado por su falso amigo el Arzobispo y por la sociedad. Su amigo Meneses, hombre de acción, de inclinación filosófica —*hombre de bien*, por decirlo con el término de Cadalso— defiende el honor del padre de Cornelia desafiando a Bartolomé Vargas, a quien falsamente se considera como el raptor de la prisionera de la Inquisición. Meneses cree haber matado a Vargas, otro *hombre de bien*, y la reacción del Gobernador ante todo ello recuerda el parlamento de Torcuato que acabamos de examinar, pues se caracteriza por una retórica que es de comedia lacrimosa. «Privado de mi hija, infamado, viudo, solo, triste, abandonado, sin socorro alguno —se lamenta—, asesino del hombre más virtuoso que existe sobre la haz de la tierra [Vargas], causador, amigo Meneses, de tus males, de tu afrenta y de tus continuos tormentos, yo soy un *monstruo* mucho más feroz que el raptor de mi hija. ¡Ay de mí!» (p. 82). Las palabras del Gobernador («viudo, solo, triste, abandonado, sin socorro alguno») recuerdan a la vez otro parlamento de Torcuato: «Sin patria, sin familia, prófugo y desconocido sobre la tierra, ¿dónde hallaré refugio contra la adversidad?» (*Delincuente*, p. 376). Si tal goce masoquista en la orfandad parece tener un eco normal para aquel tiempo, es porque la misma sensibilidad se manifestaba en la novela, en el teatro y en la poesía lírica; recuérdese el célebre verso de Meléndez Valdés, de 1777: «huérfano, joven, solo y desvalido»[6].

En la comedia lacrimosa y la novela sentimental de fines del setecientos, así como en las formas románticas decimonónicas derivadas de ellas, los personajes virtuosos son buenos salvajes porque han gozado de lo que Rousseau llamaba la *educación negativa*. Lo mejor era que el niño pasara sus doce primeros años en el seno

[5] Gaspar Melchor de Jovellanos, *El delincuente honrado*, en *Escritos literarios*, ed. de José Miguel Caso González, Clásicos Castellanos, serie nueva, 7, Madrid, Espasa-Calpe, 1987, p. 388. La cursiva es mía.

[6] Juan Meléndez Valdés, *Obras en verso*, ed. de Juan H. R. Polt y Jorge Demerson, Colección de Autores Españoles del Siglo XVIII, 28-I y II, Oviedo, Cátedra Feijoo, 1983, t. II, p. 667.

de la naturaleza, en una aldea sencilla tal vez, y había que educarle no educándole, pues los torcidos conceptos de la pedagogía tradicional sólo podían llevar a su corrupción. Se le hacía observar que las bestias aprendían por la experiencia de sus sentidos corporales y que las bestias entre sí observaban una moralidad más noble que la de los hombres. En fin, «au village», se preparaba a «un sauvage fait pour habiter les villes»[7]. A Torcuato, en la comedia lacrimosa de Jovellanos, se le cría en un pequeño pueblo de la provincia de Salamanca; en la novela *Eusebio* de Montengón, el niño español de ese nombre recibe la educación sencilla que los cuáqueros dan a sus hijos en la naturaleza; en *Don Álvaro o la fuerza del sino*, obra derivada de *El delincuente honrado*, según he demostrado[8], el buen mestizo resume así su educación: «y fue mi escuela el desierto. / Entre bárbados crecí»; educación que su enemigo Alfonso le recuerda con otra intención: «Tú entre los indios creciste, / como fiera te educaste»[9]. En *El doncel de don Enrique el Doliente*, de Larra, Macías señala así la moralidad superior de las bestias en la naturaleza: «Una cueva nos cederán los bosques. [...] El león allí no contará a la leona, con maligna sonrisa, que Macías ama a Elvira. Las fieras se aman también, y no se cuidan como el hombre del amor de su vecino»[10]. Ahora bien: esta virtud primitiva rousseauniana del desierto, del bosque, está aludida en *Cornelia Bororquia* mediante el uso del sustantivo *bestia*, casi siempre en el sintagma *bestias feroces*.

Bastarán dos ejemplos de este símbolo, antes de proceder a los aspectos más propiamente literarios del entronque de *Cornelia Bororquia* con el nuevo teatro lacrimoso y el clásico trágico. En la carta en la que Cornelia habla de las livianas caricias del Arzobispo, dice que aborrece «al que no es acreedor ni aun a ser siquiera amado de las *bestias feroces*» (p. 72; la cursiva es mía), donde estos brutos, por ser encarnaciones de la naturaleza incorrupta representan una postura moral muy superior a la del reverendo prelado de Sevilla. Es lógico que dos personas unidas por la virtud natural y el amor se expresen de igual modo; y así en la reacción de Bartolomé Vargas, cuando se entera de que Cornelia es prisionera en los calabozos de la Inquisición, se oye un nuevo eco del papel de las bestias en el proceso educativo rousseaniano. «¡Pobre niña! —decía [Bartolomé]—; más valiera que hubiera caído en las garras de las *bestias feroces*, que no en poder de esta canalla» (p. 90; la cursiva es mía). Dentro de un momento quedará clara la ilación entre la moralidad de estas nobles bestias y el primer rasgo teatral que voy a analizar en *Cornelia Bororquia*. Pero, primero, ¿cuáles son los elementos estructurales del teatro y la novela epistolar que pueden haber llevado a su enlazamiento?

7 Jean-Jacques Rousseau, *Émile ou de l'éducation*, ed. de François et Pierre Richard, París, Garnier, 1957, pp. 85, 240.

8 Russell P. Sebold, «Jovellanos, dramaturgo romántico», *Anales de Literatura Española* (Universidad de Alicante), núm. 4 (1985), pp. 415-437; Russell P. Sebold, «Jovellanos, dramaturgo romántico», *Ilustración y neoclasicismo. Primer suplemento*, ed. David T. Gies y Russell P. Sebold, Barcelona, Editorial Crítica, 1992, pp. 180-189; Russell P. Sebold, «Gaspar Melchor de Jovellanos y el drama romántico», *Historia de la literatura española. Siglo XVIII (II)*, coordinador Guillermo Carnero, Madrid, Espasa-Calpe, 1995, t. 7, pp. 823-836.

9 Ángel de Saavedra, duque de Rivas, *Don Álvaro o la fuerza del sino*, ed. de Miguel Ángel Lama, Biblioteca Clásica, 91, Barcelona, Editorial Crítica, 1994, pp. 131, 185.

10 Larra, *El doncel*, ed. cit., p. 296. El sentido de este pasaje, de inspiración rousseauniana, se estudia en su contexto, en el capítulo V *infra*.

De *La víctima de la Inquisición*, poema anónimo, Barcelona, 1869.

Tanto en uno de estos géneros como en el otro, se nos informa sobre el mundo físico, las calles, las habitaciones, los muebles, los gestos, a través de acotaciones inmersas en lo que los personajes dicen o escriben. No suelen encontrarse en la obra teatral o la novela epistolar las largas descripciones detallistas que caracterizan a la novela de narrador omnisciente. Al mismo tiempo las cartas contenidas en una novela epistolar son como los parlamentos de personajes teatrales, y entre las misivas de un personaje y las de otro poco a poco se va formando un diálogo. Recordemos que en el setecientos se llamaba *literatura conversable* a las cartas. Las epístolas de una novela epistolar varían asimismo de extensión como los parlamentos de una comedia o tragedia, según el tema, y según el ocio o la emoción del personaje. O bien, pensando en la conocida forma dieciochesca del melólogo o escena trágica unipersonal, podría decirse que la novela epistolar es una obra dramática compuesta de numerosas escenas unipersonales. Las cambiantes fronteras típicas de todos los géneros durante la época de la que hablamos, así como en la gran época del romanticismo decimonónico, se reflejan por seis palabras del personaje Simón en *El delincuente honrado* (1773), de Jovellanos, las cuales yo he citado numerosas veces con diferentes intenciones, pues están preñadas de sentido: «Señores, cuanto pasa parece una novela» (*ed. cit.*, p. 454). Pero subráyese que no es una novela en la que habla este personaje, sino una obra teatral, y concretamente una comedia lacrimosa.

Ahora bien: lo lacrimoso de la comedia lacrimosa, lacrimógenea, plañidera, sentimental, pues tiene todos estos nombres y más, viene justamente de la facilidad del llanto en quienes poseen una bondad moral y una capacidad para la compasión tan naturales como las del buen salvaje y las bestias feroces; y así son los personajes principales de *Cornelia Bororquia*, lo mismo que los de *El delincuente honrado*. La mejor declaración del punto central de la poética del género lacrimoso son estas palabras de Torcuato en *El delincuente honrado*: «Si las lágrimas son efecto de la sensibilidad del corazón, ¡desdichado de aquel que no es capaz de derramarlas!» (*ed. cit.*, p. 360). Mas en la novela *Cornelia Bororquia*, Bartolomé se propone emular a Torcuato explicando así el mismo punto de poética: «¡Oh, vosotros a quienes la naturaleza ha hecho bien! ¿Por qué os avergonzáis de ser sensibles? ¿Por qué oprimís vuestra agitación? ¡Ay de mí! Las lágrimas que nos ha dado la benigna y sabia naturaleza, aquellas deliciosas lágrimas en fin que dan un curso a la comprensión que ocasiona en nuestro pecho el mal o la desgracia de nuestros semejantes; ¡qué!, ¿aquellas lágrimas no son del mayor precio?» (p. 106). Los romanos no conocían la comedia lacrimosa ni la novela sentimental, pero tenían un sustantivo muy idóneo para describir lo más característico de estos géneros: *conlacrimatio*, un llanto en común, una lacrimación acompañada.

Voy a reproducir ahora cinco ejemplos de este punto de poética aplicado a cartas y situaciones concretas en *Cornelia Bororquia*:

> *Meneses al Gobernador*: «Comencé a leerle [a Vargas] vuestra carta [sobre Cornelia]; pero ya desde los primeros renglones un terrible temblor se apoderó de sus miembros, un sudor frío aumentó la palidez de su semblante, y no pudiendo soportar la lectura, me abraza, se rinde a la opresión de su alma y cae sin aliento en mis brazos. ¡Con cuántas lágrimas bañé yo entonces su rostro pálido y triste! ¡Cuántos suspiros exhalé mirando sus ojos opacos y turbados!». (pp. 78-79).
>
> *Cornelia a su padre*: «Si estuviera en una prisión civil, entonces podríais a lo menos venir a verme, sollozar, suspirar a mi lado, llorar conmigo, enjugar mis lágrimas y yo las vuestras. (p. 85).

> *Cornelia a Vargas*: «Recibo, querido Vargas, tu estimable carta en el momento mismo en que deshecha en lágrimas, me pensaba ya olvidaba de todos los seres del universo». (p. 131).
>
> *Cornelia a Vargas*: «Mis amigas, mis virtuosas amigas, ¡triste de mí!, al escuchar las monstruosas abominaciones que de mí pregonará públicamente el ministro de la Justicia [...], no verterán una lágrima, ni una sola lágrima a la memoria de la que en otro tiempo era su mayor delicia y encanto». (p. 166).

He aquí a la vez que un ejemplo de lo lacrimoso en la novela, un curioso antecedente de la modalidad del llanto romántico decimonónico que he estudiado en mi artículo «"Una lágrima pero una lágrima sola": Sobre el llanto romántico»[11]. Pero no olvidemos el último ejemplo de lo lacrimoso en *Cornelia Bororquia*:

> *Cornelia a Vargas*: «¡Cuántas lágrimas me has costado! ¿Y qué, no habré de poderlas ya detener desde este instante? Pero ¡ay de mí! Ellas riegan ahora mismo la carta que te escribo, y nunca las he visto correr con tanta abundancia. Mi corazón y mi alma quisieran empaparse con ellas en este tosco papel que ha de llegar a tus manos. ¿Por qué no me es dado imprimir en él mis labios? Llega, aplica pues aquí los tuyos y besa estas lágrimas que arrancas a una infortunada». (p. 168).

En la comedia lacrimosa y la novela gótica, son frecuentes las escenas en torres, criptas, cárceles, viejas abadías, castillos arruinados y otros siniestros espacios arquitectónicos, fríos, húmedos e inhóspitos; pues la belleza, la sensibilidad y la inocencia de los personajes ejemplares nos resultan aun más apetecibles cuando parece amenazarlos el mismo mundo físico en el que los vemos enmarcados. Para escribir semejante acento ambiental sobre el elemento lacrimoso de su novela, parece que Luis Gutiérrez ha acudido a un modelo agenérico que tiene, sin embargo, algo de los géneros que hemos tomado en cuenta: me refiero a las *Noches lúgubres*, de Cadalso, especialmente la segunda noche, en la cárcel. Pienso en palabras como las siguientes de la víctima Cornelia: «Para que forméis una tosca idea del lúgubre albergue en que moro, del género de vida que tengo, del cúmulo de trabajos y tormentos que sin cesar me sitian, bastará deciros que el Dios cruel y vengador [...] no puede haber preparado a los réprobos un castigo tan crudo y terrible como el que padecen aquí los infelices presos» (p. 73). Son ecos a la vez de la retórica de Beccaria en *De los delitos y de las penas* (1764). Y en otra carta Cornelia vuelve a describir la lúgubre mazmorra: «La oscuridad, la humillación, el silencio, las angustias de una prisión en donde no se me deja otra señal de vida más que la respiración, me sugieren a pesar mío reflexiones tristes y sombrías» (p. 86). Hay a la vez alusiones breves a lo mismo: «esta lúgubre mansión» (p. 131), «los días tempestuosos, las noches amargas» (p. 132), «gemir injustamente en este lóbrego calabrozo» (p. 139), «gime en un lóbrego calabozo» (p. 145).

Otros ecos de las *Noches lúgubres*. Tediato dice: «Soy el más infeliz de los hombres»[12]. Bartolomé Vargas dice: «Soy el más miserable de los hombres» (p. 79). Tediato dice: «Hallarás en mí un desdichado que padece no sólo sus infortunios

[11] En Russell P. Sebold, *Trayectoria del romanticismo español. Desde la Ilustración hasta Bécquer*, Barcelona, Editorial Crítica, 1983, pp. 185-194. Queda citado otro antecedente en el Prefacio (Cienfuegos).

[12] José de Cadalso, *Cartas marruecas. Noches lúgubres*, ed. de Sebold, p. 392.

propios, sino los de todos los infelices a quienes conoce» (*Noches*, p. 407). Bartolomé Vargas dice: «Todas las penas del mundo juntas no igualan a la mía» (p. 127). Se trata en uno y otro del hondo dolor romántico que Meléndez Valdés bautizó con el feliz nombre de *fastidio universal*. Cornelia lo comparte: «Me pensaba ya olvidada —escribe— de todos los seres del universo» (p. 131). En vista de la influencia de las *Noches lúgubres*, tampoco sorprende que surja en la obra de Gutiérrez el tema del suicidio. Ya citamos un pasaje en el que Vargas dice que antes que entregarse a la Inquisición preferiría «ser homicida de mí mismo» (p. 117). Después de la muerte de Cornelia, se le presenta en forma más fuerte esa tentación: «Si no hubiera sido por el buen anciano [un sacerdote ilustrado] que le estuvo predicando contra el suicidio como un Apóstol —escribe Meneses—, creo que se hubiera tirado un pistoletazo» (p. 179). Y la misma Cornelia alude al suicidio: «Es un milagro patente de la Providencia que no me haya sumergido en aquel estado en que se invoca con denuedo la muerte» (p. 133).

Restan por considerar otros lazos entre *Cornelia Bororquia* y la comedia lacrimosa. Según Diderot, en su conocida obra preceptiva sobre el género sentimental, *Entretiens sur «Le fils naturel»*, la temática de estos dramas burgueses ha de abarcar dos elementos: 1) el estudio de un oficio o profesión y su influencia sobre la sociedad; y 2) las relaciones entre los miembros de una familia. Si bien en las comedias de dicho género tenemos jueces, comerciantes, tahures, médicos, etc. como objeto del análisis, en esta novela influida por la comedia lacrimosa la disección profesional recae en el clérigo corrompido. Al mismo tiempo, a lo largo de las treinta y cuatro misivas se hace la anatomía de las tiernas relaciones que se dan entre el Gobernador y su hija y las que unen a ambos con Vargas, porque él es como otro hijo del noble prócer valenciano. Otro importante lazo de esta novela con la comedia lacrimosa es el uso de los cuadros, junto con las lágrimas, como instrumentos correctivos para el proselitismo moral y social.

Desde las *Visiones* de Torres Villarroel y la *Poética* de Luzán hasta el costumbrismo decimonónico, va en aumento el interés de los literatos por la simulación de la pintura o el cuadro, y por esas técnicas literarias que se acercan a las del pintor. En su crítica, Luzán utiliza los siguientes términos pictóricos: *pintura, cuadro, copiar, copia, original, pintar, dibujar, colores, colorear, delineamientos, pincel, pincelada*[13]. En las *Noches lúgubres*, de Cadalso, Tediato describe la sociedad humana de modo deprimente, y Lorenzo reacciona exclamando: «¡Qué cuadro el que pintas!»; a lo que responde el primero: «La naturaleza es el original» (ed. cit., p. 381), quiere decirse, la realidad es el modelo. Esta tendencia pictórica se refuerza por la doctrina de Diderot en sus *Entretiens sur «Le fils naturel»*, pues sus ideas se aplican a comedias lacrimosas españolas como *El delincuente honrado* y *El precipitado*. El dramaturgo había de crear en ciertas escenas «pinturas en acción», lo mismo que ciertos pintores de mentalidad literaria de esa época habían logrado unos «dramas en el lienzo». Si se congelara la acción de ciertas escenas de las

[13] Ignacio de Luzán, *La poética o reglas de la poesía en general y de sus principales especies*, ed. de Russell P. Sebold, Textos Hispánicos Modernos, 34, Barcelona, Labor, 1977. Véanse, por ejemplo, las pp. 249-259.

comedias lacrimosas, por la colocación de las figuras en el escenario, por los ademanes de éstas, por los colores, las sombras, etc., tendríamos delante algo semejante a uno de esos grabados, ya espantosos, ya alegres, siempre lacrimosos que exornaban tantas novelas de fines del XVIII y principios del XIX. En mi ya citado trabajo sobre *El delincuente honrado*, analizo cuatro de estos cuadros o pinturas en acción.

Lo mismo en la novela que en el teatro, en los años de los que hablamos, se intenta emular al pintor, y he aquí un nuevo motivo del antes aludido entrecruzamiento de los géneros en las épocas románticas. En el ensayo del marqués de Sade sobre la novela, por ejemplo, se nos advierte que la novela es «el cuadro de las costumbres sociales», y luego se explica que, a diferencia de la historia que nos presenta solamente la imagen exterior del hombre, «el pincel de la novela, al contrario, le capta también en su interior [...], le sorprende cuando se quita la máscara, y este boceto, mucho más interesante, es al mismo tiempo mucho más verdadero; he aquí la utilidad de las novelas» (ed. cit., p. 54). En *Cornelia Bororquia* son numerosos los cuadros de las costumbres sociales, y los hay asimismo de la cara interior de los personajes. En las siguientes citas recalco los términos pictóricos. A su antigua criada Lucía, que viene a servirla en la prisión, Cornelia dice, «la hice la más melancólica *pintura* de mi miserable estado» (p. 74). Justo antes de estas palabras de la pluma de Cornelia, vemos a esa misma Lucía en una pose de cuadro que podría ser de una *mater dolorosa*: «Oprimido su corazón, permaneció un largo rato en esta posición, hasta que ya en fin salió a sus bellos ojos deshechos en lágrimas su extrema pena y agitación» (*loc. cit.*).

La confusión que sigue a la herida casi mortal que Meneses inflige a Vargas tiene el carácter de cuadro mural, y Gutiérrez en efecto lo llama espectáculo. «El dueño de la casa, su esposa, dos señoritas que allí estaban, otros dos caballeros, los criados que acudieron a los gritos, lloran, gimen, suspiran, enmudecen y se asombran de ver aquel sangriento *espectáculo*» (p. 77; la cursiva es mía). La composición del grupo es indisputablemente de cuadro; los gemidos y lacrimosos gritos en la pintura se simularían por gestos de la boca; y en el enmudecimiento y el asombro con que termina el trozo tenemos el silencio de la concentración de quien contempla una obra plástica. Vuelve a aplicarse el sustantivo *espectáculo* («este odioso *espectáculo*») al cuadro de la ejecución inquisitorial al final de la novela (p. 174). Meneses incluye el siguiente comentario sobre Vargas en una carta dirigida al Gobernador: «Este joven está violento, y no es posible poderos *pintar* la sensación que le ha causado la desgracia de vuestra hija» (p. 90). Se trata de un intento de pintar en forma visible lo interior del hombre, y recordemos en este aspecto esa observación de Sade de que «le pinceau du roman le saisit dans son intérieur». Se da otra muestra de esto mismo al describirse el estado de ánimo de Cornelia mientras en la plaza espera su purificación por la hoguera: «la serenidad de su alma *pintada* al vivo en su rostro» (p. 174).

En la carta XII, a Meneses, Vargas describe muy al vivo los inhumanos abusos morales de la Iglesia católica, y concluye así: «Mas echemos, echemos un velo a este horrible *cuadro*» (p. 105). Tal ejemplo recuerda al ya reproducido de Cadalso, porque de nuevo es una descripción de costumbres perversas a la que se aplica la voz *cuadro*; y por el giro estilístico con que se expresa, *echar un velo al cuadro*, el autor de *Cornelia Bororquia* parece anticiparse a los costumbristas del siglo XIX, pues en *El casarse pronto y mal*, de Larra, se lee lo siguiente: «Corramos de nuevo, corramos un velo sobre el cuadro a que dio la locura la primera pincelada»[14]. Uno de los cuadros más conmovedores en *El delincuente honrado* es el de Torcuato condenado a muerte, bañado en lágrimas, arrodillado ante su juez, pero feliz, porque acaba de enterarse de que ese magistrado es el padre a quien viene buscando toda su vida. Si se congelara esa acción, por los trajes de juez y reo, por las posturas y por los semblantes lacrimosos y gestos semejantes de padre e hijo, quedaría igualmente bien representado lo mismo en el lienzo. Recuerdo este cuadro porque hay uno semejante en *Cornelia Bororquia*, aunque aquí sentimos compasión por un personaje y desprecio por el otro. El Arzobispo moribundo y sangrando, arrodillado delante de Cornelia, reconoce la *monstruosidad* de su conducta y ruega le perdone para que pueda merecer la absolución divina; y la hermosa Cornelia, un momento antes su víctima, cogiéndole la mano y «derramando un mar de lágrimas» le perdona generosamente. El que conozca las típicas ilustraciones de novelas sentimentales dieciochescas y románticas decimonónicas verá en seguida que la composición, las actitudes, todo aquí es de cuadro.

La observación de un precepto de la tragedia aristotélica es, empero, lo que convierte *Cornelia Bororquia* en una auténtica novela de argumento, con anhelante expectación, con punto culminante, con desenlace y con interacción (*interlacrimación*) entre los personajes. La diferencia entre esta obra y, por ejemplo, otras dos novelas epistolares de su tiempo, *La Serafina* (1807), de José Mor de Fuentes, y *La Amalia* (1811-1812), de Ramón Tamayo y Calvillo, es iluminadora. En estas *novelas* hay un solo punto de vista, pues escribe un solo corresponsal en cada una: Alfonso Torrealegre y Antonio Torreverde, respectivamente; y así no hay interacción. En *La Serafina*, no se hace más que preparar una boda a lo largo de muchas misivas llenas de detalles que no tienen nada que ver con el suceso único al final; en *La Amalia*, es lo mismo, excepto que son tres bodas. Mor de Fuentes y Tamayo y Calvillo comentan de modo curioso muchas novelas anteriores, desde las de María de Zayas hasta las de Richardson, pero sus propias obras son notables por una ausencia casi total de los rasgos de las novelas que analizan. A lo sumo son novelas tipo trozo de vida. Pero en *Cornelia Bororquia* también se satisface este interés a través de descripciones de técnica moderna objetivante, contenidas en las ya aludidas acotaciones. Verbigracia: «Cuando [Vargas] sale de casa, siempre va a dar una vuelta por la plaza de la Inquisición, y anda por allí descaminado y perdido, lleno de temores y penas» (p. 107). Además, en la novela de Gutiérrez, hay once corresponsales, merced a cuyas interacciones se produce un irresoluble conflicto humano, característica clave de la clásica novela moderna, y son agonizantes de esa situación conflictiva todos los personajes.

El precepto aristotélico al que aludía es el famoso de la *hamartía*, y por su efecto en *Cornelia Bororquia* veremos un nuevo ejemplo de la fecundidad del acercamiento entre la narrativa y el teatro. Según el Estagirita, en la tragedia la fortuna se ha de mudar «de próspera en adversa, no por delitos, sino por algún error grande de las personas, que sean [...] antes mejores que peores»[15]. Al «error grande

[14] Mariano José de Larra, *Artículos completos*, ed. de Melchor de Almagro San Martín, Madrid, Aguilar, 1944, p. 64.

[15] José Goya y Muniain, trad., *El arte poética de Aristóteles en castellano*, Madrid, Imprenta de Don Benito Cano, 1798, p. 37.

de las personas», en otra línea de la misma página, Aristóteles lo llama «yerro disculpable», con lo cual también se viene a reiterar la cualidad moral de «antes mejor que peor». Y no cabe mejor descripción moral de la hermosa y sensible Cornelia, que cae por un «yerro disculpable», un cálculo errado, pues ha confiado demasiado en su propia capacidad de defender su virtud ante la solapada amabilidad del Arzobispo. El *defecto trágico* de Cornelia se explica en una carta que le dirige Vargas: «Si cuando el Arzobispo comenzó a solicitarte, te hubieras declarado abiertamente con tu padre, quizá entonces se hubiera cortado el mal de raíz; mas tú te lo tragaste todo» (p. 136). Ahora bien: esta falta perdonable es lo que lleva toda la acción y todos los personajes hacia el punto culminante y el desenlace; que son el apuñalamiento del Arzobispo por su víctima, y la injusta muerte de ésta en la hoguera, aun a pesar de la confesión de su aborrecible atormentador. En fin: la estructura novelística proviene del recurso a la vieja regla trágica de la *hamartía*.

Entre las felices observaciones que Mor hubiera debido aplicar a su propia novela, hay una que Luis Gutiérrez sí ha tomado en cuenta. El personaje autobiográfico de *La Serafina*, Alfonso Torrealegre, escribe: «Si yo me dedicase a componer una novela, escogería para héroes personajes a la verdad extraordinarios, pues de otro modo interesarían poquísimo, *pero con sus imperfecciones muy notables*, cuidando de equilibrarlas y aun sobrepujarlas un tantito por prendas *relevantes*»[16]. He aquí en otro novelista de la época el concepto teatral de la *hamartía* aplicado a la novela, pero solamente en forma teórica. Tamayo y Calvillo, autor de la curiosa ficción epistolar *La Amalia*, nos ha dejado unas reflexiones directas sobre *Cornelia Bororquia*. Reconoce que la obra de Gutiérrez es «muy propia para divertir la ociosidad», pero esta novela no merece su aprobación, por dos razones: porque tuvo más éxito que su propia novela; y porque aun a pesar del tratamiento inhumano de Cornelia, le parece escandaloso el asesinato del Arzobispo con que Gutiérrez «corona su horrible acción». Sin embargo, enmarcada entre ideas tan reaccionarias, se halla una observación que quiere ser despreciativa pero viene a ser iluminadora, pues por ella se revela cierta comprensión de la estructura novelística de *Cornelia Bororquia*: esto es, el anudamiento de diversos hilos en el punto culminante y el desenlace, para producir un impresionante efecto único. En fin, sobre Cornelia, novela y personaje, Tamayo escribe: «Y unidas las incidencias posteriores al fin trágico que tuvo el personaje que se supone trataba de seducirla, resulta (como en toda composición de esta clase) una cosa que llaman novela»[17].

Tamayo y el marqués de Sade escasamente iban a compartir el mismo concepto de la virtud, mas en los dos hallamos criterios útiles para la demostración del carácter de novela auténtica de *Cornelia Bororquia*, y en fin, su superioridad a esas novelas sentimentales de la Ilustración, en las que la virtud triunfa sobre todos los obstáculos, tentando al lector para que pregunte: ¿Y qué? En realidad, la reflexión de la *Idée sur les romans* que voy a citar ahora es conjuntamente de Sade y Diderot:

> Esta regla [del triunfo de la virtud...] no es de ningún modo esencial en la novela, ni es siquiera la que ha de llevar el interés; porque, cuando la virtud triunfa, y todo

16 José Mor de Fuentes, *La Serafina*, ed. de Ildefonso-Manuel Gil, *Cæsaraugustana II*, Zaragoza, 1950, p. 28. Las cursivas son mías.

17 Ramón Tamayo y Calvillo, *La Amalia, o Cartas de un amigo a otro residente en Aranjuez* [*Toledo*, en el tomo II], Madrid, Imprenta de Ibarra, 1811-1812, t. II, pp. 35-37.

> queda como debe estar, nuestras lágrimas se han secado antes de correr; pero si después de duras pruebas, vemos por fin la virtud desmontada por el vicio, inevitablemente nuestras almas se desgarran; y habiéndonos conmovido hasta el límite, habiendo hecho sangrar por dentro nuestros mismos corazones, como decía Diderot, la obra producirá sin falta ese interés que solo asegura los laureles. (*Idée*, p. 49).

No cabe mejor descripción de la desgracia de Cornelia, quien, habiendo triunfado contra un potentado de la satánica jerarquía eclesiástica, se ve, no obstante, *desmontada* y quemada viva por otros demonios no menos reverendos. La referencia de Sade a Diderot y su búsqueda de lágrimas tan dolorosas que hagan sangrar por dentro nuestros mismos corazones, precisamente cuando habla de la estructura de la novela, sirve para reiterar cuánto ha aportado el teatro lacrimoso a la novela gótica y romántica de fines del siglo XVIII y principios del XIX.

III

NOVELA Y EPOPEYA EN *LOS BANDOS DE CASTILLA*, DE LÓPEZ SOLER

O INTENTAREMOS LA DIFÍCIL PINTURA DEL PESAR», escribe el novelista catalán Ramón López Soler (1806-1836), a la cabeza del capítulo XVIII de *Los bandos de Castilla o el caballero del Cisne* (1830)[1]. Palabras exactas si se aplican solamente a lo contado en el capítulo indicado, pero irónicas si pensamos en el conjunto de la novela. Pues en este último sentido se anuncia con ellas una de las mayores innovaciones y principales sellos de originalidad de la novela romántica decimonónica española frente a la de los demás países europeos. (He dicho *decimonónica*, porque ya en 1793 Pedro Montengón, en *El Rodrigo. Romance épico*, ofrece al lector una novela que es romántica en casi todos los aspectos, menos en el que ahora nos toca aclarar)[2]. Me propongo realizar un análisis general de la novela de Soler (sobre todo, de la poética romántica en la caracterización del protagonista y la protagonista, y del doble marco narrativo, novelístico y épico), pero para empezar he escogido el tema que tal vez más netamente que ningún otro sirve para rebatir la enorme injusticia que se ha cometido cuestionando el alcance de la originalidad de *Los bandos de Castilla*[3]; y tal tema nos proporcionará a la par una introducción adecuada a los otros elementos esenciales para la comprensión de la obra.

La aludida innovación es la reunión de la reconstrucción histórica minuciosa del pasado nacional a lo Scott y el carácter cínico, melancólico y lastimoso a lo Byron, lográndose así el doble atractivo del exotismo histórico y la delicada sensibilidad de un desilusionado. Son numerosos los ejemplos que pudieran citarse después de 1834, mas los dos casos máximos, que datan ambos de dicho año, son el trovador Macías, en *El doncel de don Enrique el Doliente*, de Larra, y el protagonista titular de *Sancho Saldaña o el castellano de Cuéllar*, de Espronceda. El héroe

1 Ramón López Soler, *Los bandos de Castilla o el caballero del Cisne*, La Novela Histórica Española, 12, Madrid, Tebas (Ediciones Giner), 1975, p. 168. Citaré la novela de Soler siempre por esta edición, indicando en lo sucesivo las páginas entre paréntesis en el texto.

2 Véase Russell P. Sebold, «Montengón y la novela romántica», en *De ilustrados y románticos*, pp. 103-108.

3 Véase Jean-Louis Picoche, «Ramón López Soler, plagiaire et précurseur», *Bulletin Hispanique*, t. LXXXII (1980), pp. 81-93.

de este corte, que no aparece en las novelas históricas románticas de Walter Scott, ni en las francesas del mismo género, es contradictorio: medio diabólico, medio angelical; enemigo de la sociedad, triste en la soledad; ateo y creyente; odiador de la vida, pero buscador de una compañera ideal que la comparta con él; asesino y humanitario; egoísta, pero atraído por el suicidio; insensible al dolor ajeno y víctima espiritual de cuantos males han afligido al hombre desde Adán. Con una epistemología que prescinde del cielo, los filósofos sensistas habían cortado el lazo que podía haber unido a tal héroe romántico con Dios; y con una doctrina social que privilegia el estado de la naturaleza, Rousseau había cortado el lazo que podía haberle unido con la sociedad. En torno a sí mismo el protagonista romántico siente un enorme vacío, que se refleja en el vacío de su propio corazón, donde las desilusiones vencen a las aspiraciones. Trátase del *fastidio universal*, aquel sublime dolor romántico que Meléndez Valdés bautizó de modo tan acertado en 1794, antes que tan singular emoción tuviera nombre en los demás idiomas[4].

«¿Y cuándo muere la esperanza en el corazón del hombre?» —pregunta Macías anonadado por el peso de sus cuitas, pero con intención ya solamente retórica—[5]; pues, aun antes de formularse tal pregunta, todo estaba muerto en ese corazón en otro tiempo idealista, como se descubre por dos trozos de diálogo entre Macías y Fernán Pérez de Vadillo, durante su duelo, en el capítulo XXII. «¿Estáis cansado?» —le pregunta Vadillo a Macías—. «De vivir y de que me resistáis» —responde el trovador—. «¿Estáis herido?» —vuelve a preguntarle el marido de su adorada doña Elvira—. «No es vuestra la herida que me duele» —responde Macías— (p. 248); porque la herida que le dolía era la de la misma existencia, como diría el hastiado rey Baltasar en el drama romántico así titulado (1858), de Gertrudis Gómez de Avellaneda. Antes de volver a la obra de López Soler, resultará iluminador mirar asimismo un par de ejemplos del fastidio universal en el personaje Sancho Saldaña, quien es «un joven perdido en lo mejor de sus años y condenado ya en vida a todos los tormentos del infierno»[6]; lo cual se confirma por la difícil relación que se da entre el mundo exterior y el alma del protagonista esproncediano: «El mundo es más viejo para mí, a pesar de mis pocos años —explica, hablando con un anciano—, que lo es para vos al cabo de vuestra edad; todo está usado en él; nada hallo nuevo en la Naturaleza; la luz del sol, la noche, la primavera, lo más bello, lo más tremendo con que puede recrear el cielo o amenazar en su cólera, nada me inspira un sentimiento nuevo» (t. I, p. 130). En fin —concluye en otro capítulo—: «todo me fastidiaba y nada bastó a llenar nunca el vacío de mi alma» (t. I, p. 182). Saldaña es un romántico de gran estilo —lo será también Jimeno en *Doña Blanca de Navarra* (1847), de Francisco Navarro Villoslada—; porque, además de su vacío espiritual, al igual que Macías, «es de aquellos hombres en

[4] Véase Russell P. Sebold, «Sobre el nombre español del dolor romántico», en *El rapto de la mente. Poética y poesía dieciochescas*, El Soto, 14, Madrid, Prensa Española, 1970, pp. 123-137; o en la 2.ª edición, de *El rapto*, Autores, Textos y Temas, 5, Barcelona, Anthropos, 1989, pp. 157-169.

[5] Mariano José de Larra, *El doncel de don Enrique el Doliente*, ed. cit., p. 285. Dos años más tarde, Larra volverá a expresar la misma idea en *El día de difuntos de 1836*, aplicándosela a sí mismo: «Mi corazón no es más que otro sepulcro. ¿Qué dice? Leamos ¿Quién ha muerto en él? ¡Espantoso letrero! *¡Aquí yace la esperanza!*» (*Artículos*, ed. cit., p. 1067).

[6] José de Espronceda, *Sancho Saldaña o el castellano de Cuéllar*, ed. cit., t. I, p. 90.

quienes el amor es siempre precursor de la muerte» (*Doncel*, p. 184). Y Macías, lo mismo que Saldaña, siente «tanto hastío, tanto disgusto después del goce» (*Saldaña*, t. I, p. 160). Se trata de una incomparable pareja de protagonistas de psicología plenamente romántica —difícil de igualar en la novela de cualquier otra literatura—, unidos por todas las grandes convenciones románticas, entre ellas, la de la lágrima solitaria[7].

Larra y Espronceda están profundamente endeudados con López Soler, por cuanto el novelista catalán es quien introdujo la atormentada psicología romántica en la literatura narrativa española, haciendo de innovador plenamente consciente, aunque por motivos que ya veremos, todavía no lleva los rasgos descritos en los párrafos anteriores a sus últimas consecuencias. No nos confundamos. El apreciable papel de innovador de Soler respecto de la novela —su Prólogo a *Los bandos de Castilla* es considerado como el manifiesto romántico para ese género— no significa en absoluto que la psicología romántica, junto con su dolor cósmico o fastidio universal, no se haya dado antes en España, en otros géneros literarios, de lo cual bastarán como testimonios el poema en prosa *Noches lúgubres* (1771), de Cadalso, y poemas en verso de Meléndez, como *A la mañana en mi desamparo y orfandad* (1777) y *El melancólico: a Jovino* (1794). Fenómeno —el del fastidio universal— que un agudo psicólogo francés de principios de nuestro siglo entendía mejor de lo que aun hoy lo entienden la mayor parte de los historiadores de la literatura. Sobre todo, entendía que el romanticismo es producto del siglo XVIII. «El aburrimiento no ha encontrado su expresión en la literatura sino en tiempos recientes —escribe E. Tardieu en 1904—, y las primeras confidencias hechas con respecto a él remontan al siglo XVIII»[8]. «Mal personal, formado de fatiga y falta de esperanza —continúa diciendo—, mal de decadencia, mal aristocrático que se desarrolla en aquellos cuyo pensamiento tiene demasiados tonos y refinamientos perversos, el aburrimiento ha hablado a su tiempo en literatura, cuando el hombre ha descendido a su ser interior y ha retrocedido de espanto ante su alma vacía» (p. 360). No sorprende que nos cueste tan poco esfuerzo identificarnos con los protagonistas románticos; pues todos hemos sentido alguna desesperante pena, ¡y qué consuelo más hermoso que sentirnos de repente elevados a la aristocracia espiritual!

En su Prólogo, López Soler afirma que donde ha seguido el ejemplo del novelista escocés Walter Scott, lo ha hecho «procurando dar a su narración y a su diálogo aquella *vehemencia* de que comúnmente carece» (p. 7; la cursiva es mía). A la vista de lo ya expuesto más arriba, tampoco resulta sorprendente el que en la página siguiente Soler mencione conjuntamente a «lord Byron y Walter Scott», para aludir en seguida a Osián (James Macpherson), cuyos melancólicos *Cantos* «medievales», lindamente falsificados en el siglo XVIII, considera como otro ejemplo del romanticismo. Ahora bien: la combinación del sustantivo *vehemencia* y el nombre del atormentado Byron es muy sugerente cuando se trata de la

[7] Sobre Macías y Saldaña, véanse los capítulos V y VI del presente libro. Sobre la convención romántica de la lágrima solitaria, véase Russell P. Sebold, «"Una lágrima, pero una lágrima sola": Sobre el llanto romántico», en *Trayectoria del romanticismo español*, pp. 185-194.

[8] E. Tardieu, *El aburrimiento*, trad. de Ricardo Rubio, Biblioteca Científico-Filosófica, Madrid, Daniel Jorro, Editor, 1904, p. 359.

presencia y expresión del dolor romántico[9], pero miremos ya otro pasaje del Prólogo aun más significativo:

> ...la literatura romántica es el intérprete de aquellas pasiones vagas e indefinibles que, dando al hombre un sombrío carácter, lo impelen hacia la soledad, donde busca en el bramido del mar y en el silbido de los vientos las imágenes de sus recónditos pesares. Así, pulsando una lira de ébano, orlada la frente de fúnebre ciprés, se ha presentado al mundo esta musa solitaria, que tanto se complace en pintar las tempestades del universo y las del corazón humano. (p. 8; las cursivas son mías).

No cabe mejor descripción del goce romántico en ese dolor que busca sus metáforas en la naturaleza, y tampoco existe mejor descripción de las circunstancias del nacimiento, concretamente, del romanticismo español en el fúnebre ambiente de las *Noches lúgubres*, de Cadalso. Como ilustración de la ya aludida presencia de la estilística del fastidio universal en otros géneros antes que en la novela y a la par confirmación del entronque de *Los bandos de Castilla* con esa estilística, compárese el final del pasaje citado con las siguientes palabras de Tediato, primer personaje literario español en sentir el dolor romántico, para el que Meléndez acuñaría después el nombre: «Cruel memoria, más tempestades formas en mi alma que esas nubes en el aire»[10].

¿Y cómo será la psicología del héroe romántico individual, según el prologuista Soler? Pues bien, será «un carácter esencialmente marcado por grandes vicios, admirables virtudes» (p. 9), donde nuestro novelista parece prever las híbridas y agónicas personalidades de Macías y Sancho Saldaña. Dice asimismo Soler que en el carácter romántico, respecto del de otros hombres, se da algo de la «contraposición bárbara o sublime» que resalta cuando se contemplan «en los cuadros del Greco aquellas figuras de líneas colosales» (*ibíd.*). Si el carácter de Ramiro de Linares, el caballero del Cisne, no llega a los mismos extremos, es porque, según López Soler, no se presta a ello el ambiente de la corte de Juan II (en torno a cuyos conflictos políticos y militares gira la acción de *Los bandos de Castilla*). Veamos ya el por otra parte notable ensayo del carácter romántico en el simpático Ramiro de Linares.

Todo héroe romántico es lector de Rousseau (o bien su creador lo fue); acepta como artículo de fe la idea del ginebrino de que la virtud existe sólo en la naturaleza; y en su alma se da una profunda añoranza de esa desinteresada amistad de los tiempos del buen salvaje. «¡Qué de veces no suspiró [Ramiro] en su interior por un verdadero amigo! [...] se le veía huir de los hombres y abandonarse en paseos solitarios a serias y peligrosas cavilaciones. [...] apenas podían distraerle de aquella inclinación desabrida y melancólica. Gustaba de perderse por antiquísimas selvas» (pp. 13-14). Destaquemos en este pasaje elementos del léxico y pensamiento románticos que todo lector reconocerá como tales: *suspiró en su interior, huir de los hombres, abandonarse en paseos solitarios, peligrosas cavilaciones, inclinación*

9 Con relación a Byron, Picoche, en su ya citado artículo, sólo considera posibles reflejos textuales de dos poemas del poeta inglés en versos españoles de López Soler interpolados en *Los bandos de Castilla*.

10 Cadalso, *Cartas marruecas. Noches lúgubres*, ed. de Sebold, p. 368.

desabrida y melancólica, perderse por antiquísimas selvas. Con no ser Ramiro todavía un Macías ni un Saldaña, son impresionantes los parámetros de su psicología romántica. Esa parte de su carácter que se define por la melancolía y su gusto por las selvas son factores decisivos a la vez en su atracción hacia la melancólica poetisa Matilde, la auténtica protagonista de la novela. Es interesante también el ejemplo de la melancolía de Ramiro que se da en un momento meditativo de su visita a la abadía de San Mauro: «el eco lúgubre de la campana daba un colorido más tierno a las meditaciones del caballero» (p. 76).

Por una parte, Ramiro es, como todos los héroes de grandes novelas históricas del período romántico, un paladín de libro de caballerías redivivo; está «llevado el joven héroe de un espíritu de gloria que nada podía sofocar, tan idólatra de las leyes y prácticas caballerescas» (p. 29). Al igual que los protagonistas de los romances caballerescos, tiene escogida la dama de sus pensamientos, doña Blanca, la hija del duque de Castromerín, cuya mano ganó venciendo a los demás campeones en un famoso torneo de Segovia, y a ella le dedica sus hazañas, si bien al hacerlo sus palabras se inspiran a la vez en ciertos conceptos ilustrados dieciochescos: «Lograré que lleguen mis hazañas a oídos de la deidad que reina en este desierto, y atraeré sobre mi cabeza las lágrimas de su alma sensible, y las bendiciones de los hombres de bien» (p. 75). Pero, bien mirado, no se trata de mera ornamentación literaria tradicional; pues esas viejas convenciones caballerescas incluso se incorporan en cierto modo a las obras más cínicamente iconoclastas del romanticismo exaltado, por ejemplo, el *Canto a Teresa*.

Pienso en la juventud de Espronceda y Teresa. «Yo amaba todo —recuerda el poeta—: un noble sentimiento / exaltaba mi ánimo, y sentía / en mi pecho un secreto movimiento, / de grandes hechos generoso guía: / la libertad con su inmortal aliento / santa diosa mi espíritu encendía / contino imaginando en mi fe pura / sueños de gloria al mundo y de ventura» (estrofa 6)[11]. Aquí tenemos el mismo espíritu de gloriosa conquista caballeresca, otra vez con algún acento ilustrado dieciochesco. ¿Y qué mujer ha sido más dama de los pensamientos de su galán que Teresa? Con el corazón lleno de la más negra culpa, Espronceda la añora todavía en *A Jarifa, en una orgía*; pero, antes de su corrupción moral a manos del propio poeta, nadie era más semejante a una doncella de libro de caballerías que «esa mujer tan cándida y tan bella» (p. 227). Ahora bien: del mismo modo que lo caballeresco se refleja aún en la hermosísima pero cruel elegía de Espronceda, en *Los bandos de Castilla* se anticipa en Ramiro de Linares la pena del cantor de Teresa, que tiene el corazón tan vacío, que se divierte en arrancarlo de su mismo pecho pedazos hecho (p. 238).

Por la oposición de don Álvaro de Luna, el caballero del Cisne, de la ilustre familia aragonesa de los Pimenteles, ve impedido su enlace con la castellana doña Blanca de Castromerín; y profundamente deprimido, se retira algunos días para aconsejarse con el venerable abad de San Mauro, antiguo hombre de armas y amigo de su padre. El vacío del corazón en el del Cisne es más bien una predisposición que una realidad, pero una inclinación que se ha de temer. El consejero de Ramiro

[11] José de Espronceda, *El estudiante de Salamanca. El diablo mundo*, ed. de Robert Marrast, Clásicos Castalia, 81, Madrid, Editorial Castalia, 1978, p. 224.

le expone sus temores en estos términos: «Ese corazón, ora tan desasosegado y turbulento, hallará quizá un horroroso vacío en el fondo de sí mismo, que no podrá llenar la gloria vana; un horroroso vacío que le hará odiar la vida cuando más le rodeen sus delicias, y anhelar en medio de ellas una felicidad menos estrepitosa, menos veloz y más pura. ¡Cuántas veces una tristeza que os parecerá fuera de razón irá a sorprenderos en medio de vuestros triunfos! ¡Cuántas veces una lágrima indiscreta, un fugitivo suspiro, un ansia desconocida os harán recordar las dulzuras de esta pacífica morada!» (p. 76). En ese «horroroso vacío que [al corazón de Ramiro] le hará odiar la vida cuando más le rodean las delicias», tenemos el preludio del hastío del incansable pero cansadísimo buscador de placeres nuevos Sancho Saldaña: «tanto hastío, tanto disgusto después del goce». Hay, empero, algo más profundo en el pasaje citado, y es el hecho de que sea el ambiente ascético de una abadía donde se describen las características del fastidio universal romántico. El abad piensa en el recogimiento monástico cuando se refiere al anhelo de «una felicidad menos estrepitosa, menos veloz y más pura», a la que puede conducir un sano desprecio del mundo.

En las notas a mi ya citada edición de las *Noches lúgubres*, identifico varios pasajes de esa obra por otra parte deísta o aun atea en los que Cadalso imita el estilo de Cristo en mano e infierno por delante de esos clásicos predicadores de la escuela ascética que advertían a sus feligreses que no confiasen en los fugaces poderes, privilegios y pompas de este mundo, no, desde luego, porque el poeta materialista ilustrado creyese ya en nada de aquello, sino porque el asceta y el romántico desilusionado tienen en común el *contemptus mundi*; y este lugar clásico de la filosofía ascética resulta literariamente muy útil a los poetas y prosistas románticos como metáfora para representar el inexorable punto y aparte de la vida en el momento en que ésta cede a la nonada de la muerte. Ahora bien: todo esto ya lo entendía Ramón López Soler, y la brillantez de su teoría y práctica salta a la vista cuando se confronta el pasaje que venimos glosando con el Prólogo de *Los bandos*. En estas páginas Soler afirma que sin acudir a los autores clásicos no se entenderán del todo «los delicados tintes del lenguaje romántico, por hallarse algo de esto en el místico fervor de Yepes, San Juan de la Cruz, Rivadeneira y otros autores ascéticos» (p. 8).

A continuación de los consejos del abad de San Mauro a Ramiro, se lee este comentario del novelista, en el que el sentido del adjetivo *místico* coincide evidentemente con el de *ascético*: «Algo templado el impetuoso joven con este lenguaje, místico y afectuoso, no salía de aquel antiguo santuario, aguardando para hacerlo la completa restauración de sus fuerzas. La desesperación iba dando insensiblemente lugar a una melancolía más suave» (p. 76). En la ascética, en fin, se le brindan al escritor romántico convenciones estilísticas para la representación del fastidio universal y al mismo tiempo, curiosamente, posibles remedios contra ese vacío del corazón.

Ya que el plan argumental de la novela acaba en el cumplimiento de los deseos de Ramiro y Blanca, pues se casan con la bendición de sus padres, antes tan enemigos, Soler no puede desarrollar el tema del fastidio universal en forma tan absoluta como Larra y Espronceda, porque semejante desarrollo lleva a la destrucción del protagonista. (Aquí sí veremos la destrucción de Matilde por una dulce y resignada melancolía.) Sin embargo, a Soler le fascina el tema del fastidio universal;

no quiere dejarlo tan pronto; y así, en lugar de limitarse a un solo personaje en quien se lleve la psicología romántica a sus últimas consecuencias —cual Macías o Saldaña—, también busca los síntomas de ese deseperante mal en una serie de personajes secundarios a lo largo de la obra. Parece significativo que la primera de estas figuras sea el compasivo mentor de Ramiro, el abad de San Mauro, guerrero y caballero mundano en otra época: «los desengaños y las desgracias —explica el santo varón— hiciéronme dar de mano al comercio de los hombres. Como me irritaba su aspecto, me separé de sus ciudades; y arrastrado de no sé qué secreto impulso, perdíame por los bosques cual si hubiera de hallar en ellos alivio a mi saciedad y aburrimiento» (p. 77). Destáquese de nuevo aquí la nota del *contemptus mundi*, y al mismo tiempo en la huida de la civilización se oye un eco de las ideas de Rousseau. Por su atracción hacia el consuelo de los bosques, en el tiempo de su desilusionada juventud, el abad coincide con el gusto de su discípulo.

Lo más sorprendente es que se reconocen inconfundibles reflejos de la psicología del héroe romántico —o por lo menos del buen salvaje a lo Rousseau— en don Pelayo de Luna, personaje tan siniestro como su célebre padre, el cual se propone usar la fuerza brutal para casarse con las dos mujeres que aman a Ramiro: primero Blanca, luego Matilde. Ablandado ante la inexpugnable virtud de Matilde, Pelayo le dirige estas palabras: «Todo te lo sacrificaré. ¿Te place el sosiego de la selva, o el solitario murmullo de una incógnita ribera? Iré a sepultarme contigo en la soledad más remota, en el más ignorado ángulo de la tierra, y haré que se borre mi nombre de la lista de los héroes. Impetuoso, arrebatado, turbulento, no he conocido freno en mis pasiones, y apuré frenética y rápidamente la copa de los placeres; pero tú me transformas en otro ser, y ya suspiro con ardor por una felicidad que me era desconocida» (p. 163). Sin embargo, después del abad de San Mauro, Arnaldo, conde de Urgel, hermano de la poetisa Matilde, es el más interesante de los personajes secundarios de corte psíquico romancesco.

Macías y Saldaña, supuestamente señores del Medievo, revelan, no obstante inconfundibles rasgos del hastiado dandismo cosmopolita de la sociedad elegante de la época en que fueron creados, el cuarto decenio del siglo XIX; y Arnaldo, en *Los bandos de Castilla*, es precursor de tales personajes novelísticos. Con su entrañable amigo Ramiro comenta el gusto de su hermana, poetisa y cantora, por la naturaleza primitiva y montañosa en torno a su castillo familiar de San Servando, en Cataluña, y especialmente por una pintoresca cascada que hay allí. «Confieso francamente —dice Arnaldo— que prefiero las magníficas fuentes de Nápoles a esa mezquina cascada, a pesar de la situación romántica[12] que le encuentra *la carissima sorella*;

[12] El uso de los términos *romancesco* y después *romántico* para describir el encantador carácter irregular de los accidentes de la naturaleza —cualquier fenómeno que parezca oponerse por sus formas imprevisibles al concepto del orden y la simetría clásicos— deriva del uso de esas voces, ya en el siglo XVII, así como en el XVIII, para describir obras de teatro cuya técnica se apartaba de la preceptiva aristotélica y se acercaba por sus extravagantes argumentos a la forma de las novelas ejemplares y amorosas del seiscientos; pues *romance* (> *romancesco*) era —es— sinónimo de novela cuando se trata de la narrativa caballeresca, amorosa o fantástica. El primer ejemplo conocido de la aplicación del adjetivo a la naturaleza es el siguiente de Rousseau: «Les rives du lac de Bienne sont plus sauvages et *romantiques* que celles du lac de Genève, parce que les rochers et les bois y bordent l'eau de plus près; mais elles ne sont pas moins riantes» (Jean-Jacques Rousseau, *Les rêveries du promeneur solitaire*, ed. de Marcel Raymond, Textes Littéraires Français, 23, Genève, Droz, 1948, cinquième promenade, p. 74; la cursiva

pero todo lo he de llevar con paciencia, porque esos montes son su Parnaso, y ese limpio arroyo, amado Ramiro, es su Hipocrene» (p. 99). Además de la referencia a las artes italianas, subráyese el muy coquetón uso de la frase italiana —imitando los modos de hablar de los salones dieciochescos y románticos— y, por fin, el asomo de aburrimiento de dandy romántico: «todo lo he de llevar con paciencia».

Otra intrigante nota romántica de Arnaldo le enlaza con el famoso personaje René, de Chateaubriand. Pienso en el amor más que fraternal que René sentía por su hermana, en el refugio de ésta en un convento y en la desesperada huida del protagonista de Chateaubriand al Nuevo Mundo. Pues bien, entre Arnaldo y Matilde cualquier lector descubrirá un amor auténticamente romántico en el sentido literario y vulgar y una propincuidad emocional tal vez excesiva para hermanos. Matilde, resignada ya a no poder unirse al único hombre que ha amado en la vida, el caballero del Cisne, se mete monja en San Bernardo para esperar su muerte, y Arnaldo ronda esa sagrada casa amenazando toda suerte de actos violentos, de igual modo que lo había hecho René en los contornos del retiro monástico de su hermana. «A veces se enfurecía [Arnaldo], amenazando derribar los muros de San Bernardo para arrancar de allí a la más linda doncella de Aragón, a la dama más discreta de la España y de la Italia; pero en cuanto se templaba su frenético entusiasmo, caía de nuevo en desesperada tristeza. Solía acusarse a si mismo de las desgracias de su hermana» (p. 276). Tal autoacusación parece confirmar la deuda de Soler con Chateaubriand.

Pero ya es hora de conectar la historia de Ramiro con la de la auténtica protagonista, Matilde de Urgel. Ramiro está herido y prisionero en el castillo de Arlanza, de Rodrigo de Alcalá, uno de los malvados amigos de Pelayo de Luna; Matilde, también prisionera allí, le cura con sus admirables conocimientos de la cirujía, y un buen día, conversando con ella, el del Cisne caracteriza así su destino personal: «Pero ¿no es cierto que parezco destinado a causar la desdicha de cuantos me manifiestan algún interés? [...] Ya veis, ¡oh Matilde!, cuán desgraciado es el guerrero a quien auxiliáis bondadosa: abandonadlo, abandonadlo al influjo de su estrella, o temed, de lo contrario, el peso de las desgracias que despiadadamente le persiguen» (p. 217). En estas palabras de Ramiro va la sentencia de muerte de Matilde, quien muy bien hubiera podido responderle, como Laura a Rugiero en un momento muy dramático de *La conjuración de Venecia*, de Martínez de la Rosa: «No te amaría tanto si fueras feliz»; porque la hija de Urgel ama perdida y desesperadamente al novio de Blanca de Castromerín; y no hay ningún lector que no hubiera preferido que ella se llevara el premio de su gran amor. Mas Ramiro, luchando por ser el perfecto caballero no quiere sentir el amor sino por su comprometida, Blanca; para él la pobre hermana de Arnaldo no debería ser sino una buena amiga, cuyo talento literario admira. Las palabras de Ramiro sobre la desgracia de todos los que se interesan por él parecen anticiparse a las de Larra sobre Macías y todos «aquellos hombres en quienes el amor es precursor de la muerte», y el destino lógico de Ramiro habría sido como el de Macías.

---

es mía). Véase asimismo Russell P. Sebold, «Lo "romancesco", la novela y el teatro romántico», en *Trayectoria del romanticismo español*, pp. 137-163. En las páginas 38, 92 y 148 de *Los bandos de Castilla*, se hallan otros ejemplos de la «naturaleza romántica y majestuosa», según se la llama en la última de las páginas indicadas.

De López Soler, *Los bandos de Castilla,* Valencia, Carerizo, 1830.

Sin embargo, será la pobre Matilde quien realiza el destino lógico de Ramiro. Ella expía el pecado del hombre a quien adora, como Teresa expiará los de Espronceda en el *Canto a Teresa*. El pecado de Ramiro —no hay que olvidar que estamos en un mundo quizá más rousseaniano que cristiano— es el de rehusar seguir los dictados de la naturaleza, que, aun a su pesar, le lleva hacia Matilde. En Ramiro, comprometido con Blanca, existía así la posibilidad de vivir un amor que violara la moralidad de la iglesia y la sociedad, como el de Macías con Elvira, la esposa de Fernán Pérez, en *El doncel de don Enrique el Doliente*. Especialmente a lo largo de la segunda mitad de *Los bandos*, en momentos dramáticos, ambientes naturales y frases aparentemente inocentes, se respira algo de la filosofía amorosa materialista y antisocial dieciochesca que Macías había de expresar cuatro años más tarde. El doncel procura convencer a Elvira:

> —¿Pensáis que la Naturaleza ha podido imprimir con caracteres de fuego en el corazón del hombre un sentimiento de vida, eterno, inextinguible, para que se avergüence de él? ¡Ah! No la hagáis injuria semejante. [...] Sus leyes son inmutables, su voz más poderosa que la voz de todos los hombres. [...] Preguntadle a mi corazón por qué latió en mi pecho con violencia cuando os vi por la vez primera. Preguntadle por qué no adivinó que lazos indisolubles y horribles [el matrimonio] os habían enlazado a otro hombre. [...] Si sólo para un hombre habéis nacido, ¿por qué os dio el cielo belleza para rendir a ciento? (ed. cit., pp. 293-294).

Por su ingénita inclinación melancólica, la pobre Matilde está como predestinada para su papel de cabeza de turco, de sustituta de Ramiro en sufrir el deplorable destino que a él le correspondía, en parte por su insensibilidad o barbarismo para con su enamorada amiga, «un alma sensible, bárbaramente burlada cual la mía», según expresión de ella misma (p. 273). Trazando «un paralelo entre las dos célebres beldades de aquel siglo, Matilde de Urgel y Blanca de Castromerín —escribe Soler—, diríamos que ésta es más tierna y aquella más melancólica» (p. 88). No hay en esta novela ningún personaje al que no se le aplique en algún momento el adjetivo *melancólico*; pero dicho calificativo se utiliza para retratar a Matilde con muchísima mayor frecuencia que a cualquier otro poblador de su microcosmo. Es más: suele describirse a Matilde como *melancólica* cuando se halla en la naturaleza, dedicada a su oficio de poetisa. Naturaleza, poesía y melancolía: en la época romántica, no se concibe ninguna de las tres sin el acompañamiento de las otras dos. Volveremos sobre el papel de Matilde de expiadora del pecado de la insensibilidad de Ramiro, mas esto no se entendería sin completar antes el perfil de la personalidad melancólica de esta poetisa de la naturaleza.

En *El señor de Bembibre* (1844), de Enrique Gil y Carrasco, la tuberculosa Beatriz, sintiéndose separada de toda posibilidad de felicidad humana, se refugia en la mística belleza de la naturaleza del Bierzo, hace versos y se entrega a su melancolía[13]. Desde hace siglo y medio viene elogiándose la delicada prosa lírica con que Gil describe la naturaleza berciana, mas las inspiradas descripciones del hermoso mundo natural de la comarca de Urgel no tienen absolutamente nada que envidiar a las del novelista posterior. (Lamentablemente, las de López Soler son

13 Véase el capítulo X más abajo.

menos conocidas.) Con un par de trozos quedará muy claro el hondo y místico lazo que existe entre el alma de Matilde, la poesía y la hermosura de la naturaleza en las cercanías del Segre. Ella lleva a Ramiro a un lugar apartado y agreste, casi un nuevo Edén:

> ...mis versos, por naturaleza rudos —le dice Matilde al caballero—, tienen necesidad de esos acompañamientos selváticos, y las musas provenzales, suspirando de continuo por las dulzuras de un silencioso retiro, gustan mezclar su voz con el ruido del torrente, y prefieren para su adorno las flores silvestres del desierto a las brillantes guirnaldas de los jardines. (p. 93).
>
> Desaparecía el crepúsculo vespertino, y la luna, dando principio a su lenta carrera, iluminaba con el más puro de sus rayos el lánguido rostro de Matilde. El acompañamiento monótono del trovador fue reemplazado por ella con un aire patético y doliente, muy propio para mezclarse con el lejano rumor de la cascada y el manso susurro del céfiro que silbaba entre las hojas. (p. 95).

Tomemos nota del curioso hecho de que López Soler incluso se anticipa a Gil y Carrasco, en algún caso, en los términos concretos con que analiza a su melancólica protagonista. Doy los aludidos términos en cursiva. Sobre la moribunda Beatriz Gil apunta: «Siempre había dormido en lo más recóndito de su alma el *germen de la melancolía* producido por aquel deseo innato de lo que no tiene fin»[14]; pero ya catorce años antes Soler escribía sobre Matilde: «Advertíase en su carácter el *germen de profunda melancolía*» (p. 145).

Es impresionante por su valor de teatro la despedida de Matilde. Con el talento de una consumada actriz, escenifica, para el selecto público que tiene en la sola persona de Ramiro, las últimas horas que le tocarán en este doloroso mundo. Sin duda quiere romperle el corazón al noble paladín y quizá aun en momento tan tardío reemplazar a Blanca en su corazón. Para comprender la situación, hace falta saber que cuando Matilde decidió renunciar al mundo, escogió el mismo convento al que el padre de Blanca la había mandado para olvidarse del caballero del Cisne y donde ésta esperaba ahora al mismo caballero, que venía a llevarla al altar. (Con la muerte del siniestro favorito de Juan II de Castilla, don Álvaro de Luna, se compusieron las diferencias que separaban al duque de Castromerín y el conde de Pimentel.) Matilde había ido a esa casa, porque sentía curiosidad por conocer a la comprometida del hombre a quien ella misma idolatraba; y queriendo a la par despedirse de éste (que la creía en su castillo de San Servando), le sorprende saliendo al locutorio cuando esperaba ver a Blanca.

Por ocuparse continuamente de los pensamientos más tristes, la bella poetisa estaba ya descarnada, casi cadavérica. Como todo buen romántico, ella posee el arte de gozar en la estética de su propia muerte, y al atónito caballero del Cisne le explica así el plan que tiene ideado para su paso al otro mundo: «He deseado imitar a aquella virgen de Israel que, viendo próximo el instante de su muerte, quiso llorarla algunos días en la soledad de una montaña. Adiós, amado Ramiro, conservad esa cruz que siempre llevaba consigo mi buena madre» (p. 275). No termina,

14 Enrique Gil y Carrasco, *El señor de Bembibre*, ed. de Enrique Rubio, Letras Hispánicas, 242, Madrid, Cátedra, 1986, p. 371.

empero, con este adiós tan desgarradora escena[15]. Matilde desea una feliz vida nueva a los futuros esposos:

—Sed felices, sin que emponzoñen vuestras delicias las desgracias de aquella que no cesará de pedir al cielo el perdón de sus errores... ¡Adiós otra vez!

—No, no —interrumpió, condolido, el caballero—: No os marchéis sin revelar a vuestro amigo la verdadera causa de tales cuitas y sin permitirle arrancaros de esa lóbrega mansión que en breve sería vuestro sepulcro.

—¡Desgraciado!... ¿Para qué deseáis saberlo?... Volved el rostro: ¿No distinguís la brillante estrella de la noche por entre el arco de aquella ventana?... Pues bien, amado Ramiro, ella habrá visto el último momento de felicidad que ha disfrutado Matilde... (*ibíd.*).

Matilde piensa, pero se guarda de decir: *Muero joven, injustamente; seré un hermoso cadáver, y cuantos me habéis maltratado —especialmente tú— lo sentiréis en el alma, a la vista de la alabastrina y escultórica perfección de mi cuerpo inánime.* Pero, tragándose las lágrimas, manteniendo su calma y dignidad exteriores, dice: «Sed felices». Quiere decirse: *Atrevéos a ser felices, porque ¿cómo podréis serlo jamás? Os sentiréis demasiado culpables para poder serlo, habiendo escuchado las postreras palabras de esta moribunda poetisa provenzal.* El caballero del Cisne tendría que haber sido mucho menos sensible de lo que es para no comprender perfectamente las no demasiado sutiles insinuaciones de Matilde. Sobre todo, cuando termina diciéndole: «la brillante estrella de la noche [...] habrá visto el último momento de felicidad que ha disfrutado Matilde...». Porque la vio esa estrella con Ramiro una vez más. Se trata, en fin, de una declaración de amor. El del Cisne no tardó en penetrar el sentido de las expresiones de la trovadora de San Servando, pues en la mismísima página se lee: «parecióle vislumbrar la misteriosa causa de las angustias de aquella angelical hermosura», y por lo menos este lector está convencido de que Ramiro debió de sufrir horribles intervalos de mala conciencia a lo largo de su idílica existencia con doña Blanca de Castromerín. López Soler se limita a este interrogante, apuntado en el último párrafo de la novela: «Indiscreto sería el empeño de averiguar si la memoria de [...] aquella joven delicadísima y sublime turbó en alguna ocasión la tranquilidad del caballero del Cisne» (p. 276).

Por un lado, los personajes Ramiro y Matilde se mueven entre las circunstancias concretas de la historia (tiranía de don Álvaro de Luna, guerras entre Castilla y Aragón, enemistad del duque de Castromerín y el conde de Pimentel, deseos de venganza de los condes de Urgel); y por otro lado, sueñan con realizar sus aspiraciones caballerescas, literarias y amorosas. Tales son los parámetros del mundo en que moran Ramiro y Matilde, y sólo nos resta preguntar: ¿Cómo se representan

[15] En *Trayectoria del romanticismo español*, apunto la siguiente observación sobre la teatralidad romántica: «El romántico, al escribir, sea el que sea el género que cultive, tiende a desdoblarse en dramaturgo, actor y espectador y a imaginarse a sí mismo como realmente viviendo las febriles emociones indicadas por las ardientes palabras que su pluma traza. Es decir, que en el romanticismo siempre se presenta, junto con la emoción, cierta teatralidad de la emoción» (p. 15). Pues bien, la poetisa Matilde también es dramaturga, actriz y espectadora de su propia existencia en los pasajes que estamos analizando ahora.

esos parámetros? Estar en la historia es estar en el mundo real, en medio de los pequeños objetos y los pequeños problemas de la existencia cotidiana, y ya en el siglo XVIII representar eso en la literatura narrativa se llamaba *novela*. En cambio, tener aspiraciones como las de Ramiro y Matilde es la poesía de la vida, y cuando se trataban tales temas en extensas relaciones en prosa, se solía llamar a éstas *romances*, ora por asociación con las largas narraciones muchas veces fantásticas, ya en prosa, ya en verso, de los autores *romancistas* de la Edad Media (menos fieles que los cronistas *escientes*, que sabían latín), ora con alusión a los argumentos melodramáticos de ciertas nuevas formas teatrales y novelísticas que después se llamarían románticas, pero que ya Moratín, por ejemplo, caracterizaba como *romancescas*[16]. En fin: nuestros protagonistas viven en dos mundos, según la vertiente de su existencia desde la que se los mire en un momento determinado; y así cuéntanse sus sergas en dos marcos diferentes.

La nueva definición de *novela* —según hice ver en la Introducción— se autoriza por el correspondiente artículo en el tomo IV (1734) del *Diccionario de Autoridades*: «Historia fingida y tejida de los casos que comúnmente suceden, o son verisímiles». He aquí en sus primeros tiempos la novela realista: obra no ya de carácter singular, maravilloso e inverosímil como las novelas del siglo XVII; pues se trata de lo que *comúnmente* observamos en el mundo, de lo que es *verisímil* y de lo que lo es porque viene de diferentes modelos: *tejida*. Otro nombre dieciochesco de las narraciones realistas era *novela familiar*, según se ve por la distinción histórica que José Luis Munárriz traza entre *romance* y *novela* en su versión-adaptación de Blair, de 1798-1799: «esta composición [...] de romance heroico y magnífico vino a parar en novela familiar»[17]. Por *romance* también se entendía muchas veces libro de caballerías, según queda claro por la siguiente combinación de voces, utilizada por Munárriz tres páginas antes: «romances de caballería andantesca». Género que tiene puntos de contacto con la poesía épica, y a tales novelas o parodias de ellas Cervantes y el padre Isla las habían llamado poemas épicos en prosa.

Con tales antecedentes no sorprende que los dos marcos narrativos, entre los que van y vienen nuestros protagonistas y que simbolizan las dos caras de sus vidas, sean la novela realista y el romance, epopeya o poesía trovadoresca. En muchas ocasiones y con abundantes documentos, he demostrado cómo el costumbrismo y el realismo novelístico moderno nacieron en la centuria decimoctava, bajo el influjo de la epistemología sensista observadora; y la novela histórica romántica, en la medida en que se basa en la historia, la realidad inmediata, va a ser una variante del género realista: una novela realista de tiempo pretérito. Es significativo que no le atraiga a Soler tanto el esqueleto de los sucesos históricos («No es nuestro intento, ni hace tampoco al plan que nos hemos propuesto, el seguir en sus varios sucesos a los ejércitos de Aragón y Castilla» [p. 201]), como el perfil íntimo de la realidad que acompaña a tan memorables acontecimientos, o sea su «interés en nuestros famosos *cuadros* de nuestros anales» (Prólogo, p. 9; la cursiva es mía).

El sentido profundo de *cuadro* en este pasaje se destaca cuando se confronta con una observación de Luigi Monteggia —colega de López Soler, en la redacción

[16] Sobre todo esto, véase mi ya citado artículo «Lo "romancesco", la novela y el teatro romántico».

[17] Hugo Blair, *Lecciones sobre la retórica y las bellas letras*, 2.ª ed. española, ya citada, t. III, p. 295.

de la revista *El Europeo*, de Barcelona—, en su artículo «Romanticisimo» (1823): «Siendo el objeto principal de los románticos interesar con *cuadros* que tengan analogía con las costumbres de sus tiempos [...], los argumentos románticos deben a preferencia tomarse de la historia moderna, o bien de la Edad Media»[18]. En donde se da preferencia al realismo, se confirma la necesidad de la observación minuciosa de la realidad, y se visualiza la confección de la novela realista, ya sobre el presente, ya sobre el pasado remoto. Subrayo de nuevo la palabra *cuadro* por su importancia para tal interpretación, y recuérdese que treinta años después, en obras como *La gaviota* y *La estrella de Vandalia*, Fernán Caballero dará la misma importancia al cuadro en su ficción realista, llegando a insistir en que es más decisivo que la novela en sí.

El realismo descriptivo moderno (que es el *sine qua non* de los principales movimientos literarios de los dos últimos siglos y medio) se inició en el setecientos con escritores como Torres, Isla, Cadalso, Rejón de Silva y Montengón, que aprendieron en los filósofos y científicos modernos sus métodos para la observación detenida y la exhaustiva descripción estilo inventario de la realidad. Por tales técnicas la novela romántica enlaza claramente con la anterior y posterior; y con el fin de recordarle al lector lo dicho en la Introducción sobre el realismo y la arqueología, vale la pena mirar un ejemplo de descripción en *Los bandos de Castilla*:

> Era [Arnaldo] de mediana estatura, pero suelto, proporcionado, y un gabán de color oscuro, orillado de ricas pieles, muy ceñido y largo solamente hasta las rodillas, realzaba la gentileza y elegancia de sus formas. Apretado botín del mismo color subía hasta la mitad de la pierna, y la graciosa gorra, coronada de plumas, que llevaba en la cabeza, de la que se desprendía en numerosos bucles la rizada cabellera, daba marcial expresión a sus ojos ardientes y perspicaces, y animaba las facciones de aquel rostro varonil. Salía del cinto de terciopelo carmesí, que sujetaba el gabán en derredor de su airoso talle, un puñal con rica empuñadura de oro; y el paje llevaba el arco y las flechas de que se servía el intrépido barón contra los jabalíes y otras fieras de aquellas hórridas montañas. (pp. 81-82).

Tales descripciones, con las que se vertebra la representación de la realidad inmediata en las principales novelas románticas, junto con una singular innovacion en la estructura argumental de estas obras, son los principales fundamentos del aspecto *novela* de la obra de Soler (el suceder cotidiano) que se coloca frente a la *epopeya* (las aspiraciones de los personajes). Mas, antes de concluir con la anunciada contraposición de géneros, resultará iluminadora una rápida ojeada a la novedad del argumento novelístico romántico, tal como lo concibe el autor de *Los bandos de Castilla* en particular.

Hasta la época romántica, la novela se caracteriza por argumentos de un solo hilo, rigurosamente cronológico, pero los románticos, aprovechando una sugerencia de Cadalso, dotan al acontecer novelístico de su forma laberíntica moderna, tejida de numerosos hilos de acción simultáneos, con los cuales se hace posible la captación del ancho panorama social, así como las técnicas del principio *in medias res*

[18] Luigi Monteggia, «Romanticismo», en Luis Guarner, *El Europeo, (Barcelona, 1823-1824)*, Colección de Índices de Publicaciones Periódicas, XVI, Madrid, C.S.I.C., 1953, p. 99.

De López Soler, *Los bandos de Castilla,* Valencia, Cabrerizo, 1830.

y el salto atrás, para las que no habría habido ni motivo ni medios en la novela antigua[19]. Soler no solamente es el primer novelista romántico en dar un pleno desarrollo a estas nuevas técnicas, sino que las comenta de modo intrigante, primero con un sustantivo muy bien escogido, y después con un episodio alegórico en el enredo de su misma novela. Varios novelistas románticos —Soler es el primero— utilizan la voz *máquina* para referirse a la estructura de sus novelas. Crear tal obra, según Soler, es «forjar la máquina de una novela» (p. 8), y la expresión es feliz cuando se consideran todas esas nuevas piezas argumentales que hacía falta engranar unas con otras. Con tal término se alude también al intento de abarcar el ancho panorama del mundo real con esos múltiples hilos de acción. Pues los antiguos llamaban *máquina* al mundo: verbigracia, para Boecio, «hic [Deus] est veluti quidam clavus atque gubernaculum quo mundana machina stabilis atque incorrupta servatur» (Dios es como si fuera cierto timón o gobernalle con que la máquina del mundo se mantiene estable e incorrupta)[20]. En la literatura del Siglo de Oro no es infrecuente el sintagma *máquina terrestre*, y hoy acostumbramos comparar el papel del novelista en su microcosmo novelístico con el de Dios en nuestro mundo: el autor de una novela es el timón o gobernalle de esa pequeña máquina.

El episodio alegórico aludido antes tiene que ver con el entretejimiento de los hilos argumentales y descripciones en la novela moderna. Beatriz, la criada de doña Blanca de Castromerín, cuenta a su señora cómo Leopoldo, el cuarto duque de Castromerín, cortejó a una tal doña Jimena y heredó el castillo de ésta.

> —Como iba diciendo, era muy desgraciada [doña Jimena]: paseábase la pobre por los salones y las galerías del castillo, llorando siempre de manera que enternecía a cuantos la miraban.
>
> —Pero, muchacha, dime en sustancia lo que ocurrió, sin más rodeos ni descripciones. (pp. 51-52).

Pero precisamente lo más novelístico y más moderno es no limitarse a la sustancia o esqueleto de los sucesos, sino engalanar éste con un rico acompañamiento de *rodeos* y *descripciones* que representen de modo convincente el contexto social de lo sucedido. El concepto que doña Blanca tiene de la novela es propiamente medieval; y en cambio, la práctica de la criada es de lo más decimonónico.

Posiblemente recordara Soler cómo, en el capítulo XX, de la parte I, del *Quijote*, Sancho le cuenta a su amo la historia de un pastor de cabras, que por incidencia lleva sus trescientas cabras a un pasto nuevo cuando de buenas a primeras se encuentra en su camino con el río Guadiana. Un pescador llevará las cabras a la otra ribera en su barco, pero cabe sólo una cabra, y Sancho, como leal cronista, se cree obligado a contar la travesía de cada una de las trescientas cabras antes de continuar con la sustancia de su cuento.

> —Haz cuenta que [las cabras] las pasó todas —dijo don Quijote—: no andes yendo y viniendo desa manera, que no acabarás de pasarlas en un año.

[19] Véase el apartado 3, «La novela romántica en su "laberinto"», del capítulo primero arriba.

[20] Boethi, *De Consolatione Philosophiæ Libri Quinque*, ed. de A. Fortescue, Londres, Burns, Oates & Washbourne Ltd., 1925, p. 97.

—¿Cuántas han pasado hasta agora? —dijo Sancho.

—Yo ¿qué diablo sé? —respondió don Quijote[21].

He aquí que también en la novela de Cervantes el personaje humilde e inculto es el que tiene el gusto más moderno y solamente se siente transportado al orbe ficticio de su *novela* si atiende debidamente a todas esas idas y venidas, o sea múltiples hilos argumentales. (Teoría acertada, aunque tardaría todavía dos siglos en llevarse a la práctica).

Lo humilde, lo científico y lo novelístico es preocuparse por las menudencias de la vida cotidiana, y la parte de *Los bandos de Castilla* que es novela representa esa dimensión de las existencias de los personajes; pero las aspiraciones romancescas del caballero del Cisne planean entre las nubes, y para dar expresión artística a esta esfera más alta López Soler erige, al lado de la estructura novelística de su obra, otra épica, como queda anticipado. Y este formato épico lo encontramos ya en las primeras líneas del capítulo I. Le habría gustado al autor manejar el verso, pero no por eso ha dejado de darnos un poema heroico.

> ¿Por qué se niega a mis esfuerzos la armónica medida de la poesía? He de expresar mis ideas en sencillo y desaliñado idioma, y ni la llama del amor, ni el fuego de la juventud, son bastantes a inspirarme el lenguaje del Olimpo. ¡Yo te invoco, oh musa de la sencillez y de la verdad! Abandona por un momento la deliciosa montaña donde moras, y haz que fluyan de mis labios aquellas voces que enternecen el espíritu y elevan la imaginación, blandas como los céfiros del abril, penetrantes y ruborosas como los ojos de las Gracias. Venid, ¡oh jóvenes que ocultáis bajo del casco vuestros rizados cabellos!, llegaos a escuchar las proezas de los antiguos paladines. (p. 13).

El lector, *oyendo* esos verbos de segunda persona de plural, imagina ser uno de esos jóvenes apostrofados para que emulen las hazañas de Ramiro y otros gloriosos paladines, y así desde las primeras líneas se identifica con la vertiente poética de la historia, que después verá asimismo bajo su otro aspecto más prosaico, o novelístico. Semejante estructura épica, aunque secundaria, se mantiene a lo largo de la novela por la presencia de algún trovador (muchos de ellos provenzales) en todos los banquetes, solemnes ceremonias y grandes batallas, como si fuera un periodista enviado a observar y entrevistar a los participantes para luego informar al gran público (por los estudios de Menéndez Pidal, es bien sabido que los romances desempeñaban tal función periodística en el Medievo).

Reproduzco a continuación algunas de las referencias sobre las que se sostiene la estructura épica de la obra. Al repasarlas debería el lector tener en cuenta al mismo tiempo que el personaje Matilde es otra fuerza unitiva para la cara épica de la obra, pues ella es muy «inteligente [...] en la gaya ciencia» (p. 86) y gran entendedora del «genio poético» y «la inspiración del trovador» (p. 90). Ella misma explica que los trovadores «añaden, por lo regular, a sus cantos, estrofas análogas a las circunstancias presentes» (*ibíd.*). «Y si no temiera vuestra inocente ira —le dice a ella su hermano, en presencia del caballero del Cisne—, no tendría reparo en decir

21 Miguel de Cervantes, *Don Quijote de la Mancha*, ed. de Luis Andrés Murillo, Clásicos Castalia, 77-79, Madrid, Editorial Castalia, 1978, t. I, p. 244.

a don Ramiro que sois como la musa de los trovadores, y que someten sus versos a vuestro examen antes de publicarlos» (p. 89). Pero ya es hora de copiar los ejemplos anunciados:

> ...hablóse durante mucho tiempo del torneo de Segovia [en el que Ramiro se llevó todos los honores], y fueron sus grandes hechos de armas el objeto universal de la admiración de los pueblos, del respeto de los guerreros, y de la musa de los trovadores. (p. 27).
>
> Si llegaban trovadores al castillo de Castromerín, [Blanca] oíales cantar extasiada las claras proezas del hijo de Pimentel. (p. 67).
>
> Zafios y feroces, pero robustos y esforzados, [los hombres del conde de Urgel] seguían a su señor al campo de batalla, y celebraban, en versos provenzales, rebosando de energía, sus inmortales proezas. (p. 83).
>
> De pronto, creyó [Ramiro] distinguir su nombre en los labios del joven cantor, y confirmóle en esta idea el ver que los ojos de todo el concurso se volvieron hacia él. (p. 83).
>
> ...los trovadores son los únicos que en los solitarios monasterios dan idea de los acaecimientos del siglo, cantando en ellos las continuas revueltas de los pueblos. (p. 124).
>
> ...el asunto de aquellos versos era el reciente robo de la hermosa Matilde, la celebrada hija del conde de Armengol. (p. 141).
>
> No habrá torneo donde no publique un heraldo tu vil procedimiento para dirigir contra ti las mejores lanzas del cristianismo —le increpa Matilde a don Pelayo de Luna—, ni alcázar donde no cante algún generoso trovador la historia de mis infortunios, para mover a piedad a los varones que se precian de pundonorosos e hidalgos. (p. 156).
>
> ¡Quién diría —se ríe Matilde de Ramiro— que tal pudiese el deseo de figurar en una de esas incultas poesías que los trovadores cantan en magníficos festines, mientras entusiasman a los convidados las protestas y los brindis! (p. 235).

Pese a las ironías de Matilde sobre lo tosco del estilo de la poesía trovadoresca, uno de los trovadores citados en la obra —y el supuesto autor de la trova sobre el robo de esa noble dama— es nada menos que el archiculto Juan de Mena (p. 141), cuyo carácter de poeta culto Soler, por otro lado, conoce muy bien, pues también cita su nombre en un mismo contexto con Dante y Petrarca (p. 154). En fin: merced a una constante dialéctica entre el realismo y el estilo trovadoresco, el medio de los personajes se representa como una región intermediaria entre la realidad y la esfera épica, donde sus cuitas se alivian por sus aspiraciones. Y este singular escenario bifronte de *Los bandos de Castilla* es tan innovador y original como el concepto de sus protagonistas, los primeros de auténtica psicología romántica en la novela española.

IV

DESTINO Y LOCURA EN *EL MORO EXPÓSITO*, DEL DUQUE DE RIVAS

AN LÓGICO ES QUE SE ESCRIBA UNA NOVELA en verso como el que se componga un poema lírico en prosa. Por diferentes que sean en el fondo, tienen así en común su separación de la norma las *Noches lúgubres* (1771), poema de José de Cadalso, y *El moro expósito* (1834), novela de Ángel de Saavedra, duque de Rivas; y ambas obras son destacados casos del conocido fenómeno romántico del abandono de los cotos tradicionales de los géneros literarios. Pues, aunque se produce algún antecedente de la novela en verso[1] con anterioridad al apogeo del romanticismo en los siglos XVIII y XIX, es en este último siglo en el que se hace algo más frecuente tal variante del género, primero en lengua inglesa con el gran novelista Walter Scott.

1. NOVELAS EN VERSO Y POEMAS ÉPICOS

Pienso en novelas como *Marmión*, *La dama del lago* y *El lord de las islas*, que fuera de que no van escritas en prosa, son iguales a cualesquiera otras novelas históricas románticas, en las que por otra parte no es infrecuente hallar convenciones poéticas como la invocación de la musa. Cuando se publicaban traducciones de tales novelas de Scott en las editoriales de España, su texto se vertía en prosa, y eran así aun más indistinguibles de las demás novelas de su autor. Tengo en mi mesa un ejemplar de *El lord de las islas*, Madrid, Oficina de Moreno, agosto 1830, en 189 páginas de prosa. Pasó lo mismo con varias narraciones históricas en verso de Byron, siendo la más frecuentemente publicada en prosa española *El corsario* (París, Décourchant, 1828; Valencia, Cabrerizo, 1832, 1833 y otra tercera impresión sin fecha).

Ahora bien: es en este contexto en el que hace falta enfocar *El moro expósito*, del duque de Rivas, pero debido al reducido número de novelas en metro de autores españoles del siglo XIX, se ha acusado cierta vacilación en afirmar de modo

[1] El más remoto ejemplo español que conozco son los diecisiete relatos o *novelas* —en el sentido que este término tenía en el Siglo de Oro— del licenciado Cristóbal de Tamariz, humanista contemporáneo de fray Luis de León y el Brocense. Puede consultarse: Cristóbal de Tamariz, *Novelas en verso*, ed. de Donald McGrady, Biblioteca Siglo de Oro, Charlottesville, Virginia, Estados Unidos, 1974.

directo que esta obra maestra en verso sea novela. El único otro ejemplo español que viene a la memoria es muy posterior y muy inferior: Antonio Arnao, *El caudillo de los ciento, novela en verso*, Madrid, Imprenta del Banco Industrial, 1866, obra de 302 páginas. Y vacilación, titubeo, fue y es, en efecto, lo habitual en los críticos a la hora de hablar del género de *El moro expósito*. Al abordar esta cuestión, aun el más distinguido estudioso y editor de la obra en nuestra centuria, Ángel Crespo, no pasa más allá de la interrogación coquetona: «¿Y qué duda cabe de que no se trata sino de una novela en verso?»[2]. Veremos más abajo que entre las vacilaciones críticas de los contemporáneos de Rivas se halla, sin embargo, algún atisbo un poco más sugerente. Mas, por de pronto, preguntemos cuáles son los rasgos generales de *El moro expósito*, pues inevitablemente éstos llevarán a cualquier lector general, que conozca las novelas de Larra, Espronceda, Escosura y Navarro Villoslada, a ver en la obra de Rivas otra del mismísimo género.

Pueden señalarse al menos once rasgos que *El moro expósito* comparte con novelas en prosa como *El doncel de don Enrique el Doliente*, *Sancho Saldaña o el castellano de Cuéllar*, *Ni rey ni roque* y *Doña Blanca de Navarra*. 1) Se trata un tema histórico, documentado con textos de historiadores y poetas antiguos. 2) El amor se hace imposible debido a desavenencias políticas, ya entre moros y cristianos, ya entre diferentes bandas cristianas. 3) Los protagonistas se ven ora abandonados, ora mal comprendidos, ora mal tratados por sus prójimos, y se arrojan en los brazos de la desesperación. 4) Intervienen traidores satánicos. 5) Parecen influir fuerzas sobrenaturales sobre los personajes, y se consulta a los magos. 6) El argumento es plurilineal, formándose una compleja, por no decir desordenada, red de narraciones simultáneas y retrospectivas, que imita la complejidad y desorden de la vida humana. 7) El diálogo sirve para motivar y adelantar la acción. 8) La imitación del mundo material y humano (escenas naturales, edificios, habitaciones, muebles, trajes, caracteres) se basa en la observación, y es realista. 9) La naturaleza, con sus notas ya líricas, ya amenazantes, refleja los estados de ánimo de los personajes y sirve para iluminar su psicología. 10) El autor, así como sus opiniones y las ideas y las costumbres del siglo XIX, ocupan curiosos espacios parentéticos en el ámbito medieval de la ficción. 11) A la cabeza de cada uno de los doce largos romances endecasílabos de *El moro expósito* —los cuales en realidad son sus capítulos—, igual que a la cabeza de cada capítulo de *El doncel*, *Sancho Saldaña* y *Ni rey ni roque*, aparece un epígrafe tomado de algún poeta español.

Al inicio de su célebre Prólogo (1834) a *El moro expósito* —mal considerado como manifiesto romántico—, Antonio Alcalá Galiano escribe: «Al presentar al público este ensayo, que lo es también de un género nuevo en la poesía castellana, juzga el autor conveniente, y aun indispensable, dar una explicación de las doctrinas literarias que para su composición ha seguido» (en *El moro expósito*,

[2] En Introducción, Duque de Rivas, *El moro expósito o Córdoba y Burgos en el siglo décimo*, ed. de Ángel Crespo, Clásicos Castellanos, 224-225, Madrid, Espasa-Calpe, 1982, t. I, p. XLVII. Las citas restantes de esta edición se indicarán dando los números del tomo y la página entre paréntesis en el texto. En su monografía anterior sobre *El moro expósito*, Crespo ni pregunta por la posibilidad de aplicarle a esta ficción en verso la designación *novela*; allí habla tan sólo de la «narración poética» (*Aspectos estructurales de «El moro expósito» del duque de Rivas*, Uppsala, Acta Universitatis Upsaliensis. Studia Romanica Upsaliensia, 1973, pp. 32-33).

t. I, pp. 8-9). Nada más prometedor cabía decir en el Prólogo de tal obra, pero como Alcalá Galiano apenas cumple su cometido, el lector se siente defraudado, tanto más cuanto que encuentra al final una nueva referencia al «examen de las máximas literarias, en este Prólogo asentadas y puestas en práctica en la siguiente composición» (t. I, p. 32). Pero Galiano no sólo no considera posibles nombres para el que llama «género nuevo», sino que tampoco identifica muy claramente las máximas o técnicas que han intervenido en el proceso creativo de Rivas. Se entretiene en las trasnochadas teorías de Schlegel, Böhl de Faber y Durán sobre el supuesto romanticismo del Siglo de Oro, y cuando parece dar algún precepto nuevo, se está apropiando alguna de las reglas neoclásicas de Luzán, copiando alguna idea de Cadalso, o bien haciendo alguna observación histórica incorrecta sobre la versificación de *El moro expósito*[3].

Alberto Lista no ha dedicado ninguno de sus ensayos a Rivas, pero crítico tan agudo y bien informado tuvo que recordar *El moro expósito* al escribir las líneas finales de su artículo sobre las *Leyendas españolas* (1840), de José Joaquín de Mora. Habla de la escrupulosa atención del «célebre novelista Walter Scott» a los cambiantes valores culturales a lo largo de los siglos, y concluye: «Esta conducta es, en nuestro entender, muy laudable, y merece ser imitada por los que escriben novelas históricas, ya en prosa, ya en verso»[4]. La alusión a Scott trae a la memoria los ejemplos registrados al comienzo de este trabajo. Nótese a la vez el carácter general de la fraseología: *los que escriben*, y recuérdese que la obra de Rivas era en ese momento el único ejemplo español conocido de una de las dos formas de novela a las que aludía Lista. *Novela en verso*, en 1844, en boca de Lista, en el pasaje citado, quizá por primera vez en lengua española, tenemos el término todavía usual para semejantes obras.

Sin rechazar el término de Lista, el otro crítico decimonónico que voy a citar, Manuel Cañete, lo varía de un modo muy sugerente para ese tan necesario «examen de las máximas literarias» de *El moro expósito* que Galiano no llegó a completar. «Término medio entre la epopeya y la novela —dice Cañete—, *El moro expósito* tiene poca semejanza con nuestros poemas clásicos a la manera de Ercilla o de Balbuena, de Lope o de Valdivielso»[5]. En tal situación, Unamuno se habría inventado una voz como *eponovela* o *novelopeya*. Sólo un año después de la aparición de la edición príncipe de *El moro expósito*, el crítico romántico francés Gustave Planche acuñó el útil término *realismo épico*, con el que se toma en cuenta la misma conjunción de géneros[6]. Once años después de haber publicado su Prólogo a

3 Véase «Contra los mitos antineoclásicos españoles», en Sebold, *El rapto de la mente*, pp. 29-56; 2.ª ed., pp. 77-97, donde señalo la deuda de Galiano con Luzán y sus erróneas impresiones sobre los antecedentes de la versificación del duque. La deuda con Cadalso quedará clara por lo dicho más abajo. Para ejemplos de anomalías semejantes en otros críticos «románticos», consúltese el mismo artículo, que se publicó originalmente en 1964, en *Papeles de Son Armadans*.

4 Lista, *Ensayos literarios y críticos*, t. II, p. 79.

5 En Manuel Cañete, *Escritores españoles e hispanoamericanos. El duque de Rivas. El Dr. D. José Joaquín de Olmedo*, Colección de Escritores Castellanos, Madrid, Imprenta y Fundición de M. Tello. Impresor de Cámara de S. M., 1884, p. 45.

6 «Moralité de la poésie» (1835), en Gustave Planche, *Portraits littéraires*, t. II, pp. 416-417. Parece significativo que el término *realismo épico* se halle en un párrafo donde Planche habla de la representación convincente de los pequeños pormenores de la vida y costumbres medievales, esto es, de lo que hoy tenemos por propiamente novelístico.

El moro expósito, Galiano también parecía ver más claramente la relación histórica y artística entre los géneros que nos interesan; pues en 1845 habla del «poema épico de nuestro tiempo, sin que pretenda compararle con las grandes producciones de la epopeya de la antigüedad [...]. Ya se entiende que hablo de la novela»[7].

Mas volvamos al juicio de Cañete. Dice que *El moro expósito* es mitad epopeya; pero, por mucho que sea un poema narrativo de tema épico, de autor culto conocido, le niega cualquier notable semejanza con la epopeya culta de los siglos áureos. ¿De dónde le viene entonces su carácter épico? Solamente hay que mirar su metro: romance heroico o endecasílabo, una adaptación culta de la versificación de los romances viejos del pueblo. Trátase de un intento de evocar la tradición épica popular en un contexto que, no obstante, tendrá inevitablemente más elementos de culto. El amigo y prologuista de Rivas, Alcalá Galiano, se equivoca totalmente al juzgar la versificación de este poema novelesco afirmando que el autor «ha adoptado una versificación rara o ninguna vez usada en obras largas» (t. I, p. 28). Porque ya en el teatro trágico del setecientos —centuria muy española—, se había establecido el lazo entre los temas históricos populares y el romance heroico, que es el metro más usado en tragedias neoclásicas de tema nacional, verbigracia, en *Raquel*, de Vicente García de la Huerta, *Numancia destruida*, de Ignacio López de Ayala y *Doña María Pacheco*, de Ignacio García Malo; «obras largas», en cuya versificación el endecasílabo representa la parte de culto que tienen, y la asonancia en los versos pares su parte de popular.

Son de todo punto ingeniosas las innovaciones técnicas y genéricas en la obra que estudiamos, pues el término *romance* tiene también otro referente igualmente significativo para el arte de Rivas. Por una parte, *romance* se refiere a la tradición épica popular de los romances viejos, según ya se ha dicho; pero, por otra, apunta asimismo a otra tradición popular más novelística. En la Introducción, queda dicho que en la Edad Media, hasta el siglo XV inclusive, *romance* poseía a la par el otro sentido de narración extensa, en verso o prosa, medio histórica, medio fantástica, pues era el producto de autores *romancistas*, menos fidedignos que los cronistas *escientes*, que sabían latín[8]. En fin: tales relaciones ya eran a su modo novelas históricas. Se restituyó esta acepción de *romance* en el siglo XVIII; y a la vez que el sustantivo y su correspondiente adjetivo, *romancesco*, funcionaban como la primera terminología española para hablar de lo romántico, *romance* servía asimismo como sinónimo de *novela*, y ambas voces representaban la misma amplia gama de acepciones, aunque el uso más frecuente era llamar *romance* a libros de caballerías y otras narraciones fabulosas y *novela* a lo que hoy consideraríamos como una novela realista. Así el primer editor del *Poema del Cid*, Tomás Antonio Sánchez, pudo llamar *romance* —en singular— al conjunto de los tres cantares: «Por lo que toca al artificio de este *romance* —escribe—, no hay que buscar en él muchas imágenes poéticas, mitología, ni pensamientos brillantes»[9]. Así Montengón pudo subtitular *Romance épico* a su novela medio histórica, medio fantástica, en

[7] Alcalá Galiano, *Historia de la literatura española, francesa, inglesa e italiana en el siglo XVIII*, p. 168.

[8] Me refiero al artículo de Garci-Gómez, citado en el apartado 1 del capítulo primero, donde se reproducen numerosos ejemplos relacionados con la historia de los términos *romance* y *novela*.

[9] Tomás Antonio Sánchez, *Colección de poesías castellanas anteriores al siglo XV*, t. I, p. 229. La cursiva es mía. Citado también en la Introducción, donde se comenta mucho más extensamente.

prosa, *El Rodrigo* (1793). Y así el crítico José Luis Munárriz, que tradujo y adaptó las *Lecciones sobre la retórica y las bellas letras* del inglés Blair, pudo hablar de los «romances de caballería andantesca» y explicar cómo la narrativa «de romance heroico y magnífico vino a parar en novela familiar»[10].

Por consiguiente, puede concluirse que el peculiar casamiento de epopeya y novela que se da en *El moro expósito* estaba previsto en los antecedentes métricos, terminológicos y genéricos de la obra. Hablaremos primero de los elementos épicos en el poema de Rivas, especialmente los de tradición popular, y después de los aspectos novelísticos. Mas no hay que olvidar ni un momento que si bien estas dos orientaciones genéricas de *El moro expósito* pueden separarse para el análisis crítico, en cada página de la obra, en cambio, aparecen estrecha y armoniosamente aunadas. La posibilidad de tal cruce de géneros parece reflejarse todavía por la tercera acepción de *romance* que se explica en la edición más reciente (2001) del *Diccionario de la lengua española*, de la Real Academia Española: «Novela o libro de caballerías, en prosa o en verso». He escrito *todavía*, porque en el setecientos, aunque esta acepción no figura en ninguno de los diccionarios académicos (*Autoridades*, 1780, 1803), sus elementos sí están registrados en el siglo XVIII por Sejournant: «*Romance* signifie aussi [...] un roman, une historiette», y por Terreros, en su tomo III: «*Romances* llaman también a las fábulas, o historias y libros de caballería»[11].

La íntima unión de lo épico y lo novelístico en *El moro expósito* quedará evidente por el manejo de la primera característica o técnica romancística de la que vamos a hablar en este poema inspirado en los romances viejos sobre los siete infantes de Lara[12]. En varios lugares he comentado la gran innovación estructural de la novela romántica, que es su argumento multilineal: en tales narraciones se reúnen diversos hilos de acción simultáneos, figurándose así el amplio horizonte social. El narrador avanza dejando y recogiendo los diferentes hilos, no siempre al parecer con mucha lógica, y su *desordenado* proceder sirve para imitar el caos de los asuntos humanos[13]. Pues bien, en *El moro expósito*, el habitual desorden argumental de la novela romántica se apoya en un fenómeno inherente a toda la épica tradicional del Medievo, en especial al romancero: quiero decir, la autoría colectiva, o sea el hecho de que al transmitir un romance oralmente, cada recitador se sentía libre para introducir los cambios que él juzgara deseables en la común propiedad literaria del pueblo.

En *Los bandos de Castilla o el caballero del Cisne*, de Ramón López Soler, hay dos estilos narrativos para expresar dos actitudes ante la realidad, uno novelístico y otro épico; y aparte de eso, sin relación de interdependencia entre estilo

10 Blair, *Lecciones*, ed. cit., t. III, pp. 292, 295.

11 M. de Sejournant, *Nouveau dictionnaire espagnol-françois et latin, composé sur les Dictionnaires des Académies Royales de Madrid & de Paris*, París, Chez Charles-Antoine Jombert, 1759, t. I, p. 868b; Esteban de Terreros y Pando, *Diccionario castellano, con las voces de ciencias y artes y sus correspondientes en las tres lenguas francesa, latina e italiana*, Madrid, Viuda de Ibarra, Hijos y Compañía, 1786-1788, t. III, p. 389.

12 Pueden consultarse los romances viejos de los siete infantes de Lara en *Flor nueva de romances viejos que recogió de la tradición antigua y moderna R*[*amón*]. *Menéndez Pidal*, Buenos Aires, Espasa-Calpe Argentina, 1938, pp. 129-150; o en ediciones posteriores de la misma antología.

13 Véase el apartado 3, «La novela romántica en su "laberinto"», del capítulo primero arriba.

narrativo y episodios concretos, existe en la novela del escritor catalán un complejo de diferentes y cambiantes hilos argumentales que tienen las funciones miméticas ya explicadas[14]. Mas, en *El moro expósito*, la alternación entre las diversas líneas de la acción no representa simplemente el paso arbitrario de una línea a otra, siempre a cargo del mismo narrador —esto es lo usual en las novelas románticas—, sino que obedece muchas veces a un cambio de narrador. Por lo cual se logra una interacción entre los personajes al nivel del argumento y también al nivel de la narración. Son los mismos personajes quienes entretejen los hilos argumentales. Narran sucesos importantes Zaide, Nuño, Gonzalo Gustios, Egidio, Velázquez, Mudarra, Kerima y alguno más, modificando el material cuando les conviene.

Por lo visto, Rivas conocía la práctica de la autoría colectiva en la poesía medieval, y así me siento autorizado para ver la multiplicidad de narradores como intento de captar incluso por la estructura de la obra la idea de la autoría común medieval. Quiere decirse que el poeta/novelista imita en la forma de su libro el proceso de transmisión del género poético en el que se ha inspirado. La familiaridad de Rivas con la costumbre de la autoría colectiva se desprende de lo que se lee a la conclusión de las relaciones de Gonzalo Gustios, señor de Lara, y Nuño Salido, en el romance VI. Se trata de su público de oyentes:

> y todos se marcharon, de ambos viejos
> a repetir la historia a sus familiares,
> añadiendo sin duda circunstancias
> que mayor interés excitarían.
>
> Pues muchos del concurso echaron menos
> que en una y otra historia peregrinas,
> ni encantadores, brujas, ni gigantes
> ni dragones de fuego intervenían (t. II, pp. 67-68)

En fin: Ángel de Saavedra no sólo concibe la historia de los personajes poéticos medievales como algo que suele ser modificado por la colectividad, sino que también la ve como algo que los juglares cantan ante grandes públicos de gente humilde.

La reacción de estos oyentes rústicos ante lo contado representa a la vez, ¿qué duda cabe?, la reacción que el duque de Rivas quería estimular en sus lectores. Pienso en esa forma de sufrimiento o identificación con las desgarradoras emociones de personajes admirables en situaciones imposibles que nos brinda toda buena novela. Pues, en el fondo, todos, igual que el sencillo campesino, oyente de un juglar del siglo décimo, queremos saber, anhelosos, expectantes: *¿Y qué sucedió luego?* (Recordemos que en sus *Ideas sobre la novela*, de 1925, todo un Ortega y Gasset tachó las novelas de Marcel Proust de defectuosas por no contener suficiente acción.) Gustios Lara poseía una elocuencia sobrecogedora, completamente a la altura de los penosos sucesos que relataba, y el pueblo no le iba a la zaga en su cándida recepción de lo narrado: «Al fin, la multitud llorosa calla; / Lara, deshecho en lágrimas, suspira, / y torna a suspirar, y de este modo / la narración anuda interrumpida» (t. II, p. 37). Poco después se vuelve a subrayar la expectación del público: «Nadie alentó» (t. II, p. 47). Porque el pueblo *vive* lo que escucha: «El confuso rumor del auditorio / mostró el gran interés y simpatía» (t. II, p. 51).

[14] Véase, *supra*, el capítulo III, sobre *Los bandos de Castilla*, de López Soler.

He aquí la profunda identificación a la que aludíamos hace un momento. Mas en esos por otra parte ingenuos públicos podía introducirse algún oyente descontentadizo, y en una ocasión la censura expresada por tales críticos se refiere a las constantes variaciones (*patrañas, invenciones*) que se incorporaban a los cantares como efecto de la autoría colectiva: «...Estas difusas / menudencias se acogen con aplauso / por algunos; mas otros las recusan / como meras patrañas de partido, / como invenciones de verdad desnudas» (t. II, p. 293).

Vimos antes cómo Rivas conecta un proceso literario tan antiguo como la autoría colectiva medieval con un elemento novelístico tan nuevo y moderno para su tiempo como el argumento novelístico plurilineal, que simboliza la complejidad y el desorden de la sociedad humana. Acabamos de ver cómo nace de esos mismos elementos una forma de expectación tan característica de la novela moderna como del *Poema del Cid* o de los *Romances de los siete infantes de Lara*. Así es significativo que el mismo autor se refiera al nexo existente entre la expectación y la alternación entre los diversos hilos de la acción de la novela moderna, la cual, ora satisface, ora frustra al lector, lo mismo que le pasa con los sucesos de su propia vida. En fin, el hábil autor de novela o *romance*, bien en prosa, bien en verso, «...del vulgo llama, / a quien toda atención cansa y repugna, / la expectación hacia distinto objeto, / y de discordia el nubarrón conjura» (t. II, p. 293).

En el importante papel del destino en *El moro expósito*, se da otro rastro de la ascendencia épica del poema novelístico del duque de Rivas. En la epopeya y la tragedia clásicas y neoclásicas, que son géneros de tema histórico, el primer móvil *parece* ser el destino, la suerte, la fortuna, el hado, las estrellas. En tales obras, se apostrofa al destino, y es objeto de quejas bajo todos estos nombres. En el fondo, el famoso destino no es, empero, ni una desconocida fuerza sobrenatural o cósmica, ni la voluntad colectiva de los dioses, ni las pintorescas Parcas de la antigüedad, sino el inmenso peso de la historia consabida, que aplasta a las célebres figuras de antaño y las lleva despeñadas a su destrucción. Nosotros, lectores de la historia, sabemos lo que inexorablemente tiene que pasarles; ellos parecen saberlo también por cierto don profético o variante especial del fenómeno del *dejà vu*. Por breve espacio el autor puede tentarles a ellos y a nosotros con la bella ilusión de que podrán escaparse a su encuentro con el desastre, mas no puede ser más que una ilusión fugaz, por convincente que parezca, si se trata de una obra hecha con arte, por no decir nada de la fidelidad histórica.

Por regla general, el novelista histórico, a diferencia del poeta épico o trágico, mira el destino, o sea el peso de la historia, como un obstáculo con el que es menester lidiar de modo muy diestro. En el Prólogo a *Los bandos de Castilla o el caballero del Cisne*, Ramón López Soler dice que hace falta trazar el plan de la novela histórica «no desfigurando el carácter de los más esclarecidos varones»[15]. En el contexto histórico, el novelista puede moverse con libertad, porque da el papel principal de su obra a un personaje histórico menor (que casi ningún lector de la historia recordará), o bien a una figura fingida para que pueda desenvolverse de modo autónomo, libre de las trabas de la historia universalmente conocida, aun cuando aparentemente resida en el mundo histórico. De tal manera, en el más celebrado marco histórico, el novelista puede dejarse llevar por su imaginación, porque

[15] López Soler, *Los bandos de Castilla*, ed. cit., p. II.

su protagonista no es, por decirlo así, sino un «vecino» de la gente famosa. Goza el escritor del exotismo de la época escogida, mas evita las limitaciones de cualquier suceso concreto que no entre en su plan. Lo ingenioso de Ángel de Saavedra es que en una sola obra cultiva las dos técnicas para la elaboración de los personajes: la épica y la novelística, encarnándose la historia en Mudarra y la ficción realista en Kerima, según iremos viendo.

2. El destino de Mudarra

Rivas no deja lugar a la duda sobre la filiación literaria de su héroe. Mudarra está concebido, no como personaje novelístico a lo López Soler, sino como personaje épico. En el segundo cuarteto del romance V, se aclara que «Mudarra va tras su destino» (t. I, p. 226). Representa, por tanto, todo lo contrario de Alonso Quijano el Bueno y su progenie de personajes autónomos, cuyo lema de grupo muy bien podrían ser estas palabras de su fundador y patriarca: «Cada uno es artífice de su ventura» (*Quijote,* Parte II, cap. LXVI). Kerima es en este sentido una aventajada discípula de don Quijote. Mas hablábamos del destino de Mudarra. A la importancia de esa fuerza trascendente se deben sus frecuentes menciones a lo largo de *El moro expósito*. Pero ya en el romance II, hay una escena muy significativa para el concepto del destino en el personaje Mudarra. Está en la tumba de su madre, Zahira, con Kerima: «y con lágrimas dulces se juraron, / a pesar del destino, amor eterno; / y el sepulcro fue altar de los amores, / pronunciando sobre él su juramento» (t. I, p. 113). Queda claro por estos versos que el destino se opone a la deseada eternidad de esos amores, y el hecho de que una tumba haya sido su altar es el más transparente presagio que cabe del malhadado final de esa pasión. El autor ya está preparándonos para la sorpresiva pero lógica decisión de Kerima de meterse monja al final de la obra. Al juramento de amor eterno por la pareja, se opondrían también otros obstáculos, pero ninguno con más fuerza que el gran peso de la historia. Pues el destino–historia había decretado que Mudarra se casara con otra mujer y tuviera en ella un hijo llamado Ordoño, y el artífice de nuestra eponovela no podía con todo el fuego de su imaginación violar tal decreto.

He copiado a continuación otras varias referencias al destino: «¡Ay, cuánto más terrible [Mudarra] lo juzgara / si penetrase el triste los decretos / del destino inmutable!... Por fortuna / no alcanza tanto del amor el vuelo» (t. I, p. 120), versos en los que se oye una voz que parece quiere dirigirse al personaje, pero luego se limita a comentar la conducta de éste, partiendo por lo visto de unos conocimientos superiores sobre su vida; «Mas ¿quién detiene el curso a las estrellas? / ¿Qué mísero mortal mudar consigue / lo que está escrito en imborrables letras?» (t. I, I p. 98), donde habla Zaide; «amor que concertaron las estrellas» (t. I, p. 217), donde de nuevo habla Zaide, y de hecho fue decretado el aludido amor por la historia–destino, pues de él nació el Mudarra histórico; «...Mas ¿qué puede / un ser tan infeliz contra el destino?» (t. I, p. 244), que es un comentario del autor interpolado en la narración. Hemos identificado al hablante en todas estas selecciones, menos en la primera, en la que sólo decíamos que parecía una voz apoyada en conocimientos superiores. Ahora bien: ¿a qué obedece esa superioridad? Ruego al lector relea ese trozo, por cuyo estilo se verá que la superioridad no es solamente de los conocimientos, sino

«Hé aquí las prendas que me rogó os entregase.»

De Juan de Dios de Mora, *Pelayo,* Madrid, Prats, Editor, 1857.

también de la postura desde la que se emite la voz; pues el hablante se coloca por encima de Mudarra, de los decretos individuales del destino y de todo el vuelo del amor.

Sólo tiene derecho a situarse así el mismo destino o historia, que es en efecto quien habla, en un estilo semejante al que usa el coro de una tragedia griega: «¡Ay, cuánto más terrible lo juzgara / si penetrase el triste los decretos / del destino inmutable!... Por fortuna / no alcanza tanto del amor el vuelo». En estos versos, que he vuelto a copiar, el destino parece dirigirse a los lectores, o bien a unos espectadores. Mas en los que voy a reproducir ahora el destino se vuelve hacia los personajes al hablar. Por lo demás, la postura del hablante sobrenatural sigue igual:

—¡Oh Mudarra! ¡Oh Kerima!... ¡Desdichados!
¿Qué extraño instinto habita en vuestros pechos,
que os descubre fantasmas espantosos
al esplendor del amoroso incendio?

Parece que la voz del otro mundo
os está, inexorable, repitiendo
que un mar de sangre entre vosotros brama,
que se alza un muro de insepultos huesos. (t. I, p. 112).

En otro caso, el destino parece dirigirse de nuevo al lector, refiriéndose a la reunión de Kerima con su amante, en el sepulcro de Zahira: «...¡Oh Dios!, la sombra / de su adorado amante (él se lo ha dicho) / allí el reposo buscará...» (t. I, p. 260). En los cuartetos siguientes, Kerima escucha unos rústicos cantares, distinguiendo en ellos «una voz, aunque recia, muy sonora». «Cesó la voz, y en armonioso coro / la turba repitió de campesinos» lo que Kerima tomó por «celestial aviso» (t. I, pp. 261-263). Nótese cómo la impresión de coro griego se reitera aquí. Hacia el final del canto XI, el destino dirige su tremebunda palabra al siniestro y odioso architraidor Rui-Velázquez: «¡Desdichado señor de Barbadillo! / ¿A dónde, a dónde vas?... Ay, esa curva / cuchilla que te espera es la que debes / evitar cauto, si vivir procuras» (t. II, p. 305). Valga como ejemplo último el más general, pues su generalidad es nueva señal de la identidad superior del hablante: «¡Oh infelices mortales!... ¡Cuántas veces / el suspirado objeto de sus votos / origen es de nuevas desventuras, / y el remedio de un mal fuente de otro!» (t. II, p. 313).

Por una curiosa comparación implícita entre sus dos obras maestras, el duque de Rivas confirma la importancia del destino (el peso de la historia) como móvil en *El moro expósito*. Mientras componía los últimos romances de su poema épico-novelístico (1834), o bien cuando éste estaba en prensa, estaría ya esbozando su gran drama *Don Álvaro* (1835). En todo caso, recuérdese que el subtítulo de éste es *La fuerza del sino*, o sea *del destino*, como en efecto diría Verdi. Todo esto deviene extraordinariamente interesante cuando se considera que la situación argumental es básicamente la misma en ambas obras: Un padre de linaje esclarecido se opone a que su hija se case con un joven de carácter noble pero de orígenes socialmente inaceptables; y el joven mata al padre de su amante sin tener ninguna intención de hacerlo, lo cual hace imposible el soñado enlace. La joven en cada obra se consagra a Dios. En cada obra asimismo los personajes recorren grandes distancias buscando venganzas, y hay disfraces y escenas de agnición.

Es más: los protagonistas del poema y el drama comentan con casi las mismas palabras la muerte a sus manos —acto puramente físico— del que hubiera sido su suegro. En 1834, en *El moro expósito*, Mudarra, hablando con su amada, insiste: «Kerima: yo a tu padre he dado muerte; / mas no fui yo, fue sólo su destino» (t. I, p. 249). En 1835, en *Don Álvaro*, el noble descendiente de los reyes incas, hablando con don Carlos, hermano de su amada, insiste: «Yo a vuestro padre no herí; / le hirió sólo su destino»[16]. Ahora bien: este destino, fuerza motriz determinante en el drama de Rivas, también es el peso de la historia, quiero decir, todo el peso de la secular tensión entre la metrópoli española y sus colonias americanas, la injusta subordinación de «la infeliz América a la tirana Europa», según decía ya el primer romántico español en las *Noches lúgubres*[17], y el peso del prejuicio de la sociedad española contra los indios y los mestizos es en realidad la fuerza del destino que aplasta al brioso advenedizo peruano en *Don Álvaro*[18].

En fin: el destino que mueve a Mudarra es de la especie que puede darse ya en la épica, ya en el teatro, y no es así sorprendente que existan obras teatrales dedicadas a los avatares de nuestro personaje, por ejemplo, *El bastardo Mudarra*, de Lope de Vega, y *El traidor contra su sangre*, de Juan de Matos Fragoso. «Mudarra va tras su destino», nos ha dicho Rivas. Mas Kerima, que es ficticia, no hereda un destino histórico; puede obrar más libremente, y viene a ser un personaje novelístico moderno. Ella es artífice de su ventura, y elige esa ventura con una decisión tan improbable, original y autónoma, que espanta a todos, y esto incluye a los lectores y críticos, lo mismo que a los personajes del poema. Regresaremos a Kerima, pero conste desde ahora la profunda diferencia entre los conceptos del protagonista masculino y la femenina.

3. El entorno realista de Mudarra y Kerima

El hecho de que Mudarra parezca alguna vez más novelístico de lo que realmente es, se explica por los entornos ambientales en los que le vemos moverse; pues sí es realista y novelística en sentido moderno la representación del medio en *El moro expósito*, y como la escenografía rivasiana es común a Kerima y su amante, parece oportuno buscar en este tema la transición hacia el tercero y último de nuestra pesquisa, que será la psicología de la malhadada hija de Giafar. En fin, vemos a Mudarra completamente inmerso en un mundo de infinitas cosas materiales, y es por esto por lo que el lector se olvida alguna vez de que el protagonista tiene ya un pie en el cielo, como todos aquellos personajes que son movidos por su buena o mala estrella. Rivas insiste, en efecto, aun más que algunos de los novelistas históricos románticos de expresión prosaica, en la observación/investigación y descripción de los usos, los trajes y los pertrechos de la vida cotidiana en el Medievo. «L'observation dans le passé, c'est la recherche historique», decía Émile Faguet[19].

[16] Duque de Rivas, *Don Álvaro o la fuerza del sino*, ed. cit., p. 153.

[17] Cadalso, *Cartas marruecas. Noches lúgubres*, ed. de Sebold, p. 373.

[18] Véase Russell P. Sebold, «Don Álvaro ante la fuerza de su destino», *ABC*, jueves, 7 de septiembre de 1995, p. 74.

[19] Faguet, *Rousseau artiste*, p. 3.

Sobre este aspecto de *El moro expósito* el Prólogo de Alcalá Galiano es algo más acertado. De las descripciones de Rivas dice: «...no es culpa suya que en la naturaleza anden revueltos lo serio y tierno con lo ridículo y extravagante; él quiere tener a la naturaleza por guía y describir las cosas cómo pasan, pues así probablemente pasaron las que son materia de su narración» (t. I, p. 30). En donde hace eco al concepto del realismo como desarreglo, que nació con la novela epistolar de Cadalso, las *Cartas marruecas*, y que fue el origen no solamente de descripciones de forma libre y abierta, sino también del argumento desenlazado, de muchos hilos, de la novela moderna. Aludo al siguiente pasaje de la carta XXXIX de la obra de Cadalso, que cito en forma abreviada: «cuando intenté escribir mis observaciones sobre las cosas del mundo [...], vi el ningún método que el mundo guarda en sus cosas [...]. Así como vemos al mundo mezclar lo sagrado con lo profano, pasar de lo importante a lo frívolo, confundir lo malo y lo bueno, dejar un asunto para emprender otro, retroceder y adelantar a un tiempo, afanarse y descuidarse, mudar y afectar constancia, ser firme y aparentar ligereza, así también yo quiero escribir con igual desarreglo»[20]. Quiere decirse que esa extraña tendencia del hombre que le lleva naturalmente al caos es una constante de nuestra raza, y por esto las cosas humanas *pasaron* y todavía *pasan* del mismo modo imprevisto y poco lógico, según dice Galiano. Recordemos el aserto de Rivas de que «...el décimo siglo eran los hombres / lo que en el siglo son decimonono» (t. II, p. 336). Y en la medida en que el ser humano vive tejiendo imposibles redes de contradicciones, el hombre moderno es un modelo tan adecuado para una novela sobre el siglo X, como lo habría sido un hombre de ese mismo siglo.

Pero para el contenido medieval de estos patrones perennes, hace falta esa otra forma de observación que es la investigación histórica, aludida en el pasaje de Faguet citado hace un momento; y según Galiano, el duque de Rivas «ha tratado [...] de dibujar y colorir sus cuadros como los concibe; de describir objetos que son, o fueron, o pueden ser, reales y verdaderos; de representar costumbres históricas; de conservar, siempre que se arroja a lo *ideal*, las *facciones naturales* que dan a las cosas imaginarias apariencia de ciertas, por su semejanza con las realidades» (t. I, p. 31; las cursivas son del mismo prologuista). He aquí una teoría del realismo, *realismo épico*, según decía por esos años Gustave Planche. Para su terminología Galiano está endeudado con los costumbristas de su época: *dibujar, colorir, cuadros, reales y verdaderos, costumbres, conservar, facciones naturales, semejanza con las realidades.* Con estos mismos términos Mesonero Romanos y Larra hablan del contenido y técnica de sus cuadros, y tales voces se encuentran repetidamente a lo largo de sus artículos de costumbres, a los que confiesa un Galdós haber ido en busca de modelos indispensables. Tardaría varios decenios en introducirse en la lengua castellana el término *realismo*, y así no puede insistirse demasiado en la importancia del antecedente que se da en el concepto de la «semejanza con las realidades». Se descubre el importe preciso de este sintagma consultando los preliminares de una novela realista, de tema contemporáneo, de once años después.

Al dedicar su novela *María la hija de un jornalero* al novelista francés Eugène Sue, Wenceslao Ayguals de Izco explica que en su obra ha insistido en «eslabonar hábilmente la fábula con la realidad, siempre instructiva y respetable, de manera

[20] Cadalso, *Cartas marruecas. Noches lúgubres*, ed. de Sebold, p. 244.

que la parte de invención no perjudicase a la veracidad de los sucesos»[21]. Queda clara la ilación entre tal realismo de tema contemporáneo y el realismo épico que estamos viendo en *El moro expósito*, basado en la «semejanza con las realidades»; sólo difiere el enfoque cronológico. A esto se refiere Galiano al hablar de «costumbres históricas», donde la primera voz representa la técnica realista, y la segunda el enfoque cronológico. Y de nuevo recalca esto el prologuista de *El moro expósito* al decir que el duque procura «conservar siempre que se arroja a lo *ideal* las *facciones naturales*», en donde lo ideal es sinónimo de *épico*, y *facciones naturales* lo es de *realismo*, pensando en el término compuesto *realismo épico*, de Gustave Planche.

Tan importante es la técnica realista —la observación— para esta novela histórica en verso, que los mismos personajes del siglo décimo para guiarse en sus vidas parecen recurrir a los procedimientos de los novelistas realistas del siglo XIX. «Nuño y los que con él *observan*, luego / lo advierten todo...»; «Otros, que al viejo musulmán *observan*, / notan que su figura es muy conforme / a una estatua antiquísima de mármol»; «Tornó a *observarle* y prosiguió: "A mis ojos / está más espigado... Me parece / más moreno de rostro... ¡Mi Gonzalo! / ¿Por qué en el traje de los perros vienes?"» (la vieja nodriza del hermano de Mudarra toma a éste por el otro); «...Ruy-Velázquez, / *observándole* atento [a su escudero], así le dijo, / de furor concentrado su semblante / dando, y sus ojos encendidos, muestra: / "Hola, señor valiente, ¿qué nos traes"» (t. II, pp. 83, 88, 146, 207). En estos trozos, así como en los citados en los dos párrafos siguientes, he marcado con cursiva las voces significativas para la observación y descripción de las costumbres.

El novelista *observa* los usos y costumbres de diferentes tierras en el siglo décimo. En el romance VIII Mudarra se somete a la ceremonia del renacimiento legítimo, que se refleja en el refrán «Entra por la manga, y sale por el cabezón», es decir, que doña Guiomar, anciana hermana del anciano y ciego Gustios mete al medio moro, medio cristiano por la manga de una gigantesca camisa cosida para ese ritual y le saca por el cuello de la misma. El duque comenta el rito, como si lo hubiese observado de primera mano: «el respeto inspiraba [doña Guiomar] más profundo, / en medio del salón luego procede / a ejecutar la *usada* ceremonia, / que si hoy rara y aun necia nos parece, / porque *usos y costumbres* han mudado, / era tan importante y tan corriente, / que aún vive en nuestros labios el proverbio / que nació de ella, y a ella se refiere» (t. II, p. 125). Mudarra abandonó pronto la mesa del convite que siguió: «No por muy largo tiempo estuvo en ella / Mudarra, activo y sobrio: a diferentes / *costumbres* avezado, aquellos brindis / y *extraños usos* poco le divierten» (t. II, p. 128).

En la fiesta, algunos de los moros que acompañaron a Mudarra hasta Burgos, «...a agua pura y carne seca, / haciendo a lo demás ascos y dengues, / se atuvieron, y sobrios se mostraron, / guardando sus *costumbres* y sus *leyes*» (t. II, p. 152). Por las descripciones, lo mismo que por la trama de la obra, se ilustra el contraste implícito en su subtítulo *Córdoba y Burgos en el siglo décimo*. El novelista realista de tiempo pretérito insiste en ello: «Zaide a los suyos, con airado rostro, / trémulos

21 Wenceslao Ayguals de Izco, *María la hija de un jornalero*, Madrid, Imprenta de D. Wenceslao Ayguals de Izco, 1845-1846, t. I, p. 7. Sobre esta novela, véase Russell P. Sebold, «Novela y teoría realista antes de 1850», *ABC*, viernes, 12 de agosto de 1994, p. 42.

labios, arrugada frente / y palabras durísimas, recuerda / *cómo portarse en casa extraña deben* / los huéspedes honrados; y les manda / que o bien allá en sus cámaras se encierren, / o que de buena gracia y fe a *los usos / del pueblo* donde están todos se presten» (t. II, p. 159). Mudarra, en cierto momento, parece «...un mancebo ardiente que, nacido / y educado en regiones muy remotas, / *con otros usos, religión y lengua,* / puede brillar, pero en esfera corta» (t. II, p. 235). En fin, al actuar cada personaje, tenemos en su intervención un nuevo cuadro de costumbres, un nuevo trozo de la realidad de la centuria décima.

De varios curiosos pasajes del poema se desprende que Rivas se preparó para su realismo épico estudiando documentos antiguos. El malvado Ruy-Velázquez ha tomado la decisión de donar todos sus estados a un monasterio, y se describe cómo el secretario extiende el documento del legado. «Después de haber escrito aquellas frases, / pesadas, mazorrales y devotas, / y aun de seguridad (de que mil muestras / se hallan en los archivos muy curiosas; / y de las cuales se conservan muchas, / que aún nuestras escrituras emborronan / porque son de provecho al escribano, / cuyo interese es aumentar las fojas), / ruega a los dos testigos que se acerquen» (t. II, pp. 274-275). Podemos imaginarnos al duque de Rivas en los archivos de Córdoba y Burgos, inclinada la cabeza sobre secos y polvorientos pergaminos de este género, imitando en su verso ese lenguaje *cuyo interese es aumentar las fojas*. Otro documento que el narrador finge haber consultado —nuevo álter ego, por decirlo así, de las obras históricas realmente consultadas— se refiere a las exequias de las siete cabezas de los infantes de Lara: «Fue el funeral magnífico en extremo, / quedando de él la fama en los contornos, / y que refieren rancios pergaminos, / hoy pasto de polilla y casi polvo» (t. II, p. 333). El último ejemplo que voy a citar se refiere a la tristeza de Mudarra ante la decisión de Kerima de meterse monja. Esta vez el duque de Rivas o el narrador, en su calidad de investigador, nos habla en primera persona. Si las gloriosas hazañas de Mudarra y su reunión con su padre «le compensaron el horrendo golpe, / o si la gracia celestial su apoyo / le dio y resignación en tal conflicto, / *no he podido indagar...*» (t. II, p. 345; la cursiva es mía).

Cuando digo que los fingidos documentos antiguos representan la incorporación al poema en álter ego artístico de las obras históricas que fueron las fuentes de Rivas, pienso en historiadores como Ambrosio de Morales, el padre Mariana, Luis Salazar de Castro, los hermanos Masdeu, Antonio Ponz, etc., que están citados en las notas del autor a sus doce romances. Para el entendimiento completo del convincente realismo histórico de *El moro expósito*, también es menester rememorar que, además de poeta y pintor, Rivas fue historiador profesional, en testimonio de lo cual recuérdese su *Historia de la sublevación de Nápoles* [1647], *capitaneada por Masianelo*, Rivadeneyra, Madrid, 1847-1848, dos volúmenes.

Mas por donde se distingue de modo muy claro que este novelista histórico practica su oficio en el siglo XIX es en la atención que presta a los pormenores menudos, «hasta las circunstancias más pequeñas» (t. I, p. 210). En varios trabajos, he explicado cómo la influencia de la filosofía sensista observacional de Locke y Condillac, así como la *Óptica* de Newton, contribuyeron al nacimiento del costumbrismo detallista y la novela realista en el siglo XVIII. Ya veremos cómo se lleva este detallismo realista a la práctica en *El moro expósito*, pero primero veamos otra iluminadora referencia autocrítica del duque a su sentido del pormenor. Llegan Zaide, Mudarra y sus acompañantes a Burgos, y la gente vulgar toma al apuesto joven por el aparecido de su hermano muerto, Gonzalo. «Advirtióse también que por las calles / con la certeza va de quien conoce / perfectamente el sitio; *circunstancias* / que, tomando al momento los colores / con que *las cosas más comunes* vuelve / prodigios la ignorancia de los hombres, / hacen de aquellos huéspedes personas / del otro mundo...» (t. II, p. 88). Rivas prefiere la voz *circunstancias* para designar las menudencias en que estriba su visión realista de *las cosas más comunes*, y es interesante recordar que el término con el que la crítica inglesa etiqueta el minucioso realismo que es característico de la novela de ese país a partir de *Moll Flanders* (1722), de Daniel Defoe, es *realismo circunstancial.*

El más vivo ejemplo del recio realismo en el que Mudarra tiene plantado ese pie suyo que no está en el cielo de las epopeyas es la descripción de la cocina de la casa del arcipreste de Salas, en el día en que se prepara un banquete en honor del recién llegado hijo de Gonzalo Gustios. Ya Azorín llamó la atención sobre esta escena, en la que, según él, «se siente la realidad a la moderna, como la sentimos ahora»[22], y señala con razón que en casi cada página de toda la obra encontramos nuevas muestras del mismo realismo notablemente moderno, aunque no todas tan extensas como la de la cocina del arcipreste, cuya descripción tiene tres páginas de extensión (t. II, pp. 28-31). No puede citarse sino una selección muy breve:

Ya suena en el corral el cacareo
con que los tiernos pollos y gallinas,
huyendo entre la leña y las tinajas,
piensan, ¡cuitados!, que su suerte evitan.

Las ollas, las sartenes y peroles
circundan el hogar, do un monte ardía,
de roja luz con la esplendente llama
llenando, y de humo espeso, la cocina.

A un lado, el almirez sonoro aturde
el barrio todo; en otro, la cuchilla,
que una moza robusta ágil esgrime,
carne de cerdo y de ternera pica.

Una aquí, las legumbres preparando,
pencas y hojas inútiles les quita;
otra allí amasa en cóncavas artesas,
con aceite y con miel, cándida harina.

Quién despluma las aves, quién al fuego
ramas secas añade, quién lo atiza,
quién va y viene a la fuente presuroso,
quién friega los pucheros y vasijas.

Ábrese la despensa, y aunque el ama
de las llaves encarga a la sobrina,
que es vigilante asaz, alguna vieja
mete en el delantal una morcilla;

22 Azorín, *Rivas y Larra. Razón social del romanticismo en España*, Colección Austral, 674, 2.ª ed., Madrid, Espasa-Calpe, 1957, pp. 78-79.

otra roba un solomo; y un muchacho
a la tinaja de la miel aplica
goloso el dedo, mientras otro el labio
de navarro aguardiente a la botija. (t. II, pp. 28-29).

Consideremos la aplicación de la misma técnica descriptiva a otro objeto muy diferente. Al enfrentarse con la descripción de escenas o personajes exóticos, no pocos lectores se inclinan a pensar que tal cuadro dependerá de técnicas igualmente exóticas; pero la mayoría de las veces, con un examen más atento, se descubre que las técnicas literarias sobre las que se apoya la visión de tan peregrinas figuras y medios son las mismísimas con que el escritor realista describiría un callejón sucio que está a dos manzanas de su casa: mucha observación —aunque sea a través de los ojos de alguna fidedigna obra histórica o libro de viajes—, cuidadosa apuntación de pormenores sugerentes, detenido desarrollo de la descripción, sin perdonarle al lector un solo detalle que pueda servir para avivar el momento recreado. Pues, aun en el caso de lo exótico, se trata de la realidad; es simplemente una realidad menos frecuentada por los que vivimos en el Occidente. Es semejante la sorpresa de muchos lectores al descubrir que en el fondo la literatura fantástica es también un género realista, menos la irrupción del suceso foráneo único que caracteriza a tales ficciones. He aquí la poética que rige las descripciones del costumbrismo oriental en *El moro expósito*, así como el principio estético unitario que está a la base de la descripción de las actividades vulgares en la cocina del cura de Salas, lo mismo que del siguiente panorama exótico de las bodas de Abdimelik y Habiba en el romance I, del que cito ahora varios cuartetos:

De Persia, los tejidos matizados,
los aromas y bálsamos de Arabia,
las perlas y corales del Oriente,
los metales espléndidos de España,

del África las pieles y las plumas,
cuanto el orbe produce, cuanto alcanzan
la codicia, el valor, el poderío
cuanto puede inventar la industria humana,

todo, reunido en Córdoba, enriquece
de tan nobles linajes la alianza.

....

En lozanos corceles que, pomposos,
pausados mueven la ligera planta,
de dos en dos siguiendo un estandarte,
montes de acero, silenciosos marchan.

Después, veinte lindísimas doncellas
que a las eternas hurís deslustran,
cubiertas hasta el pie de blanco lino
con ricas tocas que hasta el suelo bajan,

de azahares y jazmines y perpetuas,
y frescos arrayanes, coronadas,
siguen, cantando deliciosos versos
al dulce son de sonorosas flautas.

Unas llevan perfumes olorosos
en braseros de esmalte y filigrana,
otras de flores lindos ramilletes,
otras de oro y marfil ligeras mazas. (t. I, pp. 50-51, 54).

He aquí el mismo estilo enumerativo, de lista, de inventario de menudencias, que se halla en la descripción de lo cotidiano en el cuadro de la cocina del arcipreste de Salas, en la descripción de la casa de los Zotes y los personajes en *Fray Gerundio de Campazas*, del padre Isla, y en la descripción de las moradas y las figuras humanas en las novelas de Galdós.

Aunque todavía insuficientemente estudiado, el realismo épico, producto de minuciosas observaciones/investigaciones y detenidas y pormenorizadas descripciones, es común a todos los novelistas históricos del romanticismo, mas el duque de Rivas, por sus grandes talentos, disponía a la vez de otro formato en el que podía verter los datos recogidos por sus singulares facultades observadoras. El duque de Rivas era un aventajado pintor a la vez que poeta, y durante los años de su destierro se sostuvo pintando, especialmente retratos. En fin: al lado de los cuadros de costumbres (calles, interiores de casas, fiestas, etc.), que son frecuentes en todos los géneros literarios de su tiempo, Ángel de Saavedra busca en la descripción de los personajes la oportunidad de incorporar a su técnica literaria algo de la técnica plástica de los grandes retratistas del lienzo. El ejemplo más memorable es la copia del retrato de Carlos V con un mastín, debido al Ticiano, que el lector de los *Romances históricos* de Rivas, encuentra de buenas a primeras en el romance II de *Un castellano leal*[23], admirable traslado de la tela al papel que hasta la fecha no se ha estudiado[24]. Otras descripciones de personajes contenidas en los *Romances históricos* y en *El moro expósito* descubren con igual claridad la deuda del Rivas narrador con el Rivas retratista. Los modelos del autor son, en estos casos, ya escuelas y géneros de pintura muy conocidos, ya estilos de pintores famosos, ya pinturas individuales. Pero, lamentablemente, estas últimas son normalmente mucho más difíciles de identificar que el retrato de Carlos V, del Ticiano.

A Mudarra, medio hermano de los siete infantes decapitados, como al futuro señor de Salas le juran fidelidad los que a la muerte de Gustios Lara serán sus súbditos:

le rinden de lealtad el homenaje
y futuro señor le reconocen
del estado de Salas; ofreciendo
la antigua estancia, a media luz entonces,

[23] Véase Ángel de Saavedra, duque de Rivas, *Romances históricos*, ed. de Salvador García Castañeda, Letras Hispánicas, 273, Madrid, Cátedra, 1987, pp. 306-307.

[24] Yo sí he señalado la deuda del duque de Rivas con dicho modelo plástico, en un ensayo titulado «Romance y lealtad en el duque de Rivas», en *ABC*, domingo, 30 de noviembre de 1997, p. 92.

un cuadro digno de que el gran Velázquez,
gloria de los pinceles españoles,
o el insigne Rembrandt, ejercitaran
en él su ingenio y mágicos colores. (t. II, pp. 100-101).

Son, en efecto, conocidos los cuadros ceremoniales de Velázquez y Rembrandt, por ejemplo, *La rendición de Breda*, o *Las lanzas*, del primero, que está en el Museo del Prado, y *La circuncisión*, del segundo, que se puede ver en la Galería Nacional de Arte, de Washington. Algunas páginas después, el conde de Castilla viene de visita al palacio del señor de Lara, y se nos ofrece a la vista una *pintura* digna de colocarse al lado del ya mencionado retrato de Carlos V. Son los detalles marcadamente plásticos lo que distingue estas *pinturas* de las descripciones normales del duque. «Tras de seis ballesteros y dos pajes, / entró gallardo de Castilla el conde, / en su talle gentil y faz hermosa / mostrando el temple de su pecho noble. / Un sayo carmesí de oro bordado, / una ancha cuera recamada, y sobre / el pecho un primoroso talabarte / con castillos de plata por botones, / una ligera toca de velludo, / adornada de plumas de colores, / y de piel de pantera las abarcas, / eran el traje del augusto joven. / Un venablo empuñaba con la diestra, / y, con su cascabel y capirote, en el puño siniestro sustentaba / un fiero azor...» (t. II, pp. 108-109). Es en realidad un perfecto retrato renacentista.

El próximo ejemplo de cuadro verbal pertenece al mismo género que el primero: se representa de nuevo a un grupo de figuras en actitud ceremonial. Son el viejo señor de Salas y los familiares y amigos que le acompañan en la espera del mensajero del conde, el cual trae el pergamino con el que se legitimará a Mudarra nombrándole heredero del señorío de su padre: «sentado el ciego Lara está; a su diestra / ocupa otro sillón el Arcipreste, / y otro, a la izquierda, Zaide, y a los lados / sendos escaños hay, do asiento tienen, / también de luto y con primor vestidos, / de la casa de Lara los parientes. / Seis armados custodian la gran puerta; / y de pie, y en la mano los birretes, / están tras el sillón de Gustios Lara / escuderos y pajes, a su frente, / con pértiga de plata, el mayordomo; / inmobles todos, sin hablar, *parecen / las figuras de un cuadro...*» (t. II, pp. 123; la cursiva es mía). Ante este *cuadro* con su agrupación jerárquica de personajes, le pasa lo mismo al lector que al duque de Rivas: nos recuerda muchos cuadros, pero ninguno en concreto.

Redondearemos esta muestra de la galería rivasiana con un retrato de dama, doña Lambra, la más mala hembra de todo el repertorio de personajes medievales y esposa del malvado señor de Barbadillo, Ruy-Velázquez:

Alabastro bruñido parecían
garganta y pechos, y de formas tales,
que no hubiera buscado Praxiteles
otras que colocar en sus deidades.

Breves el pie y cintura, de jazmines
las delicadas manos, el donaire
y estatura gentil un todo hacían,
cuales los vio el ingenio y trazó el arte

del inmortal pintor, gloria de Urbino.
¿Por qué en tal solio una alma noble y grande
no puso el Cielo, generosa y digna
de tan bello y magnífico hospedaje? (t. II, p. 313).

Doble anacronismo tenemos esta vez, viendo en este retrato *medieval* el estilo del escultor griego de la antigüedad Praxiteles, unido al del pintor renacentista italiano Rafael de Urbino, pero es de esas faltas que se convierten en virtudes por sus efectos. La intención es recordarle al lector todos esos géneros pictóricos que puedan inspirarle para que colabore con el *pintor* en la consecución de la imagen más idónea para avivar la ficción. Estos aparentes anacronismos son a la vez un elocuente testimonio del afán de Rivas de captar cosas concretas, reconocibles para sus lectores. Otra muestra de lo mismo, demasiado larga de citar —pero valga la referencia— es la descripción de la armadura de Mudarra (t. II, pp. 288-289), de diseño esencialmente renacentista, con escamas de oro y plata y adornos moriscos, muy semejante en todos sus aspectos a ciertas armaduras que se hallan expuestas en la Armería Real de Madrid.

4. La locura de Kerima

En los análisis psicológicos del personaje novelístico Kerima —último de los tres temas del presente capítulo—, veremos que se aplica a la enfermedad mental la misma técnica descriptiva minuciosa, exhaustiva, que hemos destacado en la representación rivasiana de la realidad material[25]. Se atribuyen de cuando en cuando a Mudarra penas y delirios. Mas es menester insistir en que esas penas son exclusivamente una función de las situaciones en que su destino épico le ha colocado: el sentirse noble y no saber quiénes son sus progenitores, el hallarse privado, por la muerte de Zahira, de la única persona que se ha preocupado por él, el descubrir que ha matado al padre de su amante, el descubrir que es noble, pero de padre deshonrado, etc. son en Mudarra consecuencias todas ellas de su destino. En cambio, las aflicciones de Kerima son en gran medida de su propia creación. La protagonista está mucho más individualizada, tanto por lo que se refiere a los orígenes de su triste desapego de la vida, como por lo que atañe a su modo único y original de vivirlo. Su mal procede desde dentro; no se le impone desde fuera, como en el caso de Mudarra.

Kerima parece padecer cierta desconocida locura innata, que se exacerbera por su crianza como niña rica, orgullosa, consentida, caprichosa, voluntariosa y empeñada en salirse con la suya; y luego todo ello se agrava por el cambio de local, cuando la mora cordobesa pasa a Burgos. Kerima escucha una voz interior; como el personaje Usdróbal, aspirante a caballero, en la novela *Sancho Saldaña*, de Espronceda; Kerima lleva dentro de sí una imagen de la vida ideal a la que aspira, un logos que quisiera encarnar, mas ella misma no sabe muy bien cuál es, y por ende, la búsqueda de su ideal le complica la existencia en un plano humano completamente inmanente y completamente novelístico. Desde el comienzo Kerima se caracteriza por una inquebrantable voluntad de discrepar de su medio. Con los pasajes de *El moro expósito* que voy a reproducir ahora, es mi intención ilustrar dos puntos esenciales: 1) Kerima es autónoma; y 2) es extraño pero lógico

25 Son acertadas las observaciones de Ángel Crespo sobre lo que llama, ya el «carácter inestable», ya la «inestabilidad», de la protagonista Kerima. Pero en su análisis Crespo subordina el material psicológico a otras cuestiones literarias. Véanse las páginas XXVIII-XXXIX de la Introducción a la edición que manejamos y/o las páginas 133-142 de la ya reseñada monografía uppsaliana de Crespo.

su uso de su autonomía, el cual tiene muchas manifestaciones antes de culminar en la ya mencionada decisión de última hora de tomar el velo de monja, que ha dejado perplejos a casi todos los críticos desde 1834.

El lector descubre por primera vez a cuán hondas agitaciones está sujeta la psicología de Kerima, cuando ésta se convence, hablando con su padre, Giafar, de que su amado Mudarra no es sino «un expósito vil», hijo aparentemente de una esclava con quien el venerable prisionero Gustios se consolaría, pues no es generalmente sabido que la princesa Zahira fue la amante del cristiano y la madre de su último hijo. He aquí la irracional, inconstante y violenta reacción de Kerima:

> Apenas sola, hondísimos gemidos
> lanzó el volcán de su abismado seno;
> cruzó su estancia con inciertos pasos,
> alzó los brazos y la faz al cielo.
>
> Derribóse, por fin, de fuerzas falta,
> sobre un rico almohadón, en gran silencio
> sus labios fríos, e inclinó la frente,
> hinchado el corazón, los ojos secos.
>
> ....
>
> Se afrenta de sí misma y, orgullosa,
> animada de su alto nacimiento,
> abomina el instante desdichado
> en que pudo pararse en tal objeto.
>
> Llora luego y, llorando, en su alma herida
> la ternura recobra el dulce imperio,
> pero al pensar que la preciosa banda
> de una esclava tal vez adorna el cuello[26],
>
> arde en furor, y jura en altas voces
> odio al huérfano vil, no ya desprecio,
> indignada de haber a tal persona
> humillado sus altos pensamientos.
>
> Sí, tomó su partido, está resuelta;
> ya aborrece a Mudarra; por lo menos
> lo imagina; triunfante se figura,
> mira su amor como un delirio necio. (t. I, pp. 102-103).

Miremos varios términos clave, alusivos a los síntomas de la enfermedad de Kerima, contenidos en estos versos: *hondísimos gemidos, volcán, inciertos pasos, de fuerzas falta, labios fríos, hinchado el corazón, ojos secos, arde en furor*. Kerima

[26] Se trata de la banda que Mudarra ganó al competir en el torneo contra Zeir, señor de Túnez y rival del hijo de Gustios por el afecto de Kerima. La vieja nodriza de ésta sugiere con sarcasmo que el expósito hecho campeón habrá regalado esa banda a alguna esclava, y de ahí uno de los motivos de la furia de Kerima. De hecho, Mudarra, fiel hijo, colgó la banda sobre la tumba de su madre, la princesa Zahira.

es maníaca depresiva, con accesos de paranoia y sus consecuentes ilusiones de grandeza. Las voces citadas en cursiva hasta aquí apuntan a los síntomas psíquicos y físicos de su estado depresivo y su nerviosismo. En los últimos versos citados se descubre su exagerado sentido de su grandeza personal: *indignada de haber a tal persona / humillado sus altos pensamientos; triunfante se figura*. El logos interior de Kerima, que la lleva a discrepar de su medio, se apoya en esta última característica de su psicología —su ilusión de grandeza—, y juntos la llevan a concebir su vida como drama que ella representa a la vez que lo vive. De ello es claro indicio la retórica del estilo cuando se trata de sus violentas oscilaciones emocionales. El último cuarteto copiado es muy curioso como presagio de la *repentina* decisión de Kerima de meterse monja al final del poema, la cual realmente ni es repentina ni atípica, en lo que atañe a su motivación, pues ya en esta primera muestra de su sintomatología se acusan arranques igualmente *inesperados* para una tierna enamorada («aborrece a Mudarra»); y el verso final —«mira su amor como un delirio necio»— tiene una marcada tonalidad monjil; no de otra forma se referiría una monja a un amor mundano: «delirio necio». Desde el principio de la obra el desarrollo del carácter voluntarioso de Kerima concuerda plenamente con el último acto de su voluntad.

Indignación aun más vehemente que la que siente hacia Mudarra, movió a Kerima cuando su padre, Giafar, insistió en que se casara con Zeir:

el encontrarse desde niña tierna
sola, sin madre, y absoluto dueño
de sí, de su palacio, de sus siervas,
y todo siempre a su querer sujeto,

el poder de su padre, la alta estirpe,
la beldad, el saber, el claro ingenio,
la adulación continua y los aplausos,
su cándida virtud no corrompieron,

pero aumentaron el tesón constante
de la firmeza, dote de su pecho,
carácter que exaltaba nuevamente
de contrariado amor el noble esfuerzo.

Carácter que, cobrando su energía
del fiero padre al despiadado aspecto,
y al escuchar el bárbaro mandato
y el fijo plazo a sus desdichas puesto,

hizo a Kerima contener el lloro,
alzarse repentina y, con acento
de alta resolución, solemnemente
jurar desobediencia a tal precepto. (t. I, pp. 122-123).

En las palabras «...absoluto dueño / de sí, de su palacio, de sus siervas, / y todo siempre a su querer sujeto», tenemos a la par la explicación de su índole voluntariosa de niña consentida y la de su imperioso tesón de paranoica. Tenemos en

Kerima un personaje absolutamente autónomo; no lo controla ningún destino fuera de su persona; miremos de nuevo ciertos términos del análisis contenido en el último pasaje citado: *tesón constante; de contrariado amor el noble esfuerzo; cobrando su energía / del fiero padre al despiadado aspecto; alzarse repentina, y con acento / de alta resolución, solemnemente / jurar desobediencia a tal precepto.* Kerima, en la locura de su auto-exaltación, desafía a cuantos se acercan a ella; altanería que no se entiende sin tener en cuenta que en su prehistoria novelística, su carácter fue influido por el medio: el lujo y la lisonja ininterrumpida, así como por la herencia: el temperamento de su despiadado y fiero padre. Nótese a la vez el significativo sintagma *alzarse repentina.* Giafar y su candidato para cónyuge de Kerima han sufrido el mismo rechazo inesperado que sufrirá más tarde Mudarra. No cabe vaticinio más claro. Kerima es uno de esos grandes personajes novelísticos, de motivación inescrutable y voluntad incontrolada, que se nos imponen precisamente por la imposibilidad en que nos vemos de reducirlos a las normas de una definición corriente.

Tras la muerte de su padre y en ausencia de Mudarra, Kerima se hunde en la más honda desesperación; y en vano busca el consuelo en diversas supersticiones que su alma ha abrigado. Por fin recordará las palabras de su esclava cristiana María. «Cuantas necias patrañas ha escuchado / con desprecio, sin duda, y con desvío, / a su nodriza y a sus siervas todas, / en su mente revuelve sin juicio; / y torna su atención a la medalla / de la cautiva, donde ve esculpidos / de figuras humanas los contornos, / grave profanación, según su rito; / extrañeza también que da más peso / en su imaginación a aquellos signos, / pues al numen que rudos representan, / con fervor pide protección y auxilio» (t. I, pp. 245-246). Mas no fue tanto el préstamo de la medalla de la Virgen que la esclava puso en la mano de Kerima poco antes, como lo dicho por la cristiana, lo que llevó a la hija de Giafar a hallar su nuevo salvavidas; «palabras que, si al pronto no entendidas, / y en tal boca escuchadas, el principio / en la gentil doncella acaso fueron / de afectos de tan alto poderío / que su alma destrozada a nueva senda / encaminaron por extraño giro, / fijando de manera inesperada / su oscuro porventir...» (t. I, p. 239).

El único lector adecuado de una obra maestra es el que está a la misma altura que el autor; pues si la lectura de *El moro expósito* siempre hubiese sido tan atenta al detalle como lo fue su elaboración, se habría visto hace un siglo y medio que el final de la obra está claramente previsto en las líneas citadas al final del párrafo precedente. Con el término místico *senda*, senda señalada por una cristiana, se vaticina la toma del hábito de monja por Kerima; con las voces *extraño giro* y *de manera inesperada* se prevé el súbito y sorprendente rumbo nuevo de la acción en su último momento; y con el sustantivo y adjetivo «oscuro porvenir» el autor se anticipa al momento de esa nueva separación entre la realidad y la ficción, a partir del cual Mudarra seguirá por el camino real de la historia, y Kerima se sumirá en esa oscura región donde nos imaginamos que siguen viviendo los personajes de todas las novelas memorables que hemos terminado de leer. Lejos de faltar la preparación argumental y psicológica para el desenlace de esta novela, *preparación* es la palabra clave de toda su estructura.

Kerima desaparecerá de la acción desde el romance VI hasta el XI, sólo reapareciendo al final de éste, mas se justifica completamente su conducta en el romance XII por la maestral caracterización que le dedica el duque de Rivas en los cinco primeros capítulos, tanto más cuanto que se completa ésta por otras tres pinceladas que se aplican a su retrato antes de su desaparición durante cinco romances. La pobre ha perdido a su padre, la influencia del poderoso bando de éste se ve reducida merced a los conflictos internecinos de los moros, Mudarra está lejos, se rumorea que él es en realidad hijo de Lara y la princesa Zahira, y Kerima se siente abandonada: he aquí los motivos de una grave depresión de la que tardará en recobrarse. «Kerima, ¡desdichada!, de sus siervas / y nodriza en los brazos los sentidos, / poco a poco, cobró; mas, ¡ay!, hundida / en mortífera fiebre, que el maligno / influjo en sus entrañas ejerciendo, / entregando su mente a atroz delirio / y el corazón quemándole, postrada / dejóla, y en gravísimo peligro» (t. I, p. 255). Kerima es una maníaca depresiva; y la manía es una locura que oscila entre la alegría y el delirio (agitación o furor). El gravísimo mal y la incierta convalecencia de Kerima vuelven a analizarse en términos aun más alarmantes dos páginas más abajo:

y poco a poco, recobró la vida,
tornando a la salud. ¡Cielo benigno!
¡Qué vida y qué salud!... ¿Dónde las rosas
de sus tersas mejillas?... ¿Dónde el brillo

de sus radiantes ojos?... ¿De sus labios
dónde el fresco jazmín?... y el expresivo
fuego celeste que en su todo ardía,
¿cómo así se apagó, y es hielo frío?...

El cáncer destructor quedó en su alma,
devorándola está furioso y vivo,
y más y más ahondándose: su mente
desarreglada, su carácter mismo

trocado, lo demuestran. Vaga idea
conserva de sus males; siempre fijo
un pensamiento solo la domina:
Mudarra nada más.................. (t. I, p. 257).

A primera vista, tanta preocupación por Mudarra podría parecer que está en contradicción con el final de la obra. Pero mirándolo todo más de cerca, queda claro que Mudarra no es ya en el alma de Kerima tanto el objeto del amor como el origen de una idea fija, motivo de una obsesión. Nótese cómo el duque de Rivas se anticipa al término actual, *idea fija*: «...siempre *fijo / un pensamiento solo* la domina». Hemos dicho antes que el logos o inspiración que da forma a la vida de Kerima es su voluntad de discrepar; y discrepar es lo que en toda ocasión se propone esta voluntariosa mujer, sea el que sea el pretexto. Si bien en Córdoba amar al hijo de un cristiano fue un genial motivo de discrepar, en Burgos, al contrario, dejar plantado a ese mismo hijo de cristiano será un motivo igualmente genial y lógico de discrepancia. Alojar a Mudarra en su alma viene a ser alojar un *cáncer* en ella. Lo dice el texto que acaba de citarse. ¿Podría *El moro expósito* tener otro final diferente del que tiene?

Toda esta sintomatología se confirma, por fin, con un clarísimo presagio que se halla en el mismo romance V que venimos citando: «... con la mente vaga / por ciegos y confusos laberintos. / Mas, ¡ay!, no solamente lo pasado / en su imaginación claro y distinto / cual presente se pinta: cual presente / también un porvenir, o un desvarío, / en ella se figura...» (t. I, p. 260). Dialéctica entre pasado y porvenir, época de transición, Kerima se halla en la fase intermedia entre el tiempo en el que Mudarra era su idea fija y el otro en el que con un alarido evitará la mano que le extiende su novio: «...“¡No... jamás!... Está manchada / con sangre de mi padre...”» (t. II, p. 345). Fijémonos en la palabra *desvarío*, en la penúltima cita; pues en ella, junto con las voces *su mente / desarreglada*, en el largo pasaje citado hace un momento, tenemos unos como esbozos para el retrato de la locura que se nos expondrá en la procesión de la fracasada boda de Kerima en el romance XII.

Tuvo la malhadada mora un pequeño respiro durante su largo viaje hacia Burgos gracias a la novedad de las cosas que vio y a la compañía que tuvo: «El movimiento de tan gran viaje, / los distintos objetos que los ojos / y la mente ocuparon de Kerima, / le dieron más salud y más aplomo; / y el tierno amor al venerable abuelo, / y un dulce melancólico abandono, / calmaron su exaltada fantasía, / que en nuevas esperanzas halló apoyo» (t. II, pp. 326-327). Mas aun en este momento aparentemente bonancible el lector atento se percatará de claros ecos de los síntomas que ya conocemos. En medio de su nueva dulzura Kerima todavía está *melancólica*. Sus nuevas actividades solamente la *calmaron* algún tanto; se caracteriza aún por una mentalidad *exaltada* y esperanzas de bienes imposibles. Un poco más abajo se halla un comentario irónico muy curioso sobre el traslado de los amantes a la nueva escena:

..........................Nuestros afectos,
y el amor aún mucho más que todos,

trasplantados, muy luego degeneran:
son de tiempo y lugar, el sello pronto
admiten de las nuevas circunstancias
y de cuantos objetos ven en torno.

Kerima y el Expósito en Castilla
se aman, se adoran, aunque no del modo
que se amaban en Córdoba... y ¿acaso
son las mismas personas uno y otro? (t. II, pp. 328-329).

El lector recordará que en los primeros romances se busca en la influencia del medio ambiente una explicación parcial de la conducta de Kerima: vivió en medio del mayor lujo, y no se la contrarió nunca en nada; y podría, por ende, pensarse que ella podía ser igualmente susceptible de otros influjos ambientales y así cambiar totalmente de conducta en Castilla. Mas no hay que olvidar el influjo de la herencia: el carácter de Giafar fue el molde del carácter de su hija; y todavía está de por medio la locura de Kerima. En fin: es irónica la interrogación al final del pasaje que acabamos de mirar. Pues en realidad Kerima es todavía «la misma persona», siempre más empeñada en la solución del problema de su propia personalidad que en la de sus difíciles amores. El cambio de medio simplemente le ofrece una nueva forma expresiva para la exteriorización de sus obsesiones y manías: el cristianismo. Parece importante asimismo la afirmación de que Mudarra y Kerima «se aman, se adoran, aunque no del modo / que se amaban en Córdoba...». En Córdoba estaban enamorados; ¿cómo se amarán ahora? ¿Como hermanos? Kerima ve en Mudarra al asesino de su padre. Desde luego, en *Don Álvaro o la fuerza del sino*, Leonor sigue amando al noble mestizo y asesino de su padre, pero no ya para casarse con él, ni quizá como hermano tampoco. Se tratará de una obsesión sofocada, tanto en la futura esposa de Cristo en *El moro expósito* como en la ermitaña en *Don Álvaro*.

Todo lo que los pasajes anteriores nos han revelado sobre los males de Kerima se reconfirma por la deplorable condición de la pobre en la procesión de su abortada boda:

> a Kerima la túnica de lino,
> puesta con negligencia y abandono,
> la virginal corona de azucenas
> y rosas blancas de su frente en torno,
>
> los nítidos cabellos derramados
> en negras ondas por el cuello y hombros,
> y los ojos a veces cual luceros
> reverberando, o cual ardientes hornos
>
> encendidos, a veces eclipsados,
> fijos, como sin luz, otras de asombro
> llenos girando en torno, y otras turbios
> con gruesas gotas de salobre lloro,
>
> y la gran palidez de sus mejillas,
> con la boca entreabierta, cierto modo
> de andar y de mover brazos y cuello,
> y el tardo respirar cansado y hondo,
>
> le dan una apariencia tan extraña,
> tal indeciso y vago a sus contornos,
> que asemejaba cosa de otro mundo,
> aparición o sueño vaporoso. (t. II, pp. 340-341).

Para la interpretación de estos inquietantes cuartetos es clave un curioso verso que se halla cinco estrofas más abajo: «De la novia harto cerca va María» (t. II, p. 342). María —recordará el lector— es la esclava cristiana de Kerima, quien en otro tiempo le ofreció como consuelo su medalla de la Virgen y le señaló esa «nueva senda» mística ya comentada. Ahora consideremos la apariencia de Kerima en las estrofas que acaban de reproducirse. El aspecto de la protagonista es el de quien ha cortado todos sus lazos sensoriales con el mundo inmediato, como si estuviera poseído por el espíritu divino (es ya un ser del «otro mundo»); o mirando tal posesión de forma algo anacrónica —pero valga al menos la comparación—, Kerima tiene el aspecto de una drogada: *la túnica de lino, / puesta con negligencia y abandono, / [...] los ojos a veces cual luceros / reverberando, o cual ardientes hornos /*

encendidos; a veces eclipsados, / [...] girando en torno [...] la gran palidez [...] la boca entreabierta [...] el tardo respirar.

¿Este trance no habrá sido inspirado, dirigido, programado por María, que si habláramos del siglo XVI, diríamos que ella y su discípula parecen un par de alumbradas? Para entender el extraño estado de Kerima en la procesión, también hace falta tomar en cuenta que se ha hallado mal de salud en el convento donde se hospedaba hasta su boda.

> No ha gozado salud dentro del claustro
> y en él ha dado indicios, y no pocos,
> de que aún estaba endeble su cabeza
> y su imaginación en desentono.
>
> Accesos ha tenido de despecho
> y de alegría, de terror y arrojo,
> que una terrible lucha demostraban
> de encontradas pasiones; pero pronto
>
> en devoción tan honda y compungida,
> en entusiasmo tal, en tal arrobo
> por las santas doctrinas terminaban
> que de las religiosas fue el asombro (t. II, p. 341).

Este trozo está repleto de términos significativos. El adverbio *aún* conecta los presentes males de la adolorida protagonista con los que sufrió en los romances I a V. La dolencia es psicológica, pues proviene de una *imaginación en desentono.* No cabe documento clínico más claro sobre su psicosis maníacodepresiva que la afirmación de que *accesos ha tenido de despecho / y de alegría, de terror y arrojo, / que una terrible lucha demostraban / de encontradas pasiones...* Allí se constatan todas las fases del indicado mal psicológico, toda su inestabilidad, oscilación entre la exaltación y la depresión, y su tendencia a la recidiva, muy marcada esta última característica en Kerima por los muchos incidentes a lo largo de la extensa obra. Son notables asimismo en Kerima los síntomas de la fase maníaca de su mal: hiperirritabilidad, hiperideación e hiperactividad, como observa en seguida todo lector. Todas esas *encontradas pasiones*, según llama el poeta a tales manifestaciones de la enfermedad, *en entusiasmo tal, en tal arrobo / por las santas doctrinas terminaban*. Quiere decirse que sus agudas aflicciones mentales se sublimaban en las fórmulas de la religión. Los místicos se precavían de excesos de entusiasmo y se flagelaban por temor de que se tratase de una tentación del demonio, o de un acometimiento de locura; y lamentablemente, este último caso parece ser el de la triste Kerima.

En los versos que siguen al rechazo de Mudarra por Kerima, se revela el papel preciso de la esclava cristiana María en el desenlace de la vida profana de la mora, cuyos singulares desórdenes y vehemente voluntariedad fueron producidos en parte por la ausencia de su madre, que murió de sobreparto. María es como una nueva nodriza, una sustituta de la madre, que subsconscientemente Kerima viene buscando desde su más tierna edad. La protección de María le ha permitido a Kerima relajar la actitud agresiva con que escudaba su delicada sensibilidad interior contra un mundo que veía como enemigo. Lo dice el duque de Rivas con este breve pero certero toque, a la conclusión de las últimas palabras que Kerima había de dirigir a Mudarra: «Dijo, resuelta del altar huyóse / y de María en el regazo tosco / desmayada cayó...» (t. II, p. 345). Me interesa llamar la atención sobre las palabras *regazo tosco*. Se trata del regazo de la nodriza que muchas veces —sobre todo, en el caso de los aristócratas— es un regazo mucho más materno que el de una frívola progenitora ocupada de las fruslerías de la vida cortesana. Kerima ha recobrado su niñez, mejor dicho, ha logrado la que nunca tuvo, y María, nombre de madre por antonomasia, la protegerá ya para siempre contra todas las amenazas.

El final de la historia de Kerima no se produce por decreto celestial. Es de este mundo su historia. Se produce por la interacción entre dos influencias ambientales, por la herencia paterna, por la crianza y por la voluntad/voluntariedad de la protagonista. El medio cordobés y el medio burgalés contribuyen a su determinación, pero no la completan. Kerima da una interpretación individual, autónoma a cada influjo. Su arrogancia, estimulada por su crianza, podría haberla llevado a rechazar a Mudarra, en vez de rebelarse contra su padre. Su «nuevo modo» de amar y ver las cosas debido al medio castellano podría haberla inducido a buscar un campeón que defendiera el honor de su padre contra Mudarra (y habrían entrado en una relación semejante a la que se dio entre el Cid y Jimena jóvenes). Mas Kerima es original e independiente en medio de su esencial debilidad humana; la cual, paradójicamente, la hace artísticamente más fuerte que Mudarra, pues su medio físico, más su contexto humano, más su mal psicológico, no llevan a un resultado matemáticamente previsible. La interacción medio–voluntad en Kerima se anticipa, no al naturalismo, sino al realismo. El libre albedrío del individuo prevalece todavía, en oposición a la nueva clase de predestinación que se llama determinismo ambiental. Kerima, como Beatriz en *El señor de Bembibre*, de Enrique Gil y Carrasco (otra protagonista romántica cuya historia patológica se nos ofrece completa)[27], es un anticipo de figuras como Emma Bovary y Ana de Ozores. En la dialéctica rivasiana entre destino y locura, cielo y tierra, Mudarra es cielo y Kerima es tierra, a pesar de su toma del velo de monja.

[27] Véase el capítulo X, sobre la novela de Gil y Carrasco.

V

AMOR SUBLIME, PRECURSOR DE LA MUERTE EN *EL DONCEL DE DON ENRIQUE EL DOLIENTE*, DE LARRA

A INTRIGA AMOROSA —triángulo— que se representa en la novela histórica, *El doncel de don Enrique el Doliente* (1834), del famoso costumbrista Mariano José de Larra (1809-1837), sigue el patrón característico de ciertas novelas amorosas de enfoque contemporáneo entonces muy leídas, como *Julie, ou la Nouvelle Héloïse*, de Rousseau, y *Las cuitas del joven Wérther*, de Goethe, en las que Saint-Preux y Wérther, desesperados, se consideran como injustas víctimas por no haber logrado que Julie y Carlota renunciasen a contratos de boda sancionados por la sociedad y la religión.

Larra simplemente da un paso más, no solamente en la novela objeto de este estudio, sino también en las pequeñas tramas novelescas de sus cuadros costumbristas *El casarse pronto y mal* y *El duelo*: pues la dama que el desesperado amante aventurero se propone conquistar contra todos los buenos usos de la sociedad presenta el impedimento de estar ya casada. (No sucede así en el drama de Larra sobre el mismo personaje histórico, *Macías*, también de 1834). Veremos que influye asimismo sobre *El doncel* otra novela amorosa francesa del setecientos que estaba aún muy de moda y que acababa de reeditarse en versión castellana en Valencia, en 1827: *Paul et Virginie*, de Bernardin de Saint-Pierre. Mas lo original de la gran novela de Larra es su forma de tratar el amor en sí. Pues es sin duda el ejemplo más memorable de lo sublime del amor: una nueva visión del amor que iba evolucionando en obras de creación en la época de las novelas de Rousseau, Goethe y Bernardin de Saint-Pierre, pero que no se reflejaría claramente en la crítica hasta algunos años después de la publicación de *El doncel*, y aun entonces no sería tanto en la crítica como en la teoría psicológica.

La primera parte del título bajo el cual escribo hoy está adaptada de un pasaje de *El doncel*. Es significativo que las aludidas palabras sobre Macías, dirigidas a don Enrique de Villena, sean del astrólogo mosén Abrahem Abenzarsal, ya que se trata de una forma de destino: «Creedme, le he examinado atentamente; es de aquellos hombres en quienes el amor es siempre precursor de la muerte»[1]. Aunque tan funesta visión del amor no era totalmente nueva, es en la época de Larra en la que

[1] Mariano José de Larra, *El doncel de don Enrique el Doliente*, ed. de José Luis Varela, Letras Hispánicas, 76, Madrid, Cátedra, 1978, p. 184. Las demás referencias a páginas de esta edición se indicarán entre paréntesis en el texto.

se hace posible dar expresión a toda la trágica grandeza de la fatalidad amorosa. Otro ejemplo son las palabras del sensible esclavo mulato Sab, enamorado de la hija de su amo, en la novela *Sab* (1841), de Gertrudis Gómez de Avellaneda: «En cuanto a mí, ¡ya he amado, ya he vivido...!»[2]. Esta gran emoción —mitad horror, mitad delicia— inspira palabras memorables aun a escritores olvidados. Felipe Ramón Carrasco dedica unas líneas a varias poetisas amigas suyas en el número del periódico literario semanal *El Meteoro* para el 29 de noviembre de 1846, y al final de su artículo, que ocupa las dos primeras planas del número, se entrega a toda la angustia de su amor y su muerte: «Amor es morir. He amado, y ha muerto mi corazón»[3].

Es notable la teatralidad de la retórica que acompaña al amor-destino; y no obstante, no es en sí teatral en absoluto el concepto del destino operante en *El doncel de don Enrique el Doliente*. En la tragedia y el drama, no alcanza el tiempo para realizar un estudio profundo de los conflictos interiores del personaje que podrán llevar a su destrucción, y así su determinación suele obedecer a una fuerza que trasciende a su persona, ya sea el hado del teatro antiguo, ya la transgresión contra algún precepto moral, o ya la oposición de un segmento de la sociedad, siendo notables ejemplos de la tercera modalidad la tragedia *Raquel*, de García de la Huerta, y el drama *Don Álvaro o la fuerza del sino*, del duque de Rivas. En cambio, en la novela, de movimiento más pausado, se va formando poco a poco en el crisol de los sucesos el conflicto entre la sociedad y el *quid* motivador del protagonista, el cual suele ser inmanente, ora porque sea una cualidad innata, ora porque sea un esquema de vida que el héroe ha integrado de modo consciente en su forma de ser. Pueden darse juntas estas dos especies de motivación interna, y en este aspecto *El doncel* se parece al *Quijote*.

En su innovador *Análisis del Quijote* (1780), el militar y contertulio de Cadalso, don Vicente de los Ríos, señala las motivaciones paralelas de los protagonistas en los poemas épicos de Homero y en la novela de Cervantes, partiendo de la finalidad paródica de éste:

> De este objeto escogido con tanto acierto dedujo Cervantes la acción de su fábula, que es la locura de don Quijote, al modo que la de la Ilíada es la ira o cólera de Aquiles. [...] También conoció [Homero] lo mejor en la unidad de sus fábulas, porque en la *Ilíada* y *Odisea* no finge todas las cosas que sucedieron a Ulises y Aquiles, sino sólo aquellas que pueden constituir una sola acción. Del mismo modo Cervantes no fingió toda la vida de don Quijote, sino únicamente aquella parte de ella relativa a su locura, que es la única acción de la fábula. Por esta razón la comenzó desde el principio de la manía, y no desde el nacimiento de don Quijote, a semejanza de Homero, que según la discreta observación de Horacio, no empezó por la muerte de Meleagro para referir la vuelta de Diomedes, ni tampoco la guerra de Troya desde el nacimiento de Cástor y Pólux[4].

[2] Gertrudis Gómez de Avellaneda, *Sab*, ed. cit., p. 221.

[3] Tomo suelto de números de *El Meteoro* y *El Genio*, adquirido por mí hace algunos años en una librería anticuaria de Madrid. Estas dos publicaciones, según los diferentes puntos de vista de sus redactores desavenidos, eran o no eran el mismo periódico literario. Dicho tomo abarca desde el 1 de marzo de 1846 hasta el 17 de enero de 1847.

[4] *Análisis del Quijote*, por el teniente coronel D. Vicente de los Ríos, académico de número. *Vida de Miguel de Cervantes Saavedra*, escrita e ilustrada por D. Martín Fernández de Navarrete, Barcelona, Imprenta de la Viuda e Hijos de Gorchs, 1834, pp. 7-8.

¡Alza y parte, desdichada,
primero que veas relumbrar su espada!

De Larra, *El doncel de don Enrique el Doliente,* Madrid, Calleja, Editor, s.a.

Ira, locura, ¿por qué no basar otra fábula estructurada del mismo modo en el amor, o mejor dicho, en la obsesión del amor? Después de todo, nada hay más conocido que la obsesión amorosa del protagonista de *El doncel*, pues el modelo histórico del personaje novelístico, trovador gallego del *Cancionero de Baena*, ha sido conocido desde siempre como «Macía el Enamorado», y tal es su más destacado rasgo también en las obras teatrales que le dedicaron Lope de Vega, Bances Candamo y el propio Larra. La acción de la fábula de Larra, como la de las fábulas de Homero y Cervantes, abarca solamente el período de la vida de su protagonista en el que es decisiva su principal cualidad psicológica: desde la renovación de las relaciones entre Macías y Elvira, esposa de Fernán Pérez de Vadillo, el escudero de Enrique de Villena. (Macías había conocido a Elvira tres años antes, pero después de haberse casado la dama con Vadillo.) La obsesión amorosa, ya lo veremos, es la seña de identidad del protagonista y el marco de todo el argumento. Mas por el presente echemos una ojeada a la otra forma de motivación inmanente que *El doncel* comparte con el *Quijote*, porque, aunque muy interesante, su papel es menos importante aquí, y podemos atender a ella de una vez y luego concentrarnos en el amor-destino de Macías.

El estímulo que desata la locura de don Quijote es el esquema de vida que ha observado en los libros de caballerías. Según Américo Castro, la gloriosa imagen de la vida y aventuras de caballero andante se encarna en la persona de Alonso Quijano, como el Verbo, el *Logos* o el Espíritu Santo en Jesucristo[5]. Castro cita otros dos ejemplos de la fecundación de un personaje novelístico por la incorporación a su propia esencia de las características de una figura histórica o literaria anterior, a quien idealiza: Julien Sorel en *Le rouge et le noir*, de Stendhal, fascinado por Napoleón; y Madame Bovary, en la novela de Flaubert, inspirada por las protagonistas de las novelas románticas que ha leído. Mas pueden mencionarse otros ejemplos. En *Pablo y Virginia*, que cito por la entonces nueva traducción, que pudieron leer Larra y sus lectores, se sugiere la posibilidad de tal esquema, pues la rica tía parisiense de la doncella de la Isla de Francia «la había tratado de loca y mentecata, añadiendo que tenía la cabeza pervertida por las novelas»[6].

La desheredada, de Galdós, es otro ejemplo, pues Isidora se mueve por la idea arquetípica de heredera de una gran fortuna que ella lucha por encarnar. Mas, antes de Galdós, en *El casarse pronto y mal* (1832), Larra nos da una Madame Bovary *avant la lettre*, un cuarto de siglo antes de editarse la novela de Flaubert (1857), pues en dicho artículo la esposita de Augusto, Elena, «se embaucaba en su cuerpo, en sus ratos perdidos, que eran para ella todos los días, una novela sentimental con la más desatinada afición que en el mundo jamás se ha visto»; por tal «instrucción novelesca» se guiaba en todo, verbigracia, no guisando, porque «en cuanto a comer ni eso hacía falta a los enamorados, porque en ninguna novela se dice que coman las Amandas y los Mortimers, ni nunca les habían de faltar unas sopas de ajo»; y finalmente, acompañada por un amigo galante y traicionero de su marido, huyó

[5] Véase Américo Castro, «Incarnation in *Don Quijote*», en *Cervantes Across the Centuries*, Nueva York, The Dryden Press, 1947, pp. 136-178.

[6] *Pablo y Virginia*. Por Jacobo Bernardino Enrique de Saint-Pierre. Nueva Edición adornada con seis láminas finas, a imitación de la que el autor publicó en París. Con licencia. Valencia, por Ildefonso Mompié, 1827, p. 175.

de su descuidado hogar con las fatales consecuencias que sabe el lector[7]. En *El duelo* (1835), de Larra, se da otro ejemplo de conducta imitada de las novelas del tiempo: Adela «podía fingir admirablemente todo ese sentimentalismo, sin el cual no se alcanza en el día una sola victoria; cantaba con una languidez mortal; le miraba a usted con ojos de víctima expirante, siendo ella el verdugo»[8]; y en *Una noche de vela*, de Mesonero Romanos, que pertenece a la segunda serie (1836-1842) de las *Escenas matritenses*, la condesita del Tremedal, que «era grande apasionada de las heroínas de Balzac»[9], entretiene a un militar joven y atractivo mientras su marido se está muriendo. En fin, existen al menos tres Madame Bovary anteriores a la de Flaubert. Pero nos interesa el uso del *logos* literario en *El doncel de don Enrique el Doliente*.

No es Macías, sino su amante adúltera Elvira, quien responde a tal incentivo novelístico. Pero Elvira vivió en el siglo XIV; y ¿con qué novelas románticas podía tentarse entonces esta mujer casada? Para Macías Elvira es la «señora de sus pensamientos» (pp. 293, 360), y tal término es característico de la caballería andante, a la vez que indicativo de la índole de las lecturas de la esposa de Vadillo:

> Sentóse [Elvira] cerca de la lumbre, después de haber dado las oportunas disposiciones para que durante la noche no faltasen sus dueñas del lado de la marquesa [de Villena], y púsose a leer un manuscrito voluminoso, que entre otros muchos y muy raros tenía don Enrique de Villena, por ser libro que a la sazón corría con mucha fama y ser lectura propia de mujeres. Era éste el *Amadís de Gaula.* (p. 121).

La primera redacción del *Amadís* pertenece, efectivamente, a la primera mitad del siglo XIV; y Elvira lo lee durante el reinado de Enrique III, a fines de ese siglo. A continuación, Larra explica cómo la confidenta de la marquesa de Villena se identifica con los personajes de la gran novela caballeresca:

> Elvira simpatizaba no poco con las ideas de amor, constancia eterna y demás virtudes caballerescas que en aquel libro leía; hubiera dado la mitad de su existencia por hallarse en el caso de la bella Oriana, y aun no le faltaba a su imaginación ardiente un retrato de Amadís cuya fe la hubiera lisonjeado más que nada en el mundo; era éste un mancebo generoso de la corte de Enrique III [Macías], a quien había conocido desgraciadamente después que a Fernán Pérez de Vadillo [su marido]. (*ibíd.*).

El efecto de tal lectura en Elvira —metamorfoseada en Oriana en su imaginación— es precisamente el mismo que el peligroso género caballeresco producía en las lectoras núbiles en el tiempo de su apogeo literario, según el ya citado crítico setecentista Vicente de los Ríos: «Llenas pues de ideas caballerescas, no se detenían las doncellas más recatadas en tomar las más arrojadas resoluciones»[10]. Elvira no perdió la virtud en el sentido físico, mas se dejó seducir mentalmente por el nuevo

7 Larra, *Artículos*, ed. cit., pp. 61, 62, 62-63.

8 Larra, *Artículos*, ed. cit., p. 263.

9 En Ramón de Mesonero Romanos, *Obras, II*, ed. de Carlos Seco Serrano, Biblioteca de Autores Españoles, 200, Madrid, 1967, p. 113a.

10 Ríos, *Análisis del Quijote*, ed. cit., p. 76.

Amadís hasta tal punto, que se le hizo imposible la vida por los celos de su marido, Vadillo, que entendía perfectamente lo que sucedía. El abismo entre los esposos se fue haciendo cada vez más profundo porque, al mismo tiempo, Elvira, fiel a la marquesa de Villena, la defendió cuando el marqués la hizo secuestrar para fingir su muerte y así acceder al maestrazgo de la orden militar de Calatrava, para el que hacía falta ser célibe o viudo; y en este asunto, Vadillo, doncel del marqués, tuvo que llevarle la contraria a su esposa. En tan difícil momento, Elvira, vestida de negro, disfrazada con un velo muy tupido, da nuevo incremento al drama presentándose ante el rey Enrique III para acusar al marqués de Villena, reto que en presencia de toda la corte acepta defender hasta la muerte el galante doncel Macías.

Aun sin la fatal inclinación amorosa de Macías, semejantes circunstancias hubieran bastado para llevar a su total destrucción a las tres partes del triángulo. Más tarde quedará claro que tales *circunstancias* forman parte de un nuevo concepto del destino, elaborado por Madame de Staël en los albores del ochocientos, del cual Fígaro se vale para mostrar la relación entre la funesta constelación amorosa de Macías y el *logos* de Elvira. De momento, simplemente quería destacar que los dos amantes son llevados por sendas fuerzas motrices a suertes paralelas, y en seguida haremos el análisis pormenorizado del amor sublime, amor-destino de Macías. Los protagonistas de Larra estaban en la misma situación que esos amantes románticos que, no hallando en este mundo su suspirada unión, se suicidaban juntos por buscarla en el cielo. Pues Elvira-Oriana y Macías-Amadís no encontraban en este mundo más unión que la de sus desgarradores destinos. «Una inexplicable fatalidad pesaba sobre ella» (p. 299). «La misma fatalidad que pesaba sobre Elvira había alcanzado al doncel» (p. 300).

En el texto de *El doncel de don Enrique el Doliente*, he encontrado veinticuatro referencias a la relación entre el amor y el aciago destino de Macías, incluyendo las ya citadas. A continuación las reproduzco todas para que el lector aprecie la fuerza de estos pasajes y para que nos sea posible tomarlos todos en cuenta. La asombrosa iconoclastia del primer pasaje, en el que el doncel aparece como hollador de altares cristianos, es a un mismo tiempo síntoma de la profunda deuda del romanticismo con el librepensamiento de la Ilustración y señal de la desesperada voluntariedad de la rebelión de Macías contra la sociedad.

> [Elvira es] la única tal vez de quien un juramento sagrado y una unión mil veces maldecida para siempre me separan. ¡Yo romperé esa ara, yo la destrozaré! ¡Yo hollaré con mis propios pies ese altar funesto que nos divide! (p. 106)[11].

> Un observador más inteligente [que Villena] hubiera leído en su lánguido amartelamiento que el amor era la primera pasión del joven. (p. 109).

> [Macías] es de aquellos hombres en quienes el amor es siempre precursor de la muerte. (p. 184).

[11] No conozco sino un solo exabrupto romántico que se iguale al presente por su extremosidad. Son palabras del esclavo mulato Sab en la ya mencionada novela de la Avellaneda: «He pensado [...] bañarme en sangre de blancos; hollar con mis pies sus cadáveres y sus leyes y perecer yo mismo entre sus ruinas» (ed. cit. p. 209).

He huido yo también, pero no hay hombre más fuerte que su destino. Te amo, Elvira, te adoro. Ámame o mátame. (p. 238).

No se ama nunca con este amor que me abrasa para no ser correspondido. (p. 239).

La primera vez que os vi conocí que la corte debía seros funesta. (p. 283; son palabras del astrólogo Abenzarsal dirigidas a Macías).

¿Y cuándo muere la esperanza en el corazón del hombre? (p. 284)[12].

Vuestra constelación es funesta. (p. 287; el astrólogo Abenzarsal a Macías).

Desde entonces [...] no vio más que a Elvira en el mundo, y desde entonces pudiera haber conocido quien hubiera leído en su corazón, que Elvira o la muerte era la única alternativa que a tan frenética pasión quedaba. (p. 287).

¿Pensáis que la Naturaleza ha podido imprimir con caracteres de fuego en el corazón del hombre un sentimiento sublime, un sentimiento de vida, eterno, inextinguible, para que se avergüence de él? (p. 293; Macías se dirige a Elvira).

Falso es, Macías, lo que habláis; es falso. Ni vos me amáis ahora ni me amasteis jamás. Me veis, y vuestros ojos, funestamente clavados en los míos, están diciendo a todo el mundo: *¡Yo la amo!* (p. 294).

Hay un amor tirano; hay un amor que mata. (p. 295; Macías a Elvira).

La misma fatalidad que pesaba sobre Elvira había alcanzado al doncel. (p. 300).

Presentóse entonces a sus ojos el amor, terrible presagio de sangre y de desgracia. (p. 305; visión de Elvira).

Ya lo oíste de mi boca; por ese amor frenético que veo en tus ojos con placer, por ese amor, Macías, ¡huye! (pp. 309-310; Elvira a Macías).

Los dos felices, o desgraciados ambos. (p. 327; Macías a Elvira).

...el amor era mi constelación. Encontrando en el mundo una mujer heroica, era mi destino ser un héroe. Encontrando una mujer pérfida, Macías debía ser un monstruo. Yo os di a elegir, señora. Nuestra felicidad y el secreto y cuanto vos exigieseis, o el escándalo y mi muerte. Vos elegisteis lo peor. Escrito estaba. ¡Muerte y fatalidad! (p. 327).

Tu amor, tu amor, ¿quién lo creyera?, era el único que no debía dejar más señales de su existencia en tu corazón de hielo, que las que deja el ave que atraviesa rápidamente el cielo, que las que deja sobre tu labio abrasador este ósculo de muerte que recibes, mi bien, a tu pesar. (p. 327).

En las grandes situaciones de la vida, no halla salida el llanto. La inmovilidad del mármol, el estupor de la postración, son los caracteres de las emociones sublimes. El silencio entonces es elocuente, porque no hay palabras en ninguna lengua ni sonidos en la Naturaleza que pinten el amor en su apogeo, que expliquen el dolor en toda su intensidad. (p. 328).

[12] Habla Macías, mas también habla Larra por la boca de Macías. Recuérdese el final del artículo *Día de difuntos de 1836*: «¡Santo cielo! También otro cementerio. Mi corazón no es más que otro sepulcro. ¿Qué dice? Leamos ¿Quién ha muerto en él? ¡Espantoso letrero! *¡Aquí yace la esperanza!* ¡Silencio, silencio!» (*Artículos*, ed. cit., p. 1067).

> ...no tendría el castillo muchos aficionados, porque era común opinión que el que llegaba a poner el pie en él, hallándose enamorado, ya nunca había de oír más consuelo ni esperanza amorosa que aquel fatal *Es tarde,* que a la fundación y suerte del castillo presidía. (p. 336; Macías está preso en el castillo donde un mago moro había encerrado para siempre a la desdeñosa Zelindaja que demasiado tarde quería amarle).

> ¡Elvira —decía [Macías] hablando con su señora—, Elvira, he aquí el estado infeliz a que ha reducido tu obstinación a tu amante desdichado! ¡Te lo predije! ¡No oíste mi voz! ¡No creíste mis palabras! Goza ahora, goza tan tranquila en los brazos de tu esposo esa felicidad maldecida que yo solo perturbaba. (p. 415).

> ¡Nunca se apagará este ardor y esta memoria! ¡Es fuego, es fuego, es el amor entero, es el infierno todo sobre mis labios desde entonces! (pp. 415-416).

> *¡Es tarde! ¡Es tarde!* (p. 419; palabras que parece emitir el cuerpo destrozado de Macías, dando de hierro en hierro, en su caída mortal por la trampa del rastrillo de su celda).

> Acercóse el sacristán y vio que la loca tenía un hierro en la mano, con el cual había escrito sobre la piedra *¡Es tarde! ¡Es tarde!* Pero ella estaba muerta. Sus labios fríos oprimían la fría piedra del sepulcro. Un epitafio decía en letras gordas sobre la losa: YACE AQUÍ MACÍAS EL ENAMORADO. (p. 425).

Primero, es menester señalar que en los dos pasajes en que se halla utilizado el adjetivo *sublime*, se insinúa la idea de la separación. (Véanse los pasajes de las páginas 293 y 328, reproducidos arriba). La sociedad supone que Macías, avergonzado del amor natural que siente por una mujer casada, podrá renunciar a ese desesperado lazo, mas para él los dictados de la Naturaleza son sagrados. Es un caballero medieval redivivo en el ochocientos; sin duda ha leído a Rousseau, y cueste lo que cueste, será fiel al «sentimiento sublime» que le inspira la ley natural. El «dolor en toda su intensidad», que es lo contrario del «amor en su apogeo», es la separación del objeto de tal amor, y así es una de esas dos «emociones sublimes» que encuentran su mayor elocuencia en el silencio. En fin: cuando un amor humano inspirado con toda la fuerza de la Naturaleza se opone —sin esperanza de premio— a cuantos obstáculos existen en la sociedad y la religión, ese sentimiento, con tal de expresarse con no menor bizarría, es lo que vamos a llamar lo sublime del amor; nueva acepción del término de Longino, documentada en un libro de 1842, que miraremos más tarde.

La inconcebible separación de un amor que por sí solo da sentido a la vida se le representa a los ojos del alma de Macías como un «abismo» (p. 295), metáfora feliz, pues abismos, cataratas, volcanes, tempestades son los fenómenos naturales ante los que sentimos esa mezcla *sublime* de goce y miedo, ese terror de hallar la muerte en lo mismo que nos ha brindado placer; unión y separación a un mismo tiempo[13].

[13] Para Longino lo sublime es ante todo una modalidad del estilo, como queda claro por los trozos citados a continuación en nuestro texto, pero en alguna de sus páginas asoma lo sublime natural, tal como lo entendemos hoy: «...llevados de un instinto natural, no admiramos, por Zeus, los pequeños arroyos [...], sino el Nilo, el Danubio, el Rin y, mucho más, el Océano [...]. Ni pensamos que haya algo más digno de admiración que los cráteres del Etna, cuyas erupciones lanzan desde su abismo piedras y colinas enteras, y a veces vierten por delante ríos de aquel fuego titánico y espontáneo» (en Demetrio, *Sobre el estilo*. Longino, *Sobre lo sublime*, trad. y ed. de José García López, Biblioteca Clásica, 15,

En una palabra: separación es respecto de la armonía del amor lo mismo que abismo respecto de la armonía de los terrenos. De lo sublime del abismo del amor truncado no dice nada el tratadista de la antigüedad conocido como Longino. Para éste las principales fuentes de lo sublime son «el talento para concebir grandes pensamientos» y «la pasión vehemente y entusiasta», que traducidos al estilo, llevan a «la pasión de las palabras»[14]; elementos que de ninguna manera faltan en *El doncel*. Mas, en lo tocante a lo sublime en los personajes históricos y literarios, Longino se limita casi exclusivamente al heroísmo. Se refiere, eso sí, a un poema de Safo en el que se habla de la emoción que siente una mujer en la presencia de un hombre tan perfecto que parece un dios (ed. de Gredos, pp. 166-167), pero, repito, no hay nada en *Sobre lo sublime* que sirva para iluminar el abismo del amor.

La primera vislumbre de lo sublime amoroso que conozco es un curioso pasaje de la edición príncipe de la *Filosofía de la elocuencia* (1777), de Antonio de Capmany, en el apartado titulado «Sublime de sentimiento»; digo que es curioso, porque a la par que el rétor español expresa su fuerte preferencia por ejemplos heroicos del tipo que citaba Longino, hace una distinción entre acciones humanas que descubre su conciencia de la nueva interpretación del sentimiento sublime que irrumpe en la mentalidad literaria de su tiempo. «En lo moral también, lo grande, esto es, la grandeza y fuerza de los caracteres —dice Capmany—, constituye lo sublime. No es Tirsis caído a los pies de su amante, sino Escévola con la mano puesta en el brasero, lo que inspira un tímido respeto, una terrible admiración»[15]. Mas, ya en el decenio en el que escribe Capmany, se dan en comedias lacrimosas

Madrid, Gredos, 1979, p. 203). Mas tal idea de lo sublime tuvo su pleno desarrollo a partir de obras dieciochescas como *Philosophical Enquiry into the Origins of our Ideas of the Sublime and the Beautiful* (1756), de Edmund Burke, y *Beobachtungen über das Gefühl des Schönen und Erhabenen* (1764), de Immanuel Kant. En la misma época, en la primera edición de su obra sobre la retórica, el español Antonio de Capmany también describe lo sublime natural: «En la Naturaleza [...] los objetos que excitan las sensaciones más fuertes son siempre las profundidades de los cielos, la inmensidad de los mares, las erupciones de los volcanes, los estremecimientos de los terremotos, etc. por razón de las grandes fuerzas que en ella suponen, y por la comparación que involuntariamente hacemos de estas mismas fuerzas con nuestra debilidad al tiempo de observarlas. En la contemplación de unas cosas por sí formidables, ¿qué hombre no se sentirá poseído del más tímido y profundo respeto?» (Antonio de Capmany, *Filosofía de la elocuencia*, Madrid, Imprenta de D. Antonio de Sancha, 1777, p. 108).

14 Longino, ed. cit., pp. 158, 210.

15 Capmany, ed. cit., p. 11. La obra de Kant mencionada en la nota 13 contiene un capítulo sobre lo bello y lo sublime en las relaciones entre los dos sexos, mas en esas páginas el filósofo alemán no se ocupa en absoluto del rompimiento de esas relaciones, ni de la separación de los amantes. En las famosas *Lectures on Rhetoric and Belles Lettres* (1783), de Blair, que son posteriores a la obra de Capmany, tampoco se dice nada sobre el nuevo concepto de lo sublime amoroso que iba emergiendo. Para Blair lo sublime estriba en los pasmosos fenómenos de la naturaleza, o bien en alguna emoción generosa y ejemplar: «Siempre que se presente en la naturaleza un objeto grande y augusto, o que se descubra una afección magnánima y exaltada del corazón humano, podrán servirnos para el sublime si logramos que nos hagan una impresión fuerte, y presentarlos con calor y viveza» (Hugo Blair, *Lecciones sobre la retórica y las bellas letras*, trad. cit. de Munárriz, t. I, p. 96). No es así sorprendente que la nueva idea de lo sublime amoroso falte en el muy conocido manual de principios del siglo XIX, *Principios de retórica y poética*, de Francisco Sánchez Barbero, Madrid, Imprenta de la Administración del Real Arbitrio de Beneficencia, 1805, por cuya página 72 se ve que las pasiones en que piensa Floralbo Corintio —nombre del autor entre los Árcades de Roma— son las nobles y heroicas: «Exaltar fuertes pasiones, pintar grandes caracteres, desenvolver grandes causas, celebrar acciones extraordinarias... he aquí el empleo del sublime».

como *El delincuente honrado* (1773), de Jovellanos, y *El precipitado* (1773), de Trigueros, impresionantes muestras del nuevo concepto de lo sublime del amor, del tipo de Tirsis caído a los pies de su amante. Miremos un parlamento de Torcuato en la primera de esas obras. Como éste había matado al primer esposo de su adorada mujer Laura, está convencido de que las circunstancias le obligan a huir: «Pero, Laura, consuélate; yo voy a vengarte. No; mi perfidia atroz no quedará sin castigo. Voy a huir de ti para siempre, y a esconder mi vida detestable en los horribles climas donde no llega la luz del sol, y donde reinan siempre el horror y la oscuridad»[16]. Tan penosa separación por poco se nos convierte en un tremebundo espectáculo natural, pues lo sublime natural va a ser la metáfora principal de lo sublime amoroso.

Será más pertinente, empero, considerar un par de ejemplos tomados de novelas del tiempo de Capmany: una, francesa; otra, española. En *Pablo y Virginia* (1787), de Bernardin de Saint-Pierre, la virtuosa doncella de la Isla de Francia se va a París a vivir con su tía rica a fin de educarse en los elegantes modales de la capital y hacerse digna de heredar a su parienta. Mas no partirá Virginia sin haber escuchado esta sentidísima protesta de Pablo, quien no pide más que acompañarla en el viaje de mar: «A lo menos te animaré en las borrascas que temes tanto, y te consolaré en medio de las desgracias; y cuando yo te vea en Francia, servida y adorada de todo el mundo, ¡te haré el último sacrificio de morir a tus plantas!»[17]. En lo sublime del amor está invariablemente presente la idea de la separación, y sobre todo, la separación definitiva, la muerte.

En la novela *Eudoxia, hija de Belisario* (1793), de Pedro Montengón, el famoso general de Constantinopla ha perdido la gracia del emperador; y su hija está enamorada de Máximo, vástago de una vieja y muy noble familia que despreciaba al valiente militar por su linaje menos ilustre, aun antes que éste se viera privado del favor imperial. Sin embargo, Belisario insiste en que Máximo pida la bendición de los suyos para casarse con Eudoxia. Le responde desesperado el amante de Eudoxia, pues se le ha pedido algo más difícil que cruzar a nado el Helesponto:

> —¡Oh día el más funesto para mí, cuando esperaba que fuese el más fausto y alegre de mi vida! ¡Ah! Belisario, cubrís de tinieblas mi corazón, y amargáis cruelmente a mi alma. [...] ¡Ah! ¡Por qué no me mandáis antes purgar la tierra de sus monstruos, y pasar a nado, no ese vecino estrecho de Abido, como Leandro, sino el ancho mar en que Jove abrió a Europa el temible y ondoso sendero! Esto me fuera más fácil que obtener el consentimiento de mis padres a mi casamiento con Eudoxia. [...] ¡Oh infeliz de mí! Os entiendo, Belisario. ¡Cruel destino de Máximo, hecho el dechado mayor en la tierra de la constancia y fidelidad del amor...! [...] ¡Oh Belisario, no queráis agravar la desesperación en que me veo y que vos mismo causasteis! Abandonadme, os ruego, a mi dolor y a mis crueles penas. Mucho más piadosa será para mí vuestra crueldad que estas demostraciones y que los inútiles consejos con que pretenderéis en vano darme algún consuelo[18].

[16] Jovellanos, *Escritos literarios*, ed. de Caso González, pp. 387-388.

[17] *Pablo y Virginia*, trad. cit. de 1827, p. 115.

[18] Pedro Montengón, *Eudoxia, hija de Belisario*, Madrid, En casa de Sancha, 1793, pp. 334-337; o en Montengón, *Obras*, ed. de Guillermo Carnero, t. II, pp. 245-248.

De allí á poco las murallas eran el teatro de un sangriento combate.

De Larra, *El doncel de don Enrique el Doliente*, Madrid, Calleja, Editor, s.a.

De nuevo tenemos un inconfundible ejemplo del nuevo concepto de lo sublime como cruel e irreversible separación, como abismo circunstancial violentamente abierto entre dos almas enamoradas. En las líneas reproducidas, nótese el recuerdo metafórico de la forma tradicional de la figura de lo sublime en las referencias a las tinieblas, a los monstruos de la tierra, al estrecho de Abido, y al temible y ondoso sendero del mar.

En *El doncel de don Enrique el Doliente*, Larra lleva la evolución de lo sublime amoroso a sus últimas consecuencias; pero, por de pronto, para completar el esbozo del contexto histórico en el que se sitúa su novela, no dejará de ser útil tomar en cuenta dos obras científicas o seudocientíficas del decenio de 1840. Me refiero al fascinante *Ensayo psicológico concerniente al amor* (1842), de Juan Bautista Cavaller, y a los *Elementos de frenología, fisonomía y magnetismo humano* (1849), de Mariano Cubí y Soler. Las doctrinas expuestas en el manual de Cubí son en su mayor parte del fisiólogo alemán Franz Joseph Gall (1758-1828), fundador de la frenología, y eran conocidas en España antes de la publicación de la obra de 1849. Cubí no conoce sino el concepto tradicional de lo sublime, pero nos interesa su clasificación de los afectos, con la que Torcuato, Pablo, Máximo y Macías habrían señalado su acuerdo de todo corazón. Para Cubí la *amatividad* es uno de los afectos inferiores, mas la *sublimidad* es uno de los afectos superiores[19]. Se justifica plenamente la clasificación superior que la *sublimidad* le merece a Cubí cuando se confronta con la definición del amor sublime contenida en el libro de Cavaller, y aun más cuando se parangonan esta definición y la experiencia de Macías en la novela de Larra. Por tal comparación quedará claro el sentido preciso de las doloridas quejas de Macías.

Los veinticuatro trozos de *El doncel de don Enrique el Doliente* copiados más arriba representan ya suficiente motivo para que nos refiramos a las reflexiones de Cavaller sobre el amor, sobre la imposibilidad de su logro en nuestra sociedad antinatural y sobre el nacimiento de la exaltada emoción de lo sublime en el alma del amante desesperado. El paralelo entre la mentalidad de Macías y la teoría psicológica de Cavaller es tan estrecho, que no es imposible que éste haya tomado en cuenta al personaje de Larra para la formulación de sus principios[20]. Las premisas filosóficas de Cavaller son la epistemología sensista de Locke[21], con quien declara su profunda deuda, y las teorías antropológicas de Rousseau, que se reflejan a cada

[19] Mariano Cubí y Soler, *Elementos de frenología, fisonomía y magnetismo humano, en completa armonía con la espiritualidad, libertad e inmortalidad del alma*, Barcelona, Imprenta Hispana, 1849, explicación que acompaña al dibujo del cráneo humano que precede a la portada. Sobre la amatividad y la sublimidad, véanse las pp. 58-61, 100-101. Consultado por la edición facsimilar de MRA, Barcelona 1995.

[20] En su capítulo final, Cavaller sí analiza como ejemplo el carácter de otro amante trovador, Manrique, en *El trovador* (1836), de García Gutiérrez.

[21] Cavaller escribe *Lochê*. Ha leído el *Ensayo sobre el entendimiento humano* en la famosa versión francesa de Pierre de Coste (1700). En 1776, Meléndez Valdés citaba esta obra de Locke por el mismo título castellano que se le da modernamente (BAE, t. 63, p. 73), pero Cavaller imitaba más de cerca el título inglés *(Essay Concerning Human Understanding)* al hablar en su Preliminar del *Ensayo concerniente al entendimiento humano*, y cuando comparamos esta variante del título del Locke español con el epígrafe del texto psicológico de 1842, se descubre una nueva confesión de la deuda del autor valenciano con el filósofo sensista inglés: *Ensayo psicológico concerniente al amor*.

paso en sus razonamientos. Por las páginas de Cavaller, así como por los pensamientos de Macías, anda sembrando su influencia ese hijo de la Naturaleza o buen salvaje a lo Rousseau, que será feliz mientras acate los dictados de la madre universal de todos y para quien las costumbres de las naciones civilizadas representan la mayor contaminación moral. El amante hipotético de Cavaller y el personaje Macías se creen nacidos sin la mancha del pecado original, como el buen salvaje rousseauniano. Macías y el modelo psicológico de Cavaller añoran el estado de la Naturaleza, y su mayor problema es que sus inclinaciones puras y nobles resultan incomprensibles para los moradores de las odiosas sociedades en que han sido lanzados a vivir según unos códigos completamente ajenos a la bondad natural.

Miremos varios pasajes del libro de psicología de 1842:

> Será sublime de amor una impresión de amor natural animada por un vivo deseo, fortificada por la privación, contrariada por las reglas de la sociedad o de la religión, y embellecida o exaltada por la educación, la moral y las costumbres[22].
>
> Las reglas de la sociedad, siempre opuestas a la independencia natural del hombre, han animado el amor con un fuego sublime, y de este modo han llevado a una perfección nuestra sensibilidad. La sociedad nos ha reunido; pero ha puesto entre nosotros infinitas distancias, y nos ha desunido moralmente. (p. 118).
>
> Sólo la imposibilidad de conseguir un bien, el mismo bien, y la pintura que de él nos hace la imaginación en este estado, puede producir sentimientos sublimes. La idea que nos representa este bien es exaltada por la fuerza del espíritu; no es ya cual resulta de la simple impresión del objeto interesante; es ya mucho más viva. (p. 121).
>
> ¡Qué de deseos! ¡Qué de pasiones violentas! Las pasiones le asedian [al hombre] en todo el período de su vida, y forman con sus virtudes una especie de combate; el resultado es el sentimiento o su sensibilidad. [...] Pero la pasión del amor desarrolla toda la fuerza del espíritu en su favor, y toda la sensibilidad. El hombre la combate; la Naturaleza lo resiste. De aquí lo violento de la pasión, y lo sublime del amor. (p. 124).

En estos fragmentos del libro de Cavaller, el conocedor del pensamiento de la Ilustración intuye en seguida la presencia de dos moralidades antagónicas: la del hombre manchado por el pecado original (judeocristianismo) y la del hombre

[22] Juan Bautista Cavaller, *Ensayo psicológico concerniente al amor*, Valencia, Imprenta de López y Compañía, 1842, p. 118. Posiblemente se trate, con este título, de la primera aparición en lengua castellana del adjetivo *psicológico*. En el Preliminar sin paginar, aparece también el adverbio *psicológicamente*. Existe anteriormente el sustantivo *psicolojía*, que el lexicógrafo dieciochesco Terreros escribe así, con *j*, en su tomo III (1788). También existe con anterioridad al libro de Cavaller el sustantivo *psicólogo*, pues en su prólogo de 1839 a la edición príncipe de 1840 de las *Poesías* de Espronceda, José García de Villalta escribe: «Profundo psicólogo nuestro autor, tomó las formas de la mística belleza del orbe», etc. (en José de Espronceda, *Poesías líricas y fragmentos épicos*, ed. de Robert Marrast, Clásicos Castalia, 20, Madrid, Editorial Castalia, 1970, pág. 63). Conozco otros dos ejemplos de *psicológico* de 1857, del crítico Manuel Milá y Fontanals y del novelista Roberto Robert. En los *Principios de estética*, del primero, se lee: «De ahí los alcances filosóficos y psicológicos de la poesía, que por otra parte, según lo anteriormente indicado, no debe convertirse ni en filosofía ni en psicología pura» (Barcelona, Imprenta del Diario de Barcelona, 1857, p. 82). El novelista Robert prefiere una grafía que también se ha utilizado recientemente: «Pero el fenómeno sicológico [sic] que seguía en su desenvolvimiento no lo permitió cumplir su promesa. No se veía libre de sus inquietudes, por mucho que se esforzase en desecharlas». (*El último enamorado, novela de costumbres españolas*, Madrid, Imprenta de Ginés Hernández y Artes, 1857, p. 60). Según indicación de Corominas, que no conocía ninguno de los ejemplos citados aquí, esta familia de voces entró en el Diccionario académico en 1884.

nacido en la inocencia natural (Rousseau) —contradicción que atormentó a varias generaciones en los siglos XVIII y XIX y llevó a la aparición de esos personajes medio angélicos, medio satánicos, del romanticismo—. Por tanto, en las líneas citadas, la moralidad parece oscilar, poniéndose ya del lado de la Naturaleza, ya del de la sociedad. Cavaller y Macías —éste ocho años antes que el psicólogo— hablan de la oposición entre la Naturaleza y la sociedad con la despreocupación del pensador ilustrado; y el personaje de Larra va más lejos que el ensayista, exornando su librepensamiento y rebelión contra los usos sociales con los más subidos tonos de la retórica iconoclasta de los materialistas de la centuria decimoctava. Veremos más testimonios de esto, pero ya en los tantas veces consultados veinticuatro trozos de la novela se dan varias muestras inconfundibles del irresoluble conflicto entre sociedad y vida natural, a la par que de la blasfemia, profanación y sacrilegio del materialista ante los misterios del cristianismo.

El dios de Macías es la Naturaleza, que nos habla con muchas voces, entre ellas nuestro apetito sexual, y para el doncel el pecado de su amada Elvira es que titubea al escuchar esta voz. Pues pregunta, reconviniendo a su amada —miro tres de los veinticuatro trozos—: «¿Pensáis que la Naturaleza ha podido imprimir con caracteres de fuego en el corazón del hombre un sentimiento sublime, un sentimiento de vida, eterno, inextinguible, para que se avergüence de él? [...] Yo os di a elegir, señora. Nuestra felicidad y el secreto y cuanto vos exigieseis, o el escándalo y mi muerte. Vos elegisteis lo peor. [...] ¡Elvira, Elvira, he aquí el estado infeliz a que ha reducido tu obstinación a tu amante desdichado! ¡Te lo predije! ¡No oíste mi voz! ¡No creíste mis palabras! Goza ahora, goza tan tranquila en los brazos de tu esposo esa felicidad maldecida que yo solo perturbaba» (pp. 293, 327 y 415). Nueva condena del matrimonio católico por este hollador de altares, que aunque parece despreciar la fe de Jesucristo, a veces se le ve querer desempeñar respecto de la Naturaleza, no meramente el papel de hijo que Rousseau veía en el buen salvaje, sino el otro más sublime de Hijo Crucificado. Y no es el único personaje o escritor romántico que ha visualizado así su vida, entre ellos el malogrado poeta tísico catalán Manuel de Cabanyes (1808-1833), en su epístola *A Cintio*, en la que habla de sus desilusiones amorosas y el inhumano dolor que sufre, pues para epígrafe de dicho poema escogió palabras de Cristo crucificado, que cita de memoria: *Nesciunt quid faciunt*, esto es, *Pater, dimitte illis. Non enim sciunt quid faciunt*, «Padre, perdónalos, porque no saben lo que hacen» (San Lucas, XXIII, 34)[23].

No nos hemos desviado de nuestro camino; seguimos hablando del amor sublime como destino de Macías, porque su incapacidad filosófica para adaptarse a las normas religiosas y sociales atañaderas a las relaciones entre los sexos es acaso la circunstancia principal del encuentro de nuestro trovador con su hado. En los puntos culminantes de esta historia de amores —hay dos—, el amor de Macías se frustra por el contrato matrimonial de Elvira, y a la vez se dota de sublimidad esta

[23] Véanse Russell P. Sebold, «Manuel de Cabanyes: lírico románico en la encrucijada», *Revista Canadiense de Estudios Hispánicos*, t. VIII, núm. 3 (primavera 1984), pp. 351-380 (recogido en Sebold, *La perduración de la modalidad clásica*, Salamanca, Ediciones Universidad de Salamanca, 2001, pp. 169-195); Russell P. Sebold, «Nuevos Cristos en el drama romántico español», *Cuadernos Hispanoamericanos*, núm. 431 (mayo 1986), pp. 126-132; y Oreida Chú-Pund, *La figura del Mesías en el teatro romántico español*, San José de Costa Rica, Fundación San Judas Tadeo, 1988.

funesta pasión, porque se expresa por afirmaciones absolutas, abominaciones y alusiones a abismos. Los referidos momentos álgidos de la acción de *El doncel de don Enrique el Doliente* son los capítulos vigésimo séptimo y trigésimo primero, mas se dan ya desde el vigésimo primero significativos anticipos.

Entre preguntas retóricas y afirmaciones absolutas, Macías dirige las siguientes palabras del capítulo XXI a la ya frágil Elvira: «¿Quién sino vos emponzoñó mi existencia, antes feliz y descuidada? [...] ¿Creéis que no vale tanto un hombre como una mujer? ¿Imaginasteis que su vida no es nada, que su existencia es vuestra? Vuestra, sí, si la compráis; pero con una sola moneda, con la sola moneda que la paga: ¡con amor!» (p. 238). *Emponzoñar, no valer tanto, nada, una sola moneda*: he aquí la aniquilación, el sentirse desvalorizado, una imagen de la nada, y la paz bajo una condición única. Extremos, posturas exacerbadas que no admiten transacción y tienden a hundir al hablante en el abismo. «¡Tres años, Elvira! —exclama Macías un momento más tarde, y miro de nuevo uno de nuestros veinticuatro trozos—. Tú sabes los días, los larguísimos días que encierran, cuando se pasan sin esperanza. He huido yo también, pero no hay hombre más fuerte que su destino. Te amo, Elvira, te adoro. Ámame o mátame» (*ibíd.*). En las palabras *He huido yo también, pero no hay hombre más fuerte que su destino*, tenemos un ejemplo inconfundible de uno de los ya citados fenómenos psicológicos que Cavaller registra en su libro sobre el amor: «...la pasión del amor desarrolla toda la fuerza del espíritu en su favor, y toda la sensibilidad. El hombre la combate; la Naturaleza lo resiste. De aquí lo violento de la pasión, y lo sublime del amor». En la página siguiente, Macías, hondamente desilusionado, pronuncia el siguiente parlamento como quien mirara el abismo a sus pies: «Necio de mí, que consumí una vida entera de amor en conquistar este desengaño» (p. 239).

Al leer tales líneas sentimos una emoción semejante a la de quien se halla ante una catarata, un violento temporal, un terremoto, un volcán, el incendio de un inmenso edificio, pues estos exabruptos de la Naturaleza y los de Macías tienen en común el elemento de lo extremo, lo extraordinario, lo sublime. Mas la dolorosa retórica de Macías no se limita simplemente a la emoción de lo sublime. El romántico se reviste de grandeza cuando se le convierte toda su persona en símbolo de una pena injusta decretada por el destino. En el ápice de su aflicción, es como si Macías comulgara con la fuerza desnuda del destino. Con razón Larra comenta algunas páginas después: «La situación de los principales personajes de nuestra historia era bien precaria» (p. 280). Pero no nos adelantemos a los puntos culminantes, pues todavía antes de llegar al primero de ellos Macías se encuentra en un inquietante enfrentamiento con Hernán Pérez de Vadillo, por el que se descubre todo el alcance del *fastidio universal* del protagonista, a la vez que su terror ante el abismo.

Empeñado en defender su honor y el de su esposa, Vadillo desafía a Macías; se apartan de Madrid, y en El Pardo, cerca del famoso soto donde El Doliente hacía edificar su casa, se baten en duelo. Durante una pausa en el combate, producida por haberse creído oír pasos de caballos, dialogan los duelistas. El marido agraviado le pregunta a Macías: «¿Estáis cansado?» (p. 248). A lo que el idealista hastiado del doncel responde: «De vivir y de que me resistáis» (*ibíd.*). Bella muestra del *tædium vitæ*, del *fastidio universal*, del *mal du siècle*, del *Weltschmerz*. Quiere decirse: El esfuerzo espiritual de sostener el idealismo necesario para vencerte

—pues ya me aburren estas convenciones caballerescas— me agobia infinitamente más que cualquier despreciable esfuerzo físico o herida del cuerpo. «¿Estáis herido?» —vuelve a preguntarle Vadillo a Macías (*ibíd.*). «No es vuestra la herida que me duele» —responde el doncel (*ibíd.*), en cuyas palabras parece escucharse un eco de la Canción III de Garcilaso de la Vega, el cual sirve para señalar el valor de Macías ante lo trascendente lo mismo que ante cualquier adversario de carne y hueso:

> El cuerpo está en poder
> y en mano de quien puede
> hacer a su placer lo que quisiere;
> mas no podrá hacer
> que mal librado quede
> mientras de mí otra prenda no tuviere;
> ....
> que otra cosa más dura que la muerte
> me halla y me ha hallado[24].

La arrogante respuesta «No es vuestra la herida que me duele» es a la vez una referencia a la herida mucho más grave, herida espiritual —*otra cosa más dura que la muerte*—, que Macías se ha infligido a sí mismo asomándose al hondo abismo abierto a sus pies por el amor sublime.

Pasemos a los dos capítulos culminantes para la pasión sublime. En el capítulo XXVII, Macías pregunta a Jaime, primito de Elvira, por el estado de la señora de sus pensamientos; y ante el triste cuadro que le pinta el paje, reacciona así «¿Llora? ¿Sufre? [...] Ahora más que nunca la he de ver»: (p. 292). Macías no reconoce el pleno alcance del amor excepto en los momentos de su mayor imposibilidad, esto es, de su mayor sublimidad; gozar del amor es sufrir uno mismo y ver sufrir al objeto de su amor. Las palabras de Macías son un delicioso eco de las siguientes de Laura dirigidas a Rugiero en *La conjuración de Venecia* (París, Didot, 1830; estrenada en Madrid, 1834), de Francisco Martínez de la Rosa: «Quizá no te amaría tanto si fueras feliz...»[25]. ¿Son extremos opuestos el sufrimiento y la felicidad, o son una misma cosa? Lo cierto es que no se puede enfocar la existencia en semejantes términos durante mucho tiempo sin arriesgar un desastre de todo punto sublime.

La formulación del pensamiento en torno al amor sublime se realiza por una dialéctica, lo mismo que la de las ideas relativas a una doctrina filosófica, mas el resultado que se consigue no es, como en este caso, un principio inteligible, sino un estado emocional de la mayor tensión, que los mismos que lo padecen encuentran difícil de reducir a palabras. Los términos de la desesperada dialéctica amorosa mantenida en *El doncel*, involucran disyuntivas tan absolutas que con cada pareja de conceptos se evoca la imagen del abismo. Para poder comentarlos más fácilmente, voy a reunir los elementos principales de varios

[24] Garcilaso de la Vega, *Obra poética y textos en prosa*, ed. de Bienvenido Morros, estudio preliminar de Rafael Lapesa, Biblioteca Clásica, 27, Barcelona, Editorial Crítica, 1995, pp. 73-74.

[25] Francisco Martínez de la Rosa, *Obras dramáticas*, ed. de Jean Sarrailh, Clásicos Castellanos, 107, Madrid, Espasa-Calpe, 1954, p. 277.

parlamentos de Macías, contenidos en el espacio de tres páginas del capítulo XXVII. Se dirige siempre a Elvira. Alguna de estas líneas se ha citado anteriormente con otra finalidad.

> Mi amor es obra vuestra [...] Si es virtud el amar, ¿quién como yo virtuoso? Si es crimen, soy un monstruo. [...] ¿Pensáis que la Naturaleza ha podido imprimir con caracteres de fuego en el corazón del hombre un sentimiento sublime, un sentimiento de vida, eterno, inextinguible, para que se avergüence de él? ¡Ah! No la hagáis injuria semejante. Cuando lanzó la mujer al mundo, *la amarás,* dijo al hombre, inútil es resistirla. Sus leyes son inmutables, su voz más poderosa que la voz reunida de todos los hombres. Os amo, y a la faz del mundo lo repetiré; harto tiempo lo callé [...] ¿Vuestro estado [de casada]? Preguntadle a mi corazón por qué latió en mi pecho con violencia cuando os vi por la vez primera. Preguntadle por qué no adivinó que lazos indisolubles y horribles os habían enlazado a otro hombre. Nada inquirió. Yo os vi, y él os amó. ¿Por qué, cuando dispuso el cielo de vuestra mano, no dispuso también de vuestra hermosura? Si sólo para un hombre habéis nacido, ¿por qué os dio el cielo belleza para rendir a ciento? [...] *Abismo* que se llenará, que yo traspasaré, o donde entrambos nos hundiremos. Me amas, Elvira, me amas. Tu llanto, tus acentos, esa voz trémula y agitada, la *tempestad* que anuncian tus palabras son señales harto ciertas que descubren el volcán inmenso que arde en tu corazón. Si fui imprudente, lo confieso, tú tuviste la culpa. (pp. 293-295; las cursivas son mías).

No cabe lógica más netamente romántica que la de Macías al reflexionar sobre si el amor es virtud o crimen, pues se remonta a la mentalidad del primer personaje plenamente romántico de la literatura española, Tediato, quien, en las *Noches lúgubres* razonaba así: «Si el ser infeliz es culpa, ninguno más reo que yo»[26]. Razonar así es jugarlo todo a una carta, porque cualquier forma de transacción es indigna del amor sublime. La disyuntiva entre el virtuoso y el monstruo también es de lo más acendradamente romántico. En *El delincuente honrado*, de Jovellanos, Torcuato, hombre perfecto, salvo en un aspecto (sin querer, las circunstancias le llevaron a matar al primer marido de su esposa), se siente *monstruo* por ello; su padre, don Justo, magistrado y hombre ejemplar, salvo en un aspecto (abandonó a su novia, que estaba encinta), se siente *monstruo* por ello. Meléndez Valdés confiesa que «abrasado en angustias criminales, / su corazón por la virtud suspira»[27]. El virtuoso hijo de la Naturaleza a lo Rousseau don Álvaro, en el drama del duque de Rivas, es para sus contrarios un *monstruo*, que ha cometido atrocidades infernales; y en sus momentos de mayor aflicción este hijo del sol inca incluso se pregunta si no tendrán razón. No es menos interesante el caso de Byron, o bien su personaje Lara: «So much he soar'd beyond or sunk beneath / the men with whom he felt condemn'd to breathe, / and long'd by good or ill to separate / himself from all who shared his mortal state (Tanto excedió en la altura de su vuelo y la profundidad de su caída / a aquellos hombres con quienes se sentía condenado a respirar, / y ansiaba por el bien o por el mal separarse / de todos aquellos que

26 Cadalso, *Cartas marruecas. Noches lúgubres*, ed. de Sebold, p. 398.

27 Juan Meléndez Valdés, *Obras en verso*, ed. de Juan H. R. Polt y Jorge Demerson, Colección de Autores Españoles del Siglo XVIII, 28, Cátedra Feijoo, Oviedo, Centro de Estudios del Siglo XVIII, 1983, t. II, p. 1011.

compartían su estado mortal)»[28]. En fin, posturas extremas, disyuntivas morales, entre las que cabe un abismo, una sima de sublimes sufrimientos.

Lo restante de las líneas citadas hace un momento representa un enfrentamiento absolutamente irresoluble entre la visión rousseauniana del mundo natural y las corruptas costumbres de la llamada civilización. Las únicas leyes inmutables son las de la Naturaleza. Lo natural no es pecaminoso. Si nos atrae la persona física de una prójima, hay que amarla, pues lo quiere la Naturaleza. Las hipócritas leyes del hombre social se oponen a las del Paraíso bíblico, así como a las del Edén natural o estado de la Naturaleza en el que vivieron los primeros hombres, según el filósofo ginebrino. Por esto, son «horribles», según dice Macías, son antinaturales los lazos matrimoniales reconocidos por nuestra decaída sociedad. No cabe mayor librepensamiento ante el dogma católico que el de Macías, pues sus palabras justifican el amor libre tanto para la mujer como para el hombre. *Si sólo para un hombre habéis nacido, ¿por qué os dio el cielo belleza para rendir a ciento?* ¿Cabe mayor hipocresía que llamar virtud a los grillos morales que una falsa Iglesia impone al corazón amoroso? En *Le roman par lettres*, Musset pregunta por la aparente moralidad superior de una dama muy segura de sí: «Sa vertu? Que veut dire ce mot? Le contraire de ce que demande la Nature?»[29]. No lo dice menos claramente Larra en las líneas que comentamos.

Dice Macías que su amor por Elvira es un *sentimiento sublime*. Mas ¿le parecería igualmente sublime ese sentimiento si Elvira estuviera libre? Recuérdese lo dicho por nuestro psicólogo decimonónico, Cavaller: *Sólo la imposibilidad de conseguir un bien, [...] puede producir sentimientos sublimes.* Tanto debatir y agonizar sobre visiones antagónicas de la vida, es natural que inspire a Macías una metáfora que relacione lo sublime de las emociones con lo sublime de la Naturaleza: *Abismo que se llenará, que yo traspasaré, o donde entrambos nos hundiremos.* Y en momento de tan sublime emoción, Macías quiere convencerse de que su amada comparte toda la intensidad de su dolor; pues, con una nueva metáfora tomada de lo sublime natural, le dice que ha descubierto *el volcán que arde en tu corazón.*

Es notable el paralelo entre la situación imaginada por Macías (abismos, volcanes) y la del poeta y su amada en el mundo de un Dios airado, en el poema *La tormenta*, de Martínez de la Rosa. Pues también es sublime por lo imposible la relación entre los amantes en esta composición en romance heroico, escrita hacia 1811 y publicada varias veces antes de *El doncel de don Enrique el Doliente*; y el posible nexo está aludido por la palabra *tempestad*, escrita en cursiva, en el texto de Larra citado hace un momento. El desesperado Martínez de la Rosa recuerda momentos de sublime injusticia: «Y si tal vez un rayo de esperanza / brilló cual un relámpago, el abismo / nos mostró abierto a nuestras mismas plantas»[30]. En 1835,

[28] *The Poetical Works of Lord Byron*, Londres, Oxford University Press, 1930, p. 297b.

[29] Alfred de Musset, *Oeuvres complètes en prose*, ed. de Maurice Allem et Paul-Courant, Bibliothèque de la Pléiade, 49, París, Gallimard, 1971, p. 300.

[30] Francisco Martínez de la Rosa, *Poesías* [primera edición en España], Imprenta de D. Tomás Jordán, Madrid, agosto de 1833, p. 108. Sobre este poema y el titulado *La soledad* (pp. 87-89), otra obra en clave sublime, véase Russell P. Sebold, «Martínez de la Rosca en la lírica romántica», *ABC*, miércoles, 3 de septiembre de 1994, p. 82.

al año de haberse publicado la novela de Larra, se da otro magnífico ejemplo de la metaforización sublime de una irreversible separación amorosa, en *Don Álvaro o la fuerza del sino*: en la escena tercera de la jornada segunda, rodeada de «precipicios y derrumbaderos», con un abismo o «profundo valle» a sus pies, Leonor toma la decisión de hacerse ermitaña; y al final de la jornada quinta, Álvaro se arroja a esa misma hondura desde uno de sus riscos: «¡Infierno, abre tu boca, y trágame!»[31]. El grupo de fragmentos de *El doncel* que vamos analizando concluye con otro admirable ejemplo de esa lógica romántica de abolengo cadalsiano que exime de toda la responsabilidad de una transgresión, por nefaria —por sublime— que sea: *Si fui imprudente, lo confieso, tú tuviste la culpa.*

Cerca del final del capítulo XXVII, Macías le propone a Elvira la siempre atrayente solución romántica de la huida del mundo. «¿Adónde queréis llevarme?» —pregunta la desventurada enferma del amor, y no tarda en escuchar una respuesta totalmente digna del tópico de la huida o vuelta a la Naturaleza:

> —Donde no haya hombres, Elvira; donde la envidia no penetre. Una cueva nos cederán los bosques; amor la adornará; tú misma con tu presencia. Sólo nosotros hablaremos de nosotros. El león allí no contará a la leona, con maligna sonrisa, que Macías ama a Elvira. Las fieras se aman también, y no se cuidan como el hombre del amor de su vecino. El viento sólo lo dirá a los ecos, que nos lo repetirán a nosotros mismos. Ven, Elvira, bien mío. (p. 296).

Tan apetecible visión de la Naturaleza fue la base de la teoría de la educación negativa de Rousseau, según la que los niños abandonados que viven en la Naturaleza con los animales y los salvajes acaban con valores morales más nobles que los instruidos en las escuelas más prestigiosas de los llamados países civilizados. En *Don Álvaro o la fuerza del sino*, don Alfonso le recuerda al noble protagonista, con ánimo de insultarle: «como fiera te educaste»; pero, irónicamente, en tal crianza estriba la virtud del ejemplar mestizo. «Y fue mi escuela el desierto. / Entre bárbaros crecí, / y en la edad de la razón, / a cumplir la obligación / que un hijo tiene acudí», dice el mismo Álvaro. Visión de la Naturaleza que también se refleja en otros pasajes del drama. Por ejemplo, si el padre guardián del convento de los Ángeles no permite a Leonor ocupar la ermita que está en los terrenos de esa casa, «si no me acogéis benigno, / —dice ella— piedad pediré a las fieras / que habitan en estos riscos, / alimento a estas montañas, / vivienda a estos precipicios» (ed. cit., pp. 185, 131, 122, respectivamente). La moralización naturalista rousseaniana de Macías es dulce; conmueve, pero serían desastrosas para Elvira las consecuencias de lo que él propone. Para Macías, igual que para Larra, la moralidad tiene cierto encanto estético mientras no impida la satisfacción de su pasión. «Confieso que pensaré siempre en este particular como Rousseau y los más rígidos moralistas y legisladores —dice Larra, en *El duelo*—, y obraré como el primer calavera de Madrid»[32].

En las escandalosas palabras de Macías, nos sorprende una frescura deliciosa, inefable. Es la juventud, la dorada mañana de la vida, lo que respiran esas líneas, y todos los románticos están endeudados con Rousseau por este atractivo. Esto ya

[31] Duque de Rivas, *Don Álvaro*, ed. de Lama, pp. 110-113, 189.

[32] Larra, *Artículos*, ed. cit., p. 262.

lo percibió Madame de Staël en su primer libro de 1788, dedicado al filósofo de la Naturaleza: «N'est-ce pas aussi dans la jeunesse qu'on doit à Rousseau le plus de reconnaissance? Celui qui a su faire une passion de la vertu, qui a consacré l'éloquence à la morale et persuadé par l'enthousiasme, s'est servi des qualités et des défauts mêmes de cet âge pour se rendre maître de lui»[33]. Hacer una pasión de la virtud, ¿no ha hecho esto también a su modo Macías? Y gracias a esa sombra de ingenuidad juvenil que flota aún sobre sus palabras, sentimos no sé qué extraña idealidad en sus mayores blasfemias.

En el otro capítulo clave para nuestro tema, el trigésimo primero, continúa el penoso diálogo entre los amantes, pero en tal forma, que nos lleva ya hacia nuestra conclusión. «Macías, cada palabra que hablamos —le dice Elvira— es una palabra de abominación» (p. 326). Elvira es devota, se siente hondamente culpable por su infidelidad, y más bien que el destino adverso teme la retribución de un Dios justamente airado. En cambio, para Macías la abominación —que estaba aun más en boga en el segundo romanticismo que en la Ilustración materialista— es un género retórico que hay que cultivar con amor. Hemos visto ya alguna de estas reflexiones de Macías, pero consideremos todo su contexto:

> Yo había nacido para la virtud. Vos me consagráis al crimen. No hay sacrificio inmenso de que no fuera mi corazón capaz, o por mejor decir, el amor era mi constelación. Encontrando en el mundo una mujer heroica, era mi destino ser héroe. Encontrando una mujer pérfida, Macías debía ser un monstruo. Yo os di a elegir, señora. Nuestra felicidad y el secreto y cuanto vos exigieseis, o el escándalo y mi muerte. Vos elegisteis lo peor. Escrito estaba así. ¡Muerte y fatalidad! [...] Nuestra felicidad ha sido una borrasca; formada como el rayo en la región del fuego, debía destruir cuanto tocara. Ha pasado como el rayo, pero como el rayo ha dejado la horrible huella de su funesto paso. (p. 327).

Las líneas iniciales de este pasaje significan un intento de llevar a la práctica la muy romántica lógica de la exención moral que Macías expuso en un parlamento anterior: *Si fui imprudente, lo confieso, tú tuviste la culpa*. Es un lugar común de la retórica amorosa que el amante identifique su destino con el de su amada; mas al hacerlo Macías en el contexto de todas las sanciones sociales a las que contravienen él y Elvira por su pasión, lo único que consigue es acelerar su propio encuentro con el destino. Más de un romántico ha recurrido a la bella figura de la borrasca para caracterizar una vida prometedora que acaba pronto en la destrucción más absoluta. Así se expresa Gertrudis Gómez de Avellaneda, en un momento difícil: «Abrumada por el instinto de mi superioridad, yo sospeché entonces lo que después he conocido muy bien: Que no he nacido para ser dichosa, y que mi vida sobre la tierra será corta y borrascosa»[34]. Convencido al parecer por su propia retórica de que no podrá escaparse, Macías se consuela con el muy romántico solaz de contemplar la debacle de sus propias aspiraciones; y para ello,

[33] Madame de Staël, *Lettres sur les ouvrages et le caractère de J.-J. Rousseau*, s.e., s.l., 1788, p. IV del Prefacio de la autora. Consultado por la edición facsimilar de Slatkine Reprints, avec une préface de Marcel Françon, Genève, 1979.

[34] Gertrudis Gómez de Avellaneda, *Autobiografía*, en *Poesías y epistolario de amor y de amistad*, ed. de Elena Catena, Biblioteca de Escritoras, 9, Madrid, Editorial Castalia, 1989, p. 160.

—¡Ay de quien osare ofender la memoria de mi esposa!...

De Larra, *El doncel de don Enrique el Doliente,* Madrid, Calleja, Editor, s.a.

echa mano otra vez de las imágenes sublimes: su felicidad con Elvira, *formada como el rayo en la región del fuego, debía destruir cuanto tocara. Ha pasado como el rayo, pero como el rayo ha dejado la horrible huella de su funesto paso.* Lo sublime en el sentido de la separación y la destrucción, ya lo sabemos, es, en esta novela, el signo del destino; y una vez más, en estas palabras de Macías, lo sublime moral se metaforiza con lo sublime natural.

En su prisión del castillo de Arjonilla, no le quedaba a Macías más consuelo que su laúd, con que «divertía su amarga posición» (p. 360); y en vísperas de su muerte, reitera su conflictiva filosofía amorosa, por la que se engrandece como víctima de la fatalidad, al mismo tiempo que se envilece como detractor de una pobre mujer que luchaba y reluchaba —verbo de Larra— entre su amor por él y su voluntad de seguir virtuosa. Podría escribirse un precioso ensayo comparativo sobre la moralidad de Larra y Espronceda; precioso por el desafío intelectual que podría representar, no porque sean en absoluto admirables las cualidades morales de los dos literatos. La confrontación podría hacerse al nivel biográfico: los amores adulterinos del uno con Dolores Armijo de Cambronero, y los del otro con Teresa Mancha de Bayo; o bien al nivel literario, que es el que nos interesa. En el *Canto a Teresa*, el Espronceda personaje echa a su antigua amante la culpa de toda la degradación de sus amores perdidos, sin reconocer nunca que él mismo es el principal culpable; le echa en cara a la pobre la vergüenza que sienten sus pequeños hijos, y le echa en cara que haya tenido que ganarse la vida como prostituta después de su separación del poeta, que sólo la cantaría para denigrarla («sola, y envilecida, y sin ventura, / tu corazón secaron las pasiones»); poeta que, ante todo, está amargado con ella por la pérdida de «la dorada mañana de mi vida» y tantos antiguos sueños de gloria: «ya al caballero, al trovador soñaba»[35].

El paralelo es notable: también Macías es trovador; en sus quejas amorosas con Elvira se precia de su carácter caballeresco; y al mismo tiempo, como el Espronceda protagonista del *Canto a Teresa*, siendo él mismo el seductor, inculpa solamente a su amada de la imposible situación en la que se ven. En la comparación entra perfectamente asimismo ese otro sosia literario de Espronceda, Sancho Saldaña, en la novela así titulada. Recuérdense estas palabras de un Macías loco ya (citadas entre nuestros veinticuatro trozos): «¡Es fuego, es fuego, es el amor entero, es el infierno todo sobre mis labios desde entonces» (p. 416). Y recuérdense las siguientes del enloquecido y satánico Saldaña sobre su novia Leonor: «¡El infierno! ¿Que la robe el infierno o yo?... ¿No soy yo un infierno? [...] si en el infierno pudiese vivir con ella [...], sería mi cielo, sí, mi cielo»[36]. En cada caso, el protagonista acaba por llevar su amada al abismo. Lo más interesante, sin embargo, es el nuevo acento que se escribe sobre la metáfora sublime al sentir Macías todo el abismo del infierno sobre sus labios.

Macías muere despeñado por el siniestro mecanismo del rastrillo con el cual se aseguraba el calabozo del castillo de Arjonilla, en el que el marqués de Villena le tenía encerrado por impedir que realizara su ofrecimiento de defender en

35 Espronceda, *El estudiante de Salamanca. El diablo mundo*, ed. de Marrast, pp. 234, 235, 225, respectivamente.

36 José de Espronceda, *Sancho Saldaña o el castellano de Cuéllar*, ed. de Ángel Antón Andrés, Barcelona, Barral, 1974, t. I, p. 174.

combate singular la acusación de Elvira. Asoma de nuevo el simbolismo de la sublimidad en la muerte de Macías. Estaba diseñado el rastrillo de tal modo, que aun abierto, el que quería escaparse por él era precipitado por una trampa a una profunda zanja. Por segunda vez Hernán Pérez y Macías se combaten, en esta ocasión cerca del rastrillo y la zanja. Pero «precipitóse Elvira hacia la prisión, y puesta en el borde del *abismo*: —¡Macías! —clamó sin podérselo nadie impedir—. ¡Hernán Pérez! ¡Cesad, bárbaros, en tan cruel combate o este *precipicio* será mi tumba!» (p. 419; las cursivas son mías). Al acudir a salvarla, Macías tenía que pasar por la endiablada máquina, mas «cediendo la trampa del rastrillo al peso del caballero que la oprimía, hundiéndose el doncel súbitamente, y su cuerpo destrozado llegó a lo profundo de la *sima*» (*ibíd.*; la cursiva es mía). Elvira, delirante, demacrada, desgreñada, desconocida, pasa el resto de su vida rondando la iglesia parroquial de Santa Catalina de Arjonilla, en la cual se ha dado sepultura a su amante. Un día se la encuentra muerta junto a la tumba. (p. 425). Fue físico el abismo al que cayó Macías; y psicológico, el otro en el que se sumió Elvira.

Aludimos más arriba a las fatalidades paralelas que pesaban sobre Elvira y Macías. Para concluir, volvamos a mirar los dos trozos citados en ese momento, así como sus contextos: «Una inexplicable fatalidad pesaba sobre ella y sobre cuanto la rodeaba» (p. 299). *Cuanto la rodeaba*, dicho de otro modo, son las circunstancias de Elvira. Y esta misma palabra, en forma plural, se halla en el contexto de la otra frase relativa a la fatalidad de Macías: «La misma fatalidad que pesaba sobre Elvira había alcanzado al doncel. [...] un concurso de *circunstancias* no buscadas le habían venido a poner en tal estado, que así le era fácil sacudir el yugo, como le es fácil a la débil paloma desasirse de las crueles garras del sacre devorador» (p. 300; la cursiva es mía). Viene a la mente la fórmula orteguiana: *Yo soy yo y mi circunstancia.* Existe, empero, otra teoría más abrumadora de las circunstancias y la fatalidad, y se trata de ideas que podía conocer perfectamente bien Larra, tanto por la fecha de la obra en que se expresan, como por su costumbre de leer libros franceses. Es la misma teoría del destino que está a la base de *Don Álvaro o la fuerza del sino*[37].

Pienso en *De l'Allemagne* (1810, 1813), de Madame de Staël, y en especial en su tercera parte, *La philosophie et la morale*, donde la hija del banquero Necker distingue entre el concepto de la fatalidad que regía en la antigüedad y la idea moderna de la fatalidad:

> Chez les Anciens, la fatalité venait de la volonté des dieux; chez les modernes, on l'attribue au cours des choses. La fatalité, chez les Anciens, faisait ressortir le libre arbitre; car la volonté de l'homme luttait contre l'événement, et la résistance morale était invincible; le fatalisme des modernes, au contraire, détruit nécessairement la croyance au libre arbitre; *si les circonstances nous créent ce que nous sommes, nous ne pouvons pas nous opposer à leur ascendant;* si les objets extérieurs sont la cause de tout ce qui se passe dans notre âme, quelle pensée indépendante nous affranchirait de leur influence? La fatalité qui descendait du ciel remplissait l'âme d'une sainte terreur, tandis que celle qui nous lie à la terre ne fait que nous dégrader[38].

37 Véase mi ya citado artículo «Don Álvaro o la fuerza del sino».

38 Madame de Staël, *De l'Allemagne*, ed. de Simone Balayé, GF, 166-167, París, GF-Flammarion, 1968 [1992, 1997], t. II, p. 92.

Los términos *cuanto la rodeaba* y *circunstancias* en la prosa de Larra acusan la influencia de la teoría de Madame de Staël, la cual sirve para señalar el encuentro de dos destinos que en un principio podían parecer diferentes. Macías y Elvira aspiraban a revivir los amores ideales de Amadís y Oriana; pero, privados del libre albedrío por la impronta de sus circunstancias, se hallan abocados al abismo, ya de la pasión sublime, ya de la retribución sublime, ya de una cosa y otra.

VI

LÁGRIMAS Y HÉROES EN *SANCHO SALDAÑA*, DE ESPRONCEDA

1. HÉROE MORAL Y HÉROE ARTÍSTICO

NO DE LOS PRINCIPALES OBSTÁCULOS para la comprensión del arte de la gran novela de Espronceda, *Sancho Saldaña o el castellano de Cuéllar* (1834), ha sido la falta de una distinción clara entre los dos tipos de héroes que aparecen en ella: por un lado, el héroe moral, Usdróbal; por otro lado, el héroe artístico, el propio Sancho Saldaña. Para deslindar las diferencias entre el concepto de héroe moral y el de héroe artístico, entre el de figura ejemplar y el de protagonista ajustado a la poética de la obra, género o época en que aparezca, consideremos dos ejemplos en la tragedia dieciochesca española, concretamente en la *Raquel*, de Vicente García de la Huerta, y en la *Numancia destruida*, de Ignacio López de Ayala.

En el primer caso, guiándose subconscientemente por la idea popular de que la única acepción propia del sustantivo *héroe* es «varón heroico», varios críticos han reconocido en el rey Alfonso VIII, según se le representa en la obra de Huerta, una falta de cualidades nobles y ejemplares —«se muestra a cada paso indeciso y cobarde», dice uno de ellos[1], y se ha tachado a tal personaje de indigno del épico Medievo español—; y por tanto, pretenden semejantes críticos que no hay héroe trágico ni tragedia auténtica en la *Raquel.* Pero ahí está la misma Raquel, cuyo carácter se resume exactamente por las palabras de Aristóteles sobre el héroe trágico: ella es «una persona antes mejor que peor»[2]; es más: cae la bella hebrea, «no por malicia y maldad suya, sino por yerro disculpable» (*loc. cit.*), esto es, por una *hamartía* completamente clásica, la cual es su imprudencia al escuchar los alevosos consejos de su ayo Rubén. En fin, tenemos en Alfonso un héroe moral negativo, por decirlo así, y en Raquel una heroína artística. (Desde luego, también interviene en la *Raquel* un héroe moral positivo: el ricohombre Hernán García de Castro).

[1] Antonio Papell, Estudio, en su ed. de Vicente García de la Huerta, *Raquel*, Clásicos Ebro, 75, Zaragoza, Editorial Ebro, 1950, pág. 17. Para el texto de la tragedia de Huerta, consúltese la edición de René Andioc, Clásicos Castalia, 28, Madrid, Editorial Castalia, 1982.

[2] *El arte poética de Aristóteles en castellano*, trad. cit. de Goya y Muniain, p. 37.

En *Numancia destruida*, el héroe moral es Megara, el numantino arquetípico, un ser perfecto, un semidiós que se mueve entre las nubes, en la región estratosférica de la obra. En cambio, el héroe artístico lo tenemos, ya en el protagonista colectivo, el pueblo numantino, ya en la «mujer guerrera» Olvia, cada uno de los cuales sufre su cambio de fortuna debido a una clásica hamartía aristotélica o «yerro disculpable», que consiste en su falta de confianza en sus propias fuerzas. La confusión de los escritores y los críticos entre tan distintos conceptos del héroe se ilustra de modo inconcuso por lo que pasó a comienzos del siglo XIX, al refundirse por Antonio Sabiñón (1816) la *Numancia destruida* con intención política propagandística, pues se suprimió prácticamente todo lo que no fuera exhortación patriótica en boca del prohombre Megara[3].

Ahora bien: se manifiesta precisamente la misma especie de confusión en el Prólogo de la edición más asequible de *Sancho Saldaña*. El editor mantiene que «es Usdróbal al que cabría considerar como auténtico protagonista de la novela», y apoya tal afirmación en el hecho de que el humilde huérfano era «honrado, valiente, justo, independiente e insobornable», supo «elevarse a una categoría superior» merced a «su esfuerzo personal» y «terminó por ser armado caballero»[4]. Héroe moral, figura ejemplar, eso sí; mas «protagonista», no, no, y mil veces no, mientras no se destierre de la novela al malvado y satánico pero extrañamente atractivo y lastimoso Saldaña. Porque este último, el castellano de Cuéllar, es el protagonista, el héroe artístico ajustado a la poética del romanticismo: es un espíritu a lo Byron, que sufre la perpetua pena de nuestra raza y suspira por la inocencia, mientras deshonra y asesina a sus prójimos.

No debió producirse semejante confusión en el Prólogo de la edición citada, porque el propio Espronceda distingue entre las dos clases de héroe aplicándoles a Saldaña y a Usdróbal dos terminologías diferentes. Al primero le reserva la voz *héroe* —«nuestro héroe», le dice (t. II, pp. 281, 283)—, con el valor técnico de «protagonista» que esta palabra tiene en las páginas de Luzán y otras artes poéticas. En cambio, la distinta terminología esproncediana para Usdróbal se refleja en los epítetos siguientes: «nuestro galán», «nuestro desembarazado mozo», «nuestro campeón» (t. I, pp. 53, 54, 55). Nótese el orden ascendente, en tres páginas seguidas: galán, desembarazado mozo, campeón; pues es sintomático de la evolución que observaremos en Usdróbal.

2. La vida quijotesca de Usdróbal

Pero, ¿cómo puede ser quijotesca su vida? Porque las escenas iniciales de la novela, en las que interviene Usdróbal, son de evidente inspiración picaresca. Ya contestaremos a esta pregunta, pero por de pronto veamos con ejemplos

[3] *Numancia destruida. Tragedia española, refundida por don Antonio Sabiñón. Representada en el teatro del Príncipe, año de 1816*, Madrid, Ibarra, Impresor de Cámara de S. M., 1818. Puede consultarse la obra original —base de la indicada refundición— en la edición siguiente: Ignacio López de Ayala, *Numancia destruida*, ed. de Russell P. Sebold, Biblioteca Anaya, 94, Salamanca, Ediciones Anaya, 1971.

[4] José de Espronceda, *Sancho Saldaña o el castellano de Cuéllar*, ed. de Ángel Antón Andrés, Barcelona, Barral, 1974, t. I, p. 32. Las restantes citas de esta edición se indicarán entre paréntesis en el texto, así: (t. I, p. 32).

concretos el muy evidente corte picaresco de las primeras páginas de la novela. Comparemos el principio de *Sancho Saldaña* con el principio de *Rinconete y Cortadillo*, de Cervantes. *Sancho Saldaña* empieza con una descripción de ropa andrajosa y sigue con el encuentro al aire libre de dos tipos marginales, hampescos, uno de los cuales le pregunta al otro: «¿Y hacia dónde se camina tan a la ligera, señor galán?» (t. I, p. 56). Y de la mismísima manera, el modelo seguido por Espronceda, *Rinconete y Cortadillo*, empieza con una descripción de ropa andrajosa y sigue con el encuentro al aire libre de dos tipos marginales, hampescos, uno de los cuales le pregunta al otro: «¿De qué tierra es vuesa merced, señor gentilhombre, y para adónde bueno camina?»[5].

Luego, en *Rinconete y Cortadillo*, los muchachos sientan plaza de ladrones en el patio de Monipodio; en *Sancho Saldaña*, Usdróbal sienta plaza de ladrón en el patio del Velludo, por decirlo así. En el patio de Monipodio se sirve a Dios robando: «—¿Es vuesa merced por ventura ladrón? —preguntó Rincón a su guía en el patio de Monipodio—. —Sí —respondió él—, para servir a Dios y a las buenas gentes» (*ibíd.*, t. I, p. 158). En la banda del Velludo, el ladrón Zacarías, todo un santurrón, rinde culto a Dios mientras roba, incluso pidiendo la bendición divina con oraciones en latín. Espronceda siembra las páginas siguientes de toda suerte de alusiones a la tradición picaresca del mozo de muchos amos: «El fin de mi camino será donde yo me pare« —le dice Usdróbal al Velludo—, echándole a su interlocutor «una mirada picaresca» (*Saldaña*, t. I, pp. 56-57). Es más: el capítulo I de *Sancho Saldaña* contiene una novela picaresca en miniatura, de unas cinco páginas (t. I, pp. 59-63), cuyo principio y final cito a continuación: «Yo me llamo Usdróbal, soy natural de León y nunca he conocido a mis padres. [...] Recogióme un pobre pastor que se compadeció de mi juventud, y luego que estuve curado dispuse mi viaje a Cuéllar, donde pienso entrar en el cuerpo de aventureros que mantiene el dueño de aquel castillo».

La narración autobiográfica de Usdróbal se motiva por un diálogo con el Velludo, cuyo tono didáctico recuerda el que tomaba a veces con el buen Lázaro de Tormes su amo, el hambriento escudero, o bien el de los consejos de don Quijote a su escudero picaresco. Usdróbal insinúa que le iría bien un acomodo en la banda del Velludo; y aunque a éste le parece que tiene delante un mozo muy bien dispuesto, le dice: «necesito examinarte más antes de darte tan honroso cargo» (t. I, p. 57). Por fin, el desembarazado mozo Usdróbal «siguió los pasos de su nuevo amo»; y después de corto viaje, se unió en el bosque a ocho o diez hombres de extrañas cataduras, que eran los bandoleros «del amo que había tomado» (t. I, pp. 64, 65). Parece que estamos de nuevo en la picaresca clásica. Pero espérese. Muchos críticos, entre ellos Américo Castro, no admiten ni el *Lazarillo*, y mucho menos el tratado del escudero, ni el *Rinconete y Cortadillo* como novelas picarescas puras por el aire optimista y afirmador de la vida que tienen sus personajes[6].

[5] Miguel de Cervantes Saavedra, *Novelas ejemplares*, ed. Francisco Rodríguez Marín, Clásicos Castellanos, 27, 36, Madrid, Espasa-Calpe, 1957, t. I, p. 136.

[6] Véase Américo Castro, «Lo picaresco», en *El pensamiento de Cervantes*, Anejo de la *Revista de Filología Española*, Madrid, 1925, pp. 230-239 (reedición facsimilar: Barcelona, Editorial Crítica, 1987); y «El *Lazarillo* de Tormes» (prólogo a la edición de los profesores Hesse y Williams, Madison, Wisconsin, 1948), *Semblanzas y estudios españoles*, Princeton, NJ, Estados Unidos, [Ínsula], 1957, pp. 93-98.

Recuerdo esta interpretación, porque Usdróbal y su nuevo amo al parecer pertenecen a la misma rama del linaje picaresco que Lázaro, Rincón y Cortadillo. En Usdróbal era notable «su semblante noble y su cuerpo airoso»; y en el Velludo había «más señales de nobleza que de crueldad» (t. I, pp. 50, 55).

Más aún: ya en las primeras páginas de la novela, Espronceda, mezcla otras notas positivas muy significativas a las picarescas que hemos distinguido en Usdróbal. En su pequeña autobiografía picaresca, Usdróbal incluye una observación que recuerda ciertas aventuras del falsario Guzmán de Alfarache: «Me habían dicho algunas mozas que tenía aire de caballero, y no deseaba más que una ocasión de señalarme» (t. I, p. 62). Pero por el contexto de la obra que examinamos, *caballero* tiene un sentido mucho más digno que en la de Mateo Alemán. Pues muy pronto Usdróbal se revelará como un nuevo David: vence a un fornido ladrón catalán que le miraba «con tanto desprecio como el gigante filisteo cuando vio venir a David» (t. I, p. 73). No se olvide que Guillén de Castro comparó al Cid con David[7], y también los caballeros andantes mataban a gigantes entre otros horribles vestiglos.

Cien páginas después, con palabras propias, Usdróbal exterioriza por vez primera la nueva postura moral que viene evolucionando en él. El ladrón Zacarías mata de modo cobarde a un moro apuñalándole por la espalda, y se excusa recordando que el rey San Fernando mató a muchos moros. «Con la espada en la mano —respondió con indignación Usdróbal—, cara a cara y por la verdadera causa de Dios, y no villana y traidoramente como vos hicisteis» (t. I, pp. 167-168). Sobre lo cual comenta el autor: «Este acontecimiento despertó a Usdróbal de su letargo» (*loc. cit.*). Pero ¿qué despertar es éste? ¿Qué le sucede al «pícaro» Usdróbal? Pues, ha visto y observado a la noble doña Leonor de Íscar, la antigua novia de Sancho Saldaña, cuando ésta era prisionera de los ladrones; y por la inspiración de la cercanía de tan admirable dama se ha encarnado en él un nuevo ideal de vida. Para lo que voy a explicar ahora, hace falta recordar las palabras siguientes del Credo: *Filius Dei propter nos homines, et propter nostram salutem, descendit de caelis. Et incarnatus est de Spiritu Sancto, ex Maria Virgine, et Homo factus est.*

Según Américo Castro, un personaje genérico —un tipo— se individualiza cuando el espíritu de un nuevo ideal de vida, como si fuera un nuevo Espíritu Santo, un nuevo Logos, cae sobre él, fecunda su materia humana inerte y se encarna en él, produciéndose toda suerte de adaptaciones originales entre el ideal y su nueva encarnación[8]. Por ejemplo, Alonso Quijano y el espíritu de los caballeros andantes; Julien Sorel y el espíritu de Napoleón; Emma Bovary y el espíritu de las heroínas románticas cuyas historias ha leído. También numerosos personajes de Galdós reciben de fuera un espíritu fecundante que se connaturaliza en ellos: verbigracia, Isidora en *La desheredada* y la idea arquetípica de heredera de una gran fortuna que ella lucha por encarnar. En el capítulo V, hemos visto el ejemplo de Elvira, inspirada por la lectura de *Amadís de Gaula*; y en *Sancho Saldaña*, Usdróbal representa el mismo patrón, encontrando su logos o espíritu fecundante en la existencia señoril de doña Leonor y los caballeros de su clase social.

7 Véase Russell P. Sebold, «Un David español, o *galán divino*: el Cid contrarreformista de Guillén de Castro», en *Homage to John M. Hill*, ed. de Walter Poesse, Bloomington, Indiana, Estados Unidos, Indiana University [Castalia], 1968, pp. 217-242 (recogido en Sebold, *La perduración de la modalidad clásica*, pp. 19-37).

8 Véase el ya citado ensayo de Castro, «Incarnation in *Don Quixote*».

Sancho pregunta al Velludo por Leonor.

De Espronceda, *Sancho Saldaña,* Madrid, J. Castro y Compañía, 1870.

En Usdróbal se produce una crisis de conciencia, un choque entre su vieja forma de vida y la nueva a la que aspira, entre la *villanía* de su condición de ladrón y el *camino de la gloria* por el que quisiera ya echar: «Su corazón se resentía de la villanía de su oficio, mientras su imaginación, engrandeciendo a sus ojos el brillo que rodea al guerrero de buena fama, y mostrándole fácil el camino de la gloria que podría abrirle su lanza hallándose en otro estado más noble, le hacía desear la ocasión de señalarse públicamente por algún rasgo marcado de caballerosa bravura» (t. I, p. 291). Este deseo de *señalarse*, expresado con el mismo verbo, se anticipaba en un trocito de la *novela picaresca* de Usdróbal que hemos citado más arriba; y es significativo que Usdróbal haya sido un pícaro a lo Cervantes y no a lo Alemán o Quevedo; pues un Guzmán de Alfarache o Pablos de Segovia no sería capaz de tal aspiración, ni de la evolución que luego se realiza en Usdróbal. Sigamos paso a paso esta evolución.

«Estoy *resuelto* a servir como soldado aventurero entre los hombres de armas del señor de Cuéllar» —proclama Usdróbal un buen día (t. I, p. 294)—. Algunas páginas más abajo, se nos explica que Usdróbal «tenía de ser caballero, no pudiendo menos de serlo un hombre de continente tan desembarazado y fisonomía tan *resuelta*» (t. I, p. 300). Recuérdese el ya comentado epíteto «nuestro desembarazado mozo»; y nótese a la par el acento que se escribe sobre la motivación de Usdróbal con la repetición *resuelto–resuelta*, que he marcado con bastardilla en las citas. (Después se tomará en cuenta la fisonomía o fisiognomía en la caracterización de los personajes de Espronceda). Es clave asimismo para la conversión caballeresca del humilde ladrón un diálogo mantenido con Zoraida, la manceba judaico-mora de Saldaña:

> —Yo no puedo menos de creer que vuestra sangre es ilustre, y que vos sois otra cosa de lo que aparentáis... ¿Pero vos sois caballero —preguntó Zoraida—, no es cierto?
>
> —Si no lo soy —repuso Usdróbal—, me siento capaz de serlo, y estoy pronto a acometer la empresa más ardua de que pudiera un caballero gloriarse... pero ya que esta mujer me cree caballero, portémonos como tal. (t. I, pp. 303-304).

He aquí que a la resolución se añaden ahora las apariencias de noble y la capacidad de serlo. ¿Falta algo más?

Usdróbal recuerda a Leonor, que ahora está cautiva en el castillo de Sancho Saldaña, pues el siniestro castellano de Cuéllar quiere casarse con ella, aunque sea por las amenazas y la fuerza, y ese recuerdo suscita en el aspirante a caballero las expresiones siguientes: «¡Pobre Leonor! Lo mismo es acordarme de ella que siento un no sé qué como si estuviera enamorado... Pero lejos de mí esta idea; mi nacimiento y mi posición en el mundo son obstáculos insuperables para que nunca se realice mi atrevimiento... ¡Por qué no fueron nobles mis padres!» (t. I, p. 349). «Nunca había deseado hasta entonces saber de quién era hijo —comenta Espronceda— y ahora hubiera dado con gusto la mitad de su vida por conocer al padre que le engendró y saber si era de nacimiento ilustre y podía pretender con razón los altos destinos a que se sentía inclinada su alma [...] el recuerdo de Leonor humedeció sus ojos con una lágrima de amargura. Quizá ella le miraría como un bandido y le despreciaría» (t. I, pp. 361-362). Esta lágrima —en el romanticismo decimonónico casi nunca se derrama más de una— y el temor expresado al final del parlamento de Usdróbal son desgraciadamente demasiado proféticos, según veremos ahora.

Usdróbal ofrece salvar a Leonor del cautiverio en el castillo de Saldaña, y ella quiere pagarle el servicio. «—¡Pagar! ¿Con dinero? —murmuró Usdróbal, y una lágrima de fuego quemó al mismo tiempo sus párpados y se secó en sus encendidas mejillas» (t. I, p. 368). En toda la historia de la literatura no se ha derramado lágrima más patética, más lastimosa, lágrima que dejara más indefenso a quien la había derramado. El insulto material de querer corresponder a la generosidad caballerosa, caballeresca, con el dinero es lo de menos. Es que Leonor le ha pisado a Usdróbal todo su porvenir, le ha tirado por tierra su glorioso sueño de una vida nueva, ese mismo sueño que ella, aunque indigna de él, le ha inspirado. En el fuego de esa lágrima se da el trágico choque de dos formas de vida opuestas. Derramar esa lágrima es una medida de la grandeza de alma de Usdróbal, verdadero aristócrata, quien —a diferencia de los indignos que lo son meramente por el nacimiento— habría sido capaz de salvar los abismos sociales. Tiene Usdróbal el consuelo de que nunca como en ese momento ha podido él mismo apreciar la nobleza de su propio carácter. El concepto del personaje Usdróbal es tanto más profundo, cuanto que nunca se revela quiénes fueron sus padres, a diferencia de lo que sucede en muchos dramas románticos. La aspiración a la nobleza es mucho más hermosa que el «nacimiento ilustre», y la desilusión de quien aspira es infinitamente más artística que la caída del encumbrado.

3. Sancho Saldaña o la añoranza de la inocencia

La gran tragedia de Sancho Saldaña fue que en todo su siglo, que psicológicamente fue el XIX, no hubo sino dos mujeres bastante fuertes para haber podido amarle, pero el contacto con ellas no fue posible, porque él vivió en el mundo de las novelas, y ellas, en cambio, en el mundo real: me refiero a Gertrudis Gómez de Avellaneda y George Sand. Sancho Saldaña tiene algunos rasgos en común con otro fascinante protagonista esproncediano, Félix de Montemar, el Anticristo romántico español, en *El estudiante de Salamanca*[9], pero Saldaña es mucho más humano, y su *satanismo* es en el fondo un efecto de su profunda desilusión.

Como lo haría más tarde con la aludida figura central de *El estudiante de Salamanca*, Espronceda aplaza la caracterización del castellano de Cuéllar, dándonos sólo suficientes indicios para estimular una profunda curiosidad, que al no satisfacerse hasta la mitad del tomo primero, lleva a la impresión de que el carácter de Saldaña será inescrutable o insondable. Veamos algunos de los estratégicos y obsesionantes atisbos. Según el parecer del Velludo, «Sancho Saldaña es más oscuro que la más oscura noche de invierno» (t. I, p. 63). La antigua novia del caballero de Cuéllar, Leonor de Íscar, aporta un sugerente detalle: «he oído decir que Sancho Saldaña no tiene una hora de tranquilidad» (t. I, p. 89). De lo cual se desprende que Saldaña sufre a la vez que hace sufrir, y que su mal es de índole espiritual. En efecto: veremos que Saldaña es de la raza espiritual de Tediato, Werther, Chateaubriand, Byron, Larra y el mismo Espronceda.

[9] Véase Russell P. Sebold, «El infernal arcano de Félix de Montemar», en *Hispanic Review*, t. XLVI (1978), pp. 447-464 (recogido en Sebold, *Trayectoria del romanticismo español*, pp. 195-214).

Por la noche, en el bosque, los bandidos del Velludo se pasan el rato contándose cuentos de malhechores y aparecidos, y un bandido veterano refiere uno que funciona a la vez como prefiguración del temperamento y malas obras de Saldaña. Su contenido también hace pensar en *El estudiante de Salamanca*.

> Érase que se era un señor de Castilla, que era dueño del castillo de Rocafría y de otros muchos castillos, lugares y tierras, y capitán de más de trescientas lanzas. Tenía este hombre muy mala vida, y no creía en Dios ni en el diablo, y juraba que desearía verse a solas con Luficer... tenía este caballero amores con una dama, y no la podía alcanzar porque era muy honesta y hermosa, que me parece que la estoy viendo. Sucedió, pues, que yendo días y viniendo días, el caballero se desesperó, salió al campo y compró una cuerda para ahorcarse muy retorcida, e iba maldiciendo el día en que nació y la hora en que vio a la dama, y maldijo luego su alma, y llamó al demonio. (t. I, p. 107).

Está en armonía con tal relato la visión popular del sombrío señor del castillo de Cuéllar: «la mayor parte creían, al ver su rostro, siempre tétrico y melancólico, y su amor a la soledad, que era algún demonio revestido de figura humana [...]. Ayudaba a creer esto que su padre había sido enterrado secretamente, y que era voz pública se aparecía de noche en las bóvedas del castillo, y sobre todo la repentina desaparición de una hermana suya, que, aunque de mucha belleza y sin el ceño y cruel aspecto de Sancho Saldaña, también la habían visto siempre triste, melancólica y pálida, como una estrella próxima a oscurecerse» (t. I, p. 119). Mas Saldaña todavía no se ha presentado ante el lector; no aparecerá ni hablará hasta varias páginas después, y no se nos admitirá a su intimidad hasta cincuenta páginas más tarde. Su influencia sobre la acción se mantiene aún durante algún tiempo por medias revelaciones.

Al entrevistarse por primera vez con Saldaña, «Usdróbal creyó que estaba delante del príncipe de las tinieblas» (t. I, p. 169). Cuando al parecer Leonor ha sido arrebatada por una bruja en medio de una tempestad, el propio Saldaña declara que la rescatará, «aunque sea de las garras de Satanás» (t. I, p. 170). (En *El estudiante de Salamanca*, el Anticristo romántico desafiará a Satanás, así como a Dios). «El señor de Cuéllar [...] dicen que anda en negocios propios con Lucifer» —observa uno de los hombres del capitán Velludo (t. I, p. 171). «Yo creo que es el mismo diablo en persona» —agrega el capitán de modo aun más concluyente (t. I, p. 172), justo antes que el aludido señor de vasallos descubra con palabras propias todo el oscuro abismo de su tétrico temperamento.

Con tanta preparación apenas nos sorprende el contenido de la autoconfirmación de Saldaña como nuevo Lucifer, aunque por otra parte nos electriza su desesperada, su anhelante facundia. Se refiere a Leonor:

> —¡Leonor! Sí... —decía—; el infierno... ¿Y qué importa?... ¿No somos ya todos unos?... ¡El infierno! ¿Que la robe el infierno o yo?... ¿No soy yo un infierno?... Aquí (señalándose el corazón), ¡demonios! —gritaba—, yo... sí tentaré las almas por vosotros. Soy peor que vosotros. ¡Ja! ¡Ja! ¡Ja! —y soltaba una carcajada histérica y espantosa, capaz de poner grima a los mismos que él invocaba—. ¡Ah! —continuaba precipitadamente—, si en el infierno pudiese yo vivir con ella... ¿Vivir con ella? Allí, allí —añadía, clavando los ojos en tierra—, sería mi cielo, sí, mi cielo. Ella... es un ángel. ¿Qué haré? ¿Dónde huiré de mí?... ¿Dónde descansaré?

> No, mientras viva, jamás... ¿Y después? ¿Después? ¡Qué horror! Un abismo inmenso de penas; en fin, la mayor de todas, la vida misma que detesto eterna, eterna en la agonía de los condenados. Yo no moriré nunca... Tal vez... para volver a vivir. Yo soy réprobo de Dios, sentenciado a vivir toda una eternidad, a respirar fuego, a ser execración de los hombres, mofa de los demonios... Ya rechinan sus dientes de alegría; helos, helos allí... ¡Oh!, no, no, ¡piedad! ¡Maldición! ¿Qué oigo? Sí, la maldición de mi padre. (t. I, p. 174).

Solamente Dios, el demonio, Cristo, el Anticristo, los condenados y los *nosferatu* «no mueren nunca»: ¡triste expectación!, pero gracias a ella tenemos una muestra incomparable de lirismo en la novela, lirismo de la más sublime locura; texto que, metrificado, no sorprendería hallar entre los poemas de Musset, de García Tassara, o del mismo Espronceda. Son atemporales también los personajes de algunos poemas esproncedianos. Por ejemplo, Montemar, en *El estudiante de Salamanca*: «Ni el porvenir temió nunca, / ni recuerda en lo pasado»; «Para mí no hay nunca mañana ni ayer»[10]. O bien, el personaje titular de *El Verdugo*: «La eternidad / ha tragado cien siglos y ciento, / y la maldad / su monumento / en mí todavía contempla existir»[11]. La figura del «abismo inmenso de penas», siendo la mayor de todas la vida misma, que es pena «eterna, eterna», revela que el motivo de la locura de Saldaña no es únicamente el amor no correspondido, sino esa gran emoción romántica que es el dolor de la existencia a escala cósmica, que ya Meléndez Valdés llamó *fastidio universal* y que Tassara llamaría *fiebre del siglo*. Saldaña es gemelo espiritual de ese rey Baltasar que, en el drama de la Avellaneda, preguntado qué mal sufre, responde sencilla pero desgarradoramente: «¡La existencia!»[12].

Pudieran citarse otros muchos testimonios del satanismo de Saldaña, que es uno de los rasgos que lo conectan con ese hijo de Satanás o nuevo Anticristo Félix de Montemar. El rey siente cierta compasión por su súbdito Saldaña: «—Parece, buen caballero, que os es fatal vuestra estrella». Mas si la piedad ha de ser eficaz en el contexto romántico, requiere una puesta en escena muy especial, y así se explica la respuesta del desventurado súbdito a su señor. «—Vuestra alteza, señor —respondió Saldaña con tono de voz melancólico—, creo que se engaña en llamar estrella a la luz infernal que guía mis pasos en este mundo. Pero lo cierto es que no hay en él un hombre más desdichado que yo» (t. II, pp. 281-282). Uno de los síntomas del carácter romántico es la visión oximorónica de las cosas que yo he llamado la inocencia del alma satánica, o bien el satanismo del alma inocente; y nótese en las palabras de Saldaña la reunión de los conceptos *luz infernal* y *desdichado* como elementos de la situación del inocente mal tratado. Espronceda explica la psicología de tan satánico y gozoso tormento en la forma siguiente: «el hombre más criminal es el que admira más la inocencia» (t. I, p. 123).

Los imposibles enredos morales y sentimentales de Saldaña con Leonor de Íscar y con su mejor amigo de otra época, Hernando de Íscar, llevarán a nuestro protagonista —dice él mismo— a «que yo me desespere y maldiga al Dios que me

10 Espronceda, *El estudiante de Salamanca. El diablo mundo*, ed. de Marrast, pp. 92, 131.

11 José de Espronceda, *Poesías líricas y fragmentos épicos*, ed. de Robert Marrast, Clásicos Castalia, 20, Madrid, Editorial Castalia, 1970, p. 243.

12 Gertrudis Gómez de Avellaneda, *Baltasar*, ed. de Carmen Bravo Villasante, Biblioteca Anaya, 105, Salamanca, Ediciones Anaya, 1973, p. 79.

hizo y la hora en que vi la luz» (t. II, p. 282). Recuerde el lector el curioso antecedente de estas palabras que se halla en el ya citado cuento interpolado sobre el satánico señor del castillo de Rocafría. Al lado de la figura medio demoníaca de Saldaña, interviene también un demonio femenino. Saldaña lleva a Leonor al altar por la fuerza, pero en ese lugar sagrado, de modo tan siniestro que nuestro mismo héroe satánico cae desmayado al suelo, un aparente fantasma o genio del mal armado de puñal, derrama la sangre de la novia cautiva, y puntuando su acción con «una infernal carcajada» increpa así a su antiguo amante: «—Sí, yo soy el demonio que te persigue. Yo soy Zoraida». Lo cual es a la vez un evidente anticipo del final de la historia del Anticristo romántico español: «que era pública voz que llanto arranca / del pecho pecador y empedernido, / que en forma de mujer y en una blanca / túnica misteriosa revestido, / ¡aquella noche el diablo a Salamanca / había, en fin, por Montemar venido!...»[13].

Ahora bien: ¿en qué se apoya el satanismo de Saldaña? Por una parte, en la superstición del vulgo, como ya hemos visto, y por otra, en los temores del no menos «supersticioso Saldaña» (t. I, p. 274). Se apoya también en su locura. «Saldaña [...], estáis loco», le dice un día el rey (t. II, p. 283). Hablando dos pajes de Saldaña, uno observa que «en toda la noche [no] ha dormido [...] empeñado a cada instante en que veía una mora con un puñal... vamos... loco perdido» (t. II, p. 316). Loco, sí, pero su locura le permitía al mismo tiempo una visión muy clara de lo que le había de suceder luego. Se trata de una locura en parte noble, pues consiste en estar perdidamente enamorado de la inocencia en medio del mayor vicio y depravación. Pues, en realidad, Saldaña no está enamorado de la inocente Leonor. Ella no es más que un símbolo. Saldaña está enamorado del espíritu de la inocencia y de su propia inocencia perdida. Espronceda tal vez aluda al tiempo de la perdida inocencia del propio Saldaña cuando expresa esa idea clave ya citada: «el hombre más criminal es el que admira más la inocencia».

En el fondo le mueve a Saldaña un interés muy personal, según le dice también Leonor: «tu corazón no tiene otro resorte que tu egoísmo» (t. I, p. 231). Saldaña aborrece a Leonor: «lo aborrezco todo, a mí mismo, a Leonor... Sí, la aborrezco, pues trato de sacrificarla haciéndola partícipe de mi fastidio» (t. I, p. 176). Saldaña no puede otra vez ser inocente, y le molesta que Leonor siga siéndolo. ¡Tremendo sacrificio el que Saldaña quiere hacer de Leonor! ¡Tremenda acusación la del egoísmo que le ha lanzado a él Leonor ! Y sin embargo, el pobre Saldaña tiene su disculpa, pues había sufrido, ¡y cómo había sufrido! En una ocasión —nos dice Espronceda—, «había sufrido en media hora todos los martirios del infierno en la eternidad» (t. II, p. 278). Es más: el propio Saldaña no sembró las primeras semillas de la iniquidad que echó raíces en su alma. Por lo cual parece tan justo objeto de nuestra más tierna compasión como de nuestro más indignado desprecio. Pero, ¿en qué me baso para afirmar que la maldad de Saldaña no es enteramente de su propia creación?

Reconstruyamos la vida prenovelística del héroe artístico esproncediano. Los elementos de esta prehistoria están todos presentes en la novela, y así afectan a nuestra actitud hacia Sancho Saldaña, pero subconscientemente, porque Espronceda

[13] Espronceda, *El estudiante de Salamanca. El diablo mundo*, ed. cit., p. 156.

los introduce aparentemente al azar, sin razón ni orden discernibles, para que el sorprendente atractivo de tan mal hombre se vea como esa clase de *no sé qué* que nos encanta en las personalidades originales. Pongamos en orden los elementos de la prehistoria de Saldaña para comprender mejor nuestra reacción.

Saldaña empieza la vida como cualquier provinciano de corazón puro, como un «buen salvaje» a lo Rousseau. Un día su hermana, Elvira, le recrimina de este modo: «¡Ah, Saldaña! Recuerda los primeros años de tu juventud, cuando era aún inocente tu corazón, recuérdalos y llora, llora lágrimas eternas de arrepentimiento» (t. I, p. 324). En la misma página, como si tomara en serio la advertencia de su hermana y quisiera darle la razón, el simpático malhechor dirige estas palabras a Leonor, que también está presente: «Un recuerdo, dulce como el aroma de las flores, me quedaba aún; un recuerdo que podía traer a mi memoria sin horrorizarme ni estremecerme. Tú, joven hermosa, virgen pura; tú, a quien yo había amado ya cuando mi corazón era bueno» (*loc. cit.*). Elvira no se convence y vuelve al ataque insistiendo de nuevo en la diferencia de unos tiempos a otros: «tú tenías en tu infancia todos los gérmenes de la virtud en tu alma» (t. I, p. 329). (Sobre Félix de Montemar, desde luego, no se hace nunca ninguna declaración por el estilo en *El estudiante de Salamanca*).

Pero ese provinciano, armado de todas las virtudes en germen, joven sincero que quería fiarse de todo el mundo, fue luego a pasar una temporada en la engañosa Corte, sin prever el efecto que esa tan corrompida como fastuosa sociedad podía producir en él. Se deduce la honda impresión que debió de causarle su primera estancia en la Corte por lo que dice sobre la segunda: «yo ya he estado en la Corte; he tenido, esta segunda vez cuando estuve a prestar homenaje a don Sancho [IV el Bravo], los títulos a mi voluntad, y todo me fastidiaba y nada bastó a llenar nunca el vacío de mi alma» (t. I, p. 182). Ya su primera vez en la Corte debió de desilusionarse en parte, mas de lo que no cabe duda es de que después de la segunda visita quedaba totalmente desengañado. Pues *vacío de mi alma* es aquel dolor del romántico hastiado que Meléndez llamaba *fastidio universal*. Pero ¿cómo era su vida en la Corte esa primera vez, antes de desilusionarse?

«—¿Y qué me importa a mí la moda [...]? —pregunta un día Saldaña hablando con su paje—. Hubo un tiempo en que yo deseaba parecer bien, Jimeno, en que me gustaba agradar porque me agradaba todo, pero ahora que todo me cansa, ¿qué me importa a mí desagradar a todos?» (t. I, p. 181). Quiere decirse que el hastiado castellano de Cuéllar era en otro tiempo un hombre ajustado a las últimas modas, en fin, un esperanzado *dandy*, si se nos permite usar una voz decimonónica para subrayar el por otra parte evidente hecho de que el temperamento de este caballero de la Edad Media es un producto literario del siglo XIX. Casi no se acuerda nunca ya Saldaña de «vestir las ya casi olvidadas galas» (t. I, p. 123), y no le quedan sino «algunos restos de su belleza, marchita ya por el rigor de sus pasiones» (t. I, p. 127). Aludiendo aun más directamente a esos felices días de antaño, Saldaña exclama nostálgico: «¡Ah, entonces yo trovaba también, yo canté mis amores a Leonor, y ella me oía! Pero no soy ya el mismo; entonces yo era un hombre, yo amaba, yo vivía» (t. I, p. 176).

Es iluminador el comentario del autor sobre Saldaña en «aquella edad en que su alma [lo] veía todo con los ojos del entusiasmo brillante, hermoso, y representábase un porvenir de encanto y felicidad» (t. I, p. 160). Esto lo aceptamos, lo creemos, lo compartimos, porque está expresado como tan sólo lo pudiera expresar quien lo ha vivido directamente. Porque el trozo citado es pura autobiografía esproncediana, como puede apreciarse comparándolo con los siguientes versos del *Canto a Teresa*, donde sí habla el autor directamente de su propia juventud: «Yo amaba todo: un noble sentimiento / exaltaba mi ánimo, y sentía / en mi pecho un secreto movimiento, / de grandes hechos generoso guía». Es ese momento de su historia que en el mismo poema Espronceda también llama «la dorada mañana de mi vida»[14]. Mas en la Corte el Saldaña joven no pudo menos de exponerse «a oír chismes, a fastidiarme —nos dice en primera persona— con las intrigas de Haro, con las quejas de los Laras, a hastiarme de aquellas mujeres frívolas, que vistas una vez cansan al otro día» (t. I, p. 180). En fin: Saldaña, igual que Byron, que Musset, que Espronceda, sentía ya «tanto hastío, tanto disgusto después del goce» (t. I, p. 160).

Saldaña es un dandy desilusionado, hastiado, *jaded*, *blasé*, de alma envejecida en cuerpo joven, como Cadalso, como su mismo creador Espronceda, como Larra. Escuchemos otra conversación entre Saldaña y su paje: «¡Ah!, tú eres feliz, Jimeno; tu alma es nueva, y la mía, la mía... yo la cambiaría por el alma de un condenado» (t. I, p. 183). (Tal diálogo casi parece anticiparse a los de Larra con su primo en *La sociedad*, de 1835). Para el presente aspecto de la caracterización de Saldaña, también habría que recordar algunas palabras que el protagonista dirigió al anciano padre de Leonor el día que había esperado lograr la necesaria bendición para casarse con su novia de otrora: «El mundo es más viejo para mí, a pesar de mis pocos años, que lo es para vos al cabo de vuestra edad; todo está usado en él; nada hallo nuevo en la Naturaleza; la luz del sol, la noche, la primavera, lo más bello, lo más tremendo con que puede recrear el cielo o amenazar en su cólera, nada me inspira un sentimiento nuevo» (t. I, p. 130).

La primera vez que el paseante en Corte volvió a Cuéllar, parece que continuó en sus dominios la vida de elegante dandy cortesano, a pesar de hallarse ya parcialmente hastiado de la vida. «Ansioso de algo que nunca podía encontrar» (t. I, p. 121), corrompió a la pobre Zoraida, al parecer buscando en ella al principio esa inocencia que siempre le eludía; y a la par acabó de corromperse a sí mismo, pues mató entonces a un sacerdote para que no le sermoneara. Tenemos el testimonio de la hermana del asesino, Elvira: «Yo le vi cuando furioso, hirviendo en toda la cólera del infierno, alzó el puñal, guiado por los demonios, y lo hincó en el corazón del sacerdote que piadosamente le reprendía. Yo le vi después, cubierto aún de sangre, reposarse en brazos de su Zoraida y oí su risa y sus carcajadas emborrachándose en el festín» (t. I, p. 253). Pero Saldaña «volvió en sí, y no pudiendo encontrar nada que bastase a satisfacer sus deseos, a consolar su tristeza, a hacerle olvidar sus remordimientos, se halló en la flor de su edad con un alma árida como la arena, y velado ya su rostro con la sombra de los sepulcros» (t. I, pp. 121-122). ¿De qué sombras se vestiría la cara del mismo Espronceda algunos años más tarde al buscar desesperado un imposible refugio en la compañía de la ramera Jarifa, pues también entonces afirmó: «Sólo en la paz de los sepulcros creo»?[15]. Sin embargo, todavía asomaba en Saldaña algún resto de su antigua nobleza, algún débil

[14] Espronceda, *El estudiante de Salamanca. El diablo mundo*, ed. cit., pp. 224, 235.

[15] Espronceda, *Poesías líricas*, ed. cit., p. 262.

impulso virtuoso. Pienso en la siguiente observación del autor: «Saldaña, aunque endurecido en el delito, era menos malvado que criminal» (t. I, p. 160). Tan vago recuerdo de la inocencia proyectado sobre el satánico perfil de un personaje como Saldaña, o como Macías, en *El doncel de don Enrique el Doliente*, basta —es la prohibida pero bella admixtión típica de ese tiempo— para que nos sintamos extrañamente atraídos hacia ellos.

La segunda vez que Saldaña volvió a Cuéllar, ya al parecer totalmente desencantado con la Corte, hizo vida de ermitaño —no religioso, desde luego— en su propio castillo. Esto lo comentan los cortesanos del acompañamiento real, cuando Sancho el Bravo visita Cuéllar: «¡Cómo ha cambiado este hombre! [...] ¡ha perdido hasta el modo de hablar! [...] estos señores que no frecuentan la Corte se hacen tan sombríos y rudos como los castillos que habitan» (t. II, pp. 117-118). Fue entonces, durante este período de retiro y absoluta inapetencia vital, cuando desde toda la negrura del abismo de su desesperación se acordó Saldaña del último lazo posible con la perdida inocencia de su perdida juventud: Leonor. «Recordó a su olvidada Leonor, propuso reformar su vida, halagó un momento sus penas con las dulces memorias de su juventud y el recuerdo de los días en que, lleno de gozo, sintió el *inocente* fuego del amor puro a vista de su hermosura» (t. I, p. 122). Nótese la palabra que he escrito en bastardilla. Es perpetua en el depravado Saldaña esa vana búsqueda de la inocencia.

La tragedia de la relación entre Sancho Saldaña y Leonor de Íscar fue que, empedernido en el vicio su carácter en otro tiempo generoso, el castellano de Cuéllar no fue capaz de la compasión para con su antigua novia sino durante un solo momento; pero *ya era tarde*, según la inolvidable frase de la enloquecida Elvira al final de *El doncel de don Enrique el Doliente*. En el aludido momento Leonor pide la vida de su hermano Hernando, amenazada por Saldaña. «El tono de la voz de Leonor era tan dulce, había en sus palabras una magia inexplicable, su mismo delirio, la palidez de su rostro, sus ojos cubiertos de lágrimas [...] la hacían parecer tan hermosa, en medio de su dolor [...], que [...] no pudo menos Saldaña de apartar la vista para enjugarse una lágrima (quizá la primera que había derramado en su vida)» (t. II, p. 299).

Usdróbal y Saldaña tienen en común el hecho de que la profundidad de sus dos almas, por otra parte tan diferentes, se descubre por una sola pero tiernísima y elocuentísima lágrima. Con estas lágrimas solamente puede compararse la igualmente inolvidable de Macías en *El doncel de don Enrique del Doliente*. Macías tiene amores con una mujer casada, Elvira, y está con ella en el dormitorio que comparte con su marido, Hernán Pérez, cuando oyen acercarse al marido. Macías se esconde en un gabinete de armas, y por la ventanilla de la puerta del gabinete ve que los esposos se abrazan y besan. «¡Se aman, se aman! —exclamó el doncel con voz ronca y apenas inteligible—, ¡Maldición, maldición sobre ellos y sobre mí! —y una lágrima, pero una lágrima sola, se abrió paso con dificultad a lo largo de su mejilla fría como el mármol»[16]. Son tres lágrimas que hacen época en la novela española[17].

16 Mariano José de Larra, *El doncel de don Enrique el Doliente*, ed. de Varela, p. 306.

17 Véase Russell P. Sebold, «"Una lágrima, pero una lágrima sola": Sobre el llanto romántico», en *Ínsula*, núm. 380-381 (julio-agosto 1978), pp. 8-9; recogido en Sebold, *Trayectoria del romanticismo español*, pp. 185-194.

¿Cómo era Sancho Saldaña físicamente? Desde luego, cada lector se habrá inventado para el castellano de Cuéllar una atrayente imagen mental entre guapa, demacrada y siniestra. Pero descripciones de Saldaña apenas las hay. Las descripciones de personajes secundarios son frecuentes, pero en el caso de los personajes principales que se autodeterminan desde dentro y poseen mayor objetividad, como Usdróbal, Zoraida y Saldaña, son escasas las descripciones físicas, y las que hay nos parecen fragmentarias. Por ejemplo, la siguiente de Saldaña: «Llevaba la visera alzada y la cabeza inclinada sobre el pecho, pensativo y triste, y en sus apagados ojos, rostro enjuto y sombrío ceño daba a entender que, aunque en toda la fuerza de la juventud, el furor de las pasiones había amortiguado el brillo de su fisonomía» (t. I, p. 158).

No obstante, con esta última voz, sinónimo de *fisiognomía* lo mismo que de semblante, se le revelaba todo al lector de la época de Espronceda. La novela contiene repetidas referencias a la fisonomía y la frenología, así como a los fisonomistas y los frenólogos. Espronceda menciona al doctor Francisco Gall (1758-1828), fisiólogo alemán que inventó la frenología, y al pastor de almas protestante suizo Juan Gaspar Lavater (1741-1799), a quien se debe la fisonomía en su forma moderna. Espronceda escribe alguna vez *Lavateur* (por ejemplo, t. II, p. 33), en lugar de *Lavater*, equivocada grafía que puede haberse inspirado por la consulta de la versión francesa de los *Physiognomische Fragmente*, cuya primera edición empezó a estamparse en París, en 1781. Consultemos los manuales de los fisonomistas[18].

Saldaña parece participar de los rasgos de dos caras y caracteres analizados en *La fisonomía* (1847), de Antonio Rotondo, en textos ilustrados con láminas. El primer personaje de Rotondo viste hábito y yelmo militares romanos (lámina XLI); es moreno, con melena, y tiene la cara muy fuerte, con bigote. El análisis es el siguiente: «Esta fisonomía se distingue por un carácter capaz de grandes cosas, un patriotismo digno de la antigua Roma y un valor heroico; pero también se observa en ella que, a pesar de prometer tanto, indica al hombre sujeto al yugo de las pasiones y que lleva el punto de honor más allá de la razón. Esa nariz aguileña, encorvada en su raíz, indica un natural imperioso y fuerte, y la poca salida de sus arcos superciliares demuestra que rara vez podrá la reflexión volverle al buen camino de que se apartó»[19]. A la cara de su lámina LXII (que tiene alguna facción en común con el personaje con quien compararemos a Saldaña en el próximo párrafo), Rotondo le hace la siguiente anatomía: «Échase de ver en esta fisonomía un conjunto melancólico y un humor triste y lento. Los ojos azules, las cejas delgadas y los labios gruesos denotan que a la melancolía se une algo de temperamento flemático. La nariz inclinada y la forma de esta frente anuncian mucho discernimiento; pero también caracterizan a la fisonomía y le imprimen el aire taciturno que en ella se observa»[20].

[18] Acerca de la influencia de la fisiognomía sobre la novela, véase Graeme Tytler, *Physiognomy in the European Novel. Faces and Fortunes*, Princeton, New Jersey, Estados Unidos, Princeton University Press, 1982. Pero en este libro apenas se menciona a los fisonomistas y novelistas españoles.

[19] Antonio Rotondo, *La fisonomía, o sea el arte de conocer a sus semejantes por las formas exteriores. Extractado de las mejores obras de Lavater. Obra adornada con 62 láminas*, Madrid, Establecimiento Tipográfico de Mellado, 1847, p. 160.

[20] *Ibíd.*, p. 182.

Usdrobal defiende á Zoraida, etc.

De Espronceda, *Sancho Saldaña,* Madrid, J. Castro y Compañía, 1870.

Pero la interpretación de la teoría lavateriana en la que encontramos el más sugerente paralelo para la caracterización moral de Saldaña es la de la señora Leila Lomax. Ésta divide a sus prójimos en varios tipos según sus caras y caracteres, y el protagonista de Espronceda parece ser la viva encarnación del número 4 de los diez tipos explicados en el libro *Physiognomy* (1915), el cual es el del pesimista, en cuyo perfil fisonómico-psicológico los rasgos dominantes son el amor, el odio, el orgullo, el secreto, la envidia, la venganza, la crueldad, el engaño, la tenacidad, la suspicacia, el fanatismo, la sagacidad, la superstición y el cálculo[21]. ¿Cabe mayor parecido con el altanero, satánico, sádico y desilusionado dandy y amante Saldaña? Rotondo ilustra los rostros que analiza con dibujos realizados para esa finalidad, pero Lomax acompaña sus disquisiciones sobre tipos fisonómicos con retratos de personas reales (pinturas, daguerrotipos, fotografías), alguno de los cuales sorprende por la gran familiaridad de la cara. La cara que Lomax reproduce en su página 130 como ejemplo de las del tipo número 4 —los pesimistas— es la del famoso literato decimonónico norteamericano Edgardo Allan Poe, cuyo tétrico semblante no costaría un desmesurado esfuerzo asociar con el originalísimo personaje que Espronceda ha creado en Sancho Saldaña.

Para concluir, quisiera citar algunas de las líneas más extrañas que existen en la historia de la literatura norteamericana. Es una descripción muy poco caritativa de Poe, sobre todo cuando se considera que es debida a un pastor de almas, el reverendo Rufus Wilmot Griswold, que además hizo de albacea literario y editor del recién fallecido autor de las *Historias extraordinarias*. La descripción, en la que nos parece encontrar un gemelo del enloquecido Saldaña del soliloquio en el que sueña con llevar a Leonor a vivir en el infierno, se incluyó primero en una necrología publicada en el diario *New York Tribune* el 9 de octubre de 1849, y después se recogió en una larga memoria o breve biografía de Poe que Griswold escribió para su edición de las obras de su desaparecido contemporáneo. He aquí el retrato del gemelo real de Saldaña, en quien parece haberse dado la misma combinación de hastío y locura:

> Su conversación era a veces casi sobremortal por su elocuencia. Su voz se modulaba con asombrosa habilidad, y sus grandes y variablemente expresivos ojos miraban con reposo o disparaban fuego y tumulto a los de quienes le escuchaban. Su rostro brillaba o seguía incambiable en su palidez, según fluía más rápida su sangre merced a su imaginación encendida, o ya volvía a su corazón helado. [...] Era otras veces soñador. [...] Andaba por las calles, loco o melancólico, moviéndose los labios con maldiciones indescifrables, o, levantados los ojos, con apasionadas plegarias, jamás por sí (porque creía o fingía creer que él estaba ya condenado), sino por la felicidad de aquellos que eran en ese momento los objetos de su idolatría. Con su mirada introvertida hacia un corazón roído de angustia y con su cara envuelta en sombras, desafiaba las tempestades más violentas; y toda la noche, con la ropa mojada y con los brazos batiendo locamente el viento y la lluvia, hablaba como si fuera con espíritus que sólo él podía evocar. [...] Salvo cuando alguna ocupación esporádica entretenía su voluntad y sus facultades, parecía llevar siempre consigo el recuerdo de algún dolor invencible. [...] La pasión en él abarcaba muchas de las

[21] Leila Lomax, *Physiognomy. How to Read Character in the Head and Face to Determine the Capacity for Love, Business, or Crime*, Filadelfia, Penn Publishing Company, 1915, p. 123.

> peores emociones que militan contra la felicidad humana. Irascible, envidioso —esto es malo, pero no es lo peor—, porque estos rasgos se revestían de un cinismo frío y repelente, mientras que sus pasiones se traducían por miradas de desprecio. No le parecía que existiera la susceptibilidad moral; y lo que es aun más notable para un alma orgullosa, poseía poco o nada del auténtico pundonor. Se creía con el derecho de despreciar al mundo que mortificaba su amor propio[22].

Ante semejantes renglones, sólo cabe el silencio de una dolorosa meditación.

22 Citado por John W. Robertson, *Edgar A. Poe: A Psychopathic Study*, Nueva York, G. P. Putnam's Sons, 1923, pp. 312-314.

VII

IMPOSTURA, ANTIHISTORIA Y NOVELA POLICÍACA EN *NI REY NI ROQUE*, DE ESCOSURA

L ARTE DE ESTA FICCIÓN de 1835 depende del entretejimiento de tres sorprendentes novedades: la inversión total de la identidad de un célebre impostor, la invención de un concepto de la historia que se opone a nuestro sentido histórico habitual, y la primera novela policíaca en lengua española. La primera de las tres novedades estriba en la identidad del que se presenta bajo el nombre del rey Sebastián de Portugal, a quien se creía muerto en la batalla de Alcazarquivir, en 1578; y el manejo de este personaje por Escosura representa uno de esos singulares aciertos que solamente se le conceden al escritor en el momento más afortunado de su carrera. Queda claro que para Patricio de la Escosura (1807-1878) ese momento se dio en el año 1835; pues coincidieron en componerse durante el referido año la novela *Ni rey ni roque* y la otra de las dos obras más conocidas de este mejor amigo de Espronceda, quiero decir, el breve poema histórico-novelesco, en cuartetos de arte mayor y coplas de pie quebrado, sobre los comuneros de Castilla, *El bulto vestido del negro capuz*. El tema del presente ensayo es la novedad, el misterio y la expectación en el más importante de los dos relatos históricos escosurianos del *annus mirabilis* de 1835, y así tiene interés observar que también desempeña cierto papel en el otro el elemento del misterio y que entre los dos se dan paralelos en el léxico y la visión de algún personaje.

Como ilustración del aludido paralelo, veamos primero unos trozos de *Ni rey ni roque* —la primera de estas obras en haberse empezado a escribir—. Se trata de un encuentro nocturno de dos figuras principales, don Juan de Vargas y doña Inés, aunque a ésta no la reconoce todavía aquél: «Un bulto... La oscuridad no me deja distinguir quién sea; ¿si será ella? [...] Cerca de una hora pasó en aquel tormento [...], cuando vio salir de la villa un bulto negro [...]. El lejano ladrido de los perros, el son lúgubre de una campana, y hasta el susurro del viento en los sembrados, todo, en una palabra, contribuía en el momento de que hablamos a dar al paraje en que se hallaba Vargas el más siniestro aspecto. [...] El bulto continuó marchando intrépidamente hasta estar a unos diez pasos de don Juan»[1]. En la otra

[1] Patricio de la Escosura, *Ni rey ni roque*, La Novela Histórica Española, 5, Madrid, Tebas (Ediciones Giner), 1975, pp. 57-58. Citaré esta novela siempre por la edición de Tebas, indicando las páginas de las demás citas entre paréntesis en el texto. Para información general sobre la vida y obra

narración de 1835, de ambiente nocturno en parte inspirado en la primera, encuéntranse los fragmentos siguientes: «Por medio del monte, veloz cual la brisa, / cual sombra melosa, cual rápida luz, / un bulto, que apenas la vista divisa, / camina encubierto con negro capuz». «Con planta ligera el puente atraviesa / el bulto vestido del negro capuz». «En torno al cadalso se ven los soldados, / que fieros empuñan terrible arcabuz, / a par del verdugo, mirando asombrados / al bulto vestido del negro capuz»[2]. Nótese, además, que en cada obra el bulto encubierto con negro capuz, de aspecto siniestro a primera vista, resulta ser una mujer honrada y la heroína de la obra: en el primer caso, es doña Inés, la cuñada del rey o impostor y futura esposa de don Juan de Vargas; y en el otro, es Blanca, la esposa del comunero ficticio Alfonso García, que se reúne a él en el momento de su ajusticiamiento.

El ya aludido motivo histórico de los cuatro impostores que se presentaron como don Sebastián, milagrosamente rescatado de su óbito en la batalla, así como para la mayoría de las obras literarias basadas en este tema, se halla comentado en esta forma en *Ni rey ni roque*: «todo el mundo sabe que este monarca, habiendo hecho, contra el dictamen de los más hábiles, una expedición, desapareció en una batalla que dio delante de Tánger, en la cual fueron los cristianos completamente derrotados, sin ser posible encontrar el cadáver del rey entre los demás ni saber su paradero» (p. 86). La desaparición de los restos del rey Sebastián abrió paso a la impostura como instrumento con el que conseguir que volviera a manos portuguesas el trono luso, que ya había pasado a las de Felipe II, de España. El más romancesco de los cuatro impostores, Gabriel de Espinosa, «El pastelero de Madrigal», es la figura central de la novela de Escosura, lo mismo que de las demás ficciones teatrales y narrativas dedicadas a este intrigante tema histórico[3]. Gabriel de Espinosa tiene en común con el Cid, Trotaconvetos–Celestina, don Quijote, don Juan y la bella hebrea Raquel el ser uno de los llamados personajes autónomos de la literatura española, cuyo extraordinario vigor e interés los proyecta más allá de los límites de una sola obra o época. Mas ¿cuál es la nueva y originalísima caracterización del pastelero Espinosa que se nos brinda en las páginas de Escosura?

En tres comedias del siglo XVII sobre Sebastián/Gabriel: *El pastelero de Madrigal*, de Jerónimo de Cuéllar; la *Comedia famosa del rey don Sebastián*, de Luis Vélez de Guevara; y *La gran comedia del rey don Sebastián*, de Francisco de Villegas; en *El pastelero de Madrigal*, de 1706, de José de Cañizares; así como en una refundición neoclásica de la comedia de Cuéllar; en la refundición de 1818, de

---

de Escosura, véanse los libros siguientes: Antonio Iniesta, *D. Patricio de la Escosura*, Madrid, Fundación Universitaria Española, 1958; y María Luz Cano Malagón, *Patricio de la Escosura: Vida y obra literaria*, Universidad de Valladolid, Secretariado de Publicaciones, 1989.

[2] En *Antología de la poesía romántica*, edición de Luis F. Díaz Larios, Salou (Tarragona), Editorial UniEurop, 1977, pp. 97, 99, 103.

[3] Sobre la historia del rey Sebastián, los cuatro impostores, los documentos relativos a éstos, y las diversas obras literarias en que, a partir de la canción II, de Fernando de Herrera, «Por la pérdida del rey D. Sebastián», los poetas, dramaturgos y novelistas españoles de los siglos XVI a XIX contaron la muerte del rey y las aventuras del Pastelero de Madrigal, véase Mary Elizabeth Brooks, *A King for Portugal. The Madrigal Conspiracy, 1594-1595*, Madison, University of Wisconsin Press, 1964. Pero en la obra de Brooks no se toman en cuenta varias obras curiosas sobre el tema que quedan mencionadas en el presente capítulo.

la comedia de Cañizares, atribuida a Dionisio Solís; y en la narración histórica novelada, *El pastelero de Madrigal o el rey fingido*, que José Quevedo, bibliotecario de El Escorial, publica en la revista *Museo de las familias*, en 1845, se acatan los documentos históricos. Espinosa no es sino un humilde pastelero, escogido y preparado para su papel de impostor por unos conspiradores portugueses, que son seguidores de don Antonio, prior de Crato, primo bastardo de don Sebastián y aspirante al trono de Portugal.

En cambio —y la diferencia es rotunda—, en *Ni rey ni roque*, no se trata ya de un pastelero que se haga pasar por rey, sino de lo contrario, de un rey auténtico que, temporalmente, por razones de seguridad personal y estrategia política, se disfraza, nada más, como pastelero[4]. Por si fuera poca cosa tal inversión, sin la obra de Escosura y sin la inspiración que Zorrilla debió de encontrar en ella, no parece probable que el apasionado vallisoletano hubiera dado con la que es sin duda ninguna la más brillante de todas las interpretaciones del tema, en el drama romántico *Traidor inconfeso y mártir*; pues en esta obra Espinosa no sólo no es ya probablemente pastelero, sino que tampoco es absolutamente seguro que sea rey, «dándose ya por una persona, ya por otra», incluso a la hora de su suplicio capital, porque se propone morir, según sus propias palabras, «si impostor, con impávida osadía, / y si rey, con fiereza soberana»[5]. Incluso es posible que el rey/pastelero zorrillesco sea reencarnación del demonio[6]. En la novela *El pastelero de Madrigal* (1862), Manuel Fernández y González sigue a Zorrilla al no concretar la identidad del personaje[7]. Pero subráyese una vez más que la mayor innovación en la interpretación de Gabriel/Sebastián se debe a Patricio de la Escosura.

Merced a un sagrado principio de la poética de la novela histórica, así como a la decisión de Escosura de presentar al pastelero de Madrigal como el auténtico Sebastián, se elabora en *Ni rey ni roque* una ingeniosa historiografía del mundo novelístico. Según Ramón López Soler, el novelista histórico está obligado a escribir «esforzándose en desenvolver nuestro plan no desfigurando el carácter de los más esclarecidos varones»[8]. Esto ¿qué significa precisamente? Pues, que lo consabido de las vidas de los grandes personajes históricos funciona como el destino cuando aparecen en obras teatrales y novelas, impidiendo que el escritor

4 Parece preverse la nueva interpretación por el título del antiguo manuscrito escurialense que José Quevedo refundió en su breve historia novelada. El título del manuscrito es: *Tratado del suceso del fingido rey don Sebastián, del cual hasta hoy se supo qué hombre era, escrito por un padre de la Compañía*. Aludo a las palabras *qué hombre era*.

5 José Zorrilla, *Traidor inconfeso y mártir*, ed. de Ricardo Senabre, Biblioteca Anaya, 31, Salamanca, Ediciones Anaya, 1967, pp. 151 (documento en prosa, leído por los personajes), 180.

6 Véase mi trabajo sobre este drama de Zorrilla, originalmente publicado en *ABC*, lunes 15 de junio de 1987, p. 84: «Rey, pastelero y demonio», recogido en mi libro *De ilustrados y románticos*, pp. 171-175.

7 Por ejemplo, este trozo del cap. XXVII: «Si era el rey don Sebastián o no lo era, cosa es que está envuelta en el misterio y en un misterio que no puede aclarar la lectura del proceso ni la del infinito número de documentos históricos de que nos hemos valido, y que hacen de nuestra novela casi una historia» (Manuel Fernández y González, *El pastelero de Madrigal*, Círculo de Amigos de la Historia, Barcelona, 1968, p. 290). En *Jeromín*, del P. Luis Coloma, que es una biografía novelada de don Juan de Austria, se cuenta el episodio de los amores de Espinosa con doña Ana de Austria, su prima o presunta prima.

8 Ramón López Soler, Prólogo, *Los bandos de Castilla*, ed. cit., p. 11.

les cambie mucho las acciones; y por tanto, el procedimiento normal en la novela histórica, es dar el papel principal a una figura ficticia y presentar a los personajes reales de la época en segundo término. El esquema de Zorrilla, según el cual el pastelero no es ni rey ni impostor, le escuda por sí solo contra este riesgo. Mas, para que, contra todos los testimonios de la historia, aceptáramos al aparente pastelero como monarca genuino, meramente disfrazado como hombre de oficio humilde, Escosura tuvo que hacer un esfuerzo más allá del común aludido por López Soler.

Aunque la nueva orientación de la historia en *Ni rey ni roque* parece deberse ante todo al talento del escritor, un azar de la vida acaso le facilitara en cierta medida su ejecución. Se trata del destierro de Escosura a Olvera (Cádiz), en 1834, por sospechas de que fuera carlista, pues había sido presentado al Pretendiente y había asistido a tertulias frecuentadas por carlistas. Se refiere Escosura a este contratiempo en las «Advertencias» estampadas al final de *Ni rey ni roque*: «más por complacerlos [a los amigos] que por otra cosa, di principio a la obra que hoy ve la luz. Pero entonces me hallaba en Madrid, donde me era fácil proporcionarme todo género de auxilios en libros y consejos, y cuando concluí el capítulo IV del libro primero me hallé, por un golpe de fortuna, confinado en un rincón de Andalucía. No he tenido, pues, a la vista ni un solo libro de historia, ni un mapa, ni un amigo a quien consultar» (p. 197). Tales circunstancias habrán influido en la realización del plan de Escosura; pero de los cuatro primeros capítulos, compuestos en Madrid, salvo el final del cuarto, se desprende ya que tiene al menos igual importancia una nueva interpretación de la leyenda, concebida antes del exilio de Olvera. En efecto: ya por las primeras páginas de *Ni rey ni roque* resulta evidente que, en el mundo de ficción al que se nos ofrece el acceso, Gabriel y Sebastián son una misma persona.

Mas dejemos por ahora a esta fascinante efigie, y concentrémonos en el marco en el que se nos presenta. Existe en *Ni rey ni roque* un nuevo concepto puramente artístico de la fidelidad histórica. Sea accidente de la vida del autor, o inspiración del artista, el resultado es feliz. En *Sancho Saldaña o el castellano de Cuéllar* (1834), de Espronceda, se insinúa que ese otro mundo cercano de la ficción, tan semejante al nuestro, tiene, empero, sus propias crónicas y obras históricas que en medida tan importante como las del nuestro determinan la autenticidad de los sucesos relatados en las novelas. En *Ni rey ni roque*, el narrador va aun más lejos, pues pretende haberse basado principalmente en una relación histórica concreta, desconocida de los demás historiadores. Se trata de una relación escrita por un antiguo y noble servidor del que en el mundo de la novela es el rey Sebastián de Portugal: «Por la tía de Inés supo el marqués Domiño el lugar de su retiro, y a él fue a terminar sus días. Poco más de dos años sobrevivió aquel fiel servidor, anciano venerable, a su amigo y rey; y no pudiendo ya en ellos hacerle otros servicios, se ocupó en redactar una relación de sus desgracias, de la cual se ha sacado la que vamos a terminar» (p. 195). (Quede claro que no existe ni ha existido nunca la supuesta relación consultada para tan original historia del rey Sebastián).

Existen asimismo, en el orbe de *Ni rey ni roque*, otros dos documentos ficticios que han servido como fuentes para la crónica-novela de Escosura: el «Manuscrito de Inés», que ocupa todo el capítulo III y parte del capítulo V del libro tercero, y una partida de bautismo. El primero es la historia de la vida de Inés y su hermana Clara, esposa del rey Sebastián, y en la segunda se menciona a

Sebastián Miguel de los Santos, hijo de Juan de Vargas e Inés: «Por una partida de bautismo existente en un libro antiquísimo de una parroquia vecina [al ya mencionado retiro de Vargas e Inés], parece que este niño casó, ya hombre y siendo caballero de Santiago y maestre de campo de los reales ejércitos, con doña Clara Contiño» (p. 95). Sobre esta última se nos ofrece la muy fundada suposición de que debía de ser la hija del rey Sebastián. Como se ve, todo está rigurosamente documentado e interpretado, pero los documentos son tan ficticios como los seres cuya existencia se quiere confirmar por ellos. El recurso de autenticar relaciones ficticias por documentos desconocidos no es nuevo en sí, mas solía utilizarse en novelas de tema contemporáneo o reciente: *Don Quijote, Fray Gerundio de Campazas*, *La vie de Marianne*, de Marivaux, y las *Cartas marruecas*, de Cadalso. (Curiosamente, en las novelas de Cervantes e Isla, se documentan sucesos modernos con documentos antiguos, pues a la vez que se busca una verdad poética en esas obras, se satiriza la afectada gravedad de los eruditos).

Lo nuevo es el uso del recurso del documento ficticio en una novela de tema histórico. El resultado es la total independización del cosmos novelístico como realidad absoluta. No sólo pertenecen al mundo de la ficción los episodios narrados en la novela, sino que se han producido, en una extensión hacia atrás de ese mundo imaginario, todos los posibles antecedentes históricos de los episodios novelísticos. Antes la novela era ficticia; la historia en que se basaba, verdadera. Ahora ambas son ficticias. Es más: las crónicas, las fuentes para esa historia, las han compuesto historiadores ficticios, y sobre ellas ha hecho sus investigaciones un investigador igualmente ficticio. Tal novela será fiel a la historia, aun cuando no tenga nada que ver con la historia de nuestro mundo. Artísticamente, no tiene nada que ver con él *Ni rey ni roque*.

Escosura no solamente ha dado una nueva dirección a la relación Sebastián–Gabriel, sino que también ha dado una dirección igualmente nueva a la armazón histórica. El historiador de carne y hueso que realiza investigaciones y escribe en nuestro orbe, coteja unos documentos con otros y con la criba del examen detenido va separando la verdad de las opiniones falsas, rechazando éstas por su inconsistencia con el patrón de la historia o las posibilidades físicas del suceder en el mundo real. En cambio, en *Ni rey ni roque*, el narrador o historiador imaginario va poco a poco separando y rechazando elementos del mundo intruso de Escosura que no se conformen con la lógica de la historia ficticia en la que, mirando la novela desde dentro, parecen estar fundamentados los sucesos narrados en ésta. El concepto de cuál sea la verdad, cuál la mentira, se halla tan invertido como el de cuál sea la verdadera, cuál la falsa, identidad del personaje temático de la obra. Se logra de este modo una nueva clase de unidad entre estructura histórica y personaje histórico, y tal esquema está, muy evidentemente, al servicio de la verdad poética, verdad creada, de la narración escosuriana.

Por un lado, el autor de *Ni rey ni roque* practica una historiografía insólita que le permite dotar a su microcosmo romancesco de una verosimilitud independiente de la del dato histórico; por otro, empero —curiosa paradoja que no hace más que robustecer la ilusión de realidad—, se inclina a comparar esos mundos contrarios valiéndose de una serie de trucos utilizados por todos los novelistas desde Cervantes con la finalidad de conseguir una profunda identificación entre el lector, el autor y el personaje, si bien insistirían más en estos trucos los novelistas históricos de la época romántica. Este nuevo apoyo a la verdad poética consiste en que el narrador se haga acompañar por el lector al cruzar la frontera entre mundo físico y mundo ficticio; y como difícilmente podemos negar la *realidad* del sitio en que nos hallamos en un momento determinado, nos convencemos de la autenticidad del nuevo medio creado. Bastarán los ejemplos siguientes para ilustrar la técnica a la que me refiero: «*Sigámosle* [a Juan de Vargas] al monasterio de Santa María» (p. 9); «nos es forzoso volver atrás por un momento con el hilo de *nuestra* historia» (p. 26); «*Volvamos* a Madrid» (p. 28); «en la noche del día en que *nos hallamos,* salió Vargas de su casa» (p. 154). Es patente que los verbos, pronombres y posesivos que he escrito en cursiva representan a dos personas, que son el autor y el lector, y como son acercamientos a las efigies novelísticas, su efecto es incluir a éstas también y preparar un acceso directo a la identificación entre lector y ente de ficción.

Con la extensión de tal procedimiento, Escosura logra una demostración aun más incontrovertible de la *existencia o realidad* del personaje ficticio, pues la actividad de éste se descubre ser *simultánea* con la nuestra: «En tanto que esto *hemos* referido, don Juan, enterado ya de la historia de Inés, fue puntualísimo en presentarse en el locutorio, y su dama no le hizo aguardar» (p. 145). Semejante a la simultaneidad de actividades entre lector y ente novelístico es la coincidencia de reacciones psicológicas entre ellos. A la cabeza del capítulo II, del libro segundo de *Ni rey ni roque*, en tres párrafos, se halla la conocida disertación de Escosura sobre la libertad del novelista romántico; y a continuación se introduce el cotejo de reacciones psicológicas que nos interesa: «Poco más fastidiado que deberá estarlo el que ahora me lea con la impertinente disertación que precede, se hallaba don Juan de Vargas, en el mismo paraje y situación en que le dejamos al fin del capítulo anterior, esperando con ansia el resultado de una conferencia que indudablemente se estaba celebrando a pocos pasos de él, pues el rumor de varias voces, aunque vagas, hería sus oídos» (p. 64). Con las muestras aducidas en los dos últimos párrafos, disponemos a la vez de nuevas ilustraciones del fascinante concepto de la presencia del lector en la novela, sobre el que queda citado, en el capítulo primero, el excelente artículo de Francisco Ayala, titulado «El lector como personaje de ficción».

En fin: la inversión de la historia del pastelero de Madrigal y la del mismo concepto de la verdad histórica, junto con los sostenes de la verosimilitud poética que acabamos de estudiar, dejan a los personajes de *Ni rey ni roque* potencialmente más en libertad para su desarrollo que los de cualquier otra ficción del género histórico romántico. El caso contrario extremo es el de Mudarra, en la novela en verso del duque de Rivas, *El moro expósito*, en el que este personaje es controlado por el peso de su consabida historia: «Mudarra va tras su destino»[9]. En *Ni rey ni roque*, la historia real —al negarse— se priva de su peso o poder de destino. Pero ¿qué es lo que hacen los personajes de esta novela con tanta libertad, con la potencialidad de ser tan autónomos como los de cualquier obra de su género, o aun más? Pues, fuera de su papel de observadores y testigos, que ya se explicará, no hacen prácticamente nada con tanta libertad los personajes de *Ni rey ni roque*.

[9] Duque de Rivas, *El moro expósito,* ed. de Crespo, t. I, p. 226.

¿Qué horrible misterio era aquel?

De Balaguer y Altadill, *La bandera de la muerte*,
Barcelona, Salvador Manero, 1859.

Don Juan de Vargas es simpático, amistoso, generoso hasta el exceso, valiente, buen hermano, buen marido, buen padre. Sufre una depresión, pero ni esta aflicción nos permite penetrar suficientemente en su psique para poder variar nuestra descripción genérica. Doña Inés es excedida en perfecciones y fragilidades femeninas únicamente por su difunta hermana, doña Clara, a quien las emociones fuertes mataron. Don Pedro de Hinestrosa es el primo hermano y un buen amigo de Juan de Vargas y su hermano, el marqués de X, cuyo bien él protege con la mayor lealtad y ardor. No cabe mayor dignidad, gravedad ni virtud monárquicas que las que se dan en Gabriel de Espinosa, pero tiene tanto de estatua como de hombre. Del mismo corte son los demás personajes. Ninguno de ellos causa la impresión de ser autónomo; ninguno parece motivado desde dentro; ninguno de sus actos parece producirse por una fuerte y consciente voluntad individual. Entonces, ¿qué es lo que lleva a tales personajes en su precipitada marcha a través de las páginas de Escosura, y qué es lo que nos interesa tanto por ellos? Contestaremos a estas preguntas al hablar del aspecto más original de la estructura novelística de *Ni rey ni roque*.

Quedaría incompleto cualquier trabajo sobre la técnica novelística de Escosura sin alguna observación sobre su ya mencionada disertación en torno a la libertad del novelista romántico. Lo esencial de tal declaración de principios se explica en las palabras siguientes, que entresacamos: «Uno de los infinitos y más agradables privilegios que el género romántico concede a los que lo cultivan es el de decir las cosas cuando y como les viene a cuento, dispensándolos de la prolija obligación de empezar una historia por su principio, de referir hasta las veces que el protagonista fue azotado por el dómine en su infancia, y de seguirle paso a paso en el discurso de su vida. [...] El autor romántico [...] se ríe del orden cronológico» (p. 64). Estas líneas se refieren a la enorme innovación que la novela romántica aportó a toda la novela posterior en el terreno del argumento y de la que hablan asimismo López Soler, Larra, Espronceda y Rivas, inspirados todos ellos acaso por unas agudas observaciones de Cadalso en las *Cartas marruecas*[10]. Estos novelistas llaman al nuevo tipo de argumento desarreglado, descosido, desenlazado, desaliñado, desunido, desordenado, esto es, respecto del argumento unilineal siempre cronológico que imperó en la novela hasta los primeros decenios del siglo XIX, pues los nuevos argumentos habrán de constar de numerosos hilos de acción, diferentes pero simultáneos, entre los que el escritor va y viene a voluntad, de modo aparentemente caótico a veces, mas así se capta el ancho panorama social y el caos de la vida humana.

En novelas en las que los personajes son autónomos y parecen moverse por sí solos con la mayor espontaneidad, el desarrollo a un mismo tiempo de varios hilos de acción protagonizados por diferentes figuras autónomas permite un notable florecimiento del análisis psicológico. Mas aun en novelas que se inclinan a ser relaciones más bien que novelas en el pleno sentido de esta palabra, como *Ni rey ni roque*, el argumento plurilineal, con sus repetidos principios nuevos *in medias res*, con sus repentinos cambios de una línea de acción a otra, con sus saltos atrás[11],

[10] Véase el apartado 3, «La novela romántica en su "laberinto"», del capítulo primero.

[11] El primer término español para el salto atrás, *escena retrospectiva*, fue acuñado por Jacinto de Salas y Quiroga, en cuya novela, *El dios del siglo* (1848), hay un capítulo titulado *Escena retrospectiva*. Sobre esto, véase el ya citado apartado 3 del capitulo primero, *supra*.

y con sus constantes motivos nuevos de la más acuciante expectación, le brinda al lector una experiencia muy absorbente. En la novela de Escosura, tal plurilinealismo se manifiesta, verbigracia, por los viajes entre Valladolid y Madrigal, así como entre Valladolid y Madrid, que siempre se presentan como simultáneos con otras acciones; por los encuentros entre viajeros que han salido de diferentes puntos; por los choques entre personajes que han acudido a diferentes reuniones secretas en el mismo lugar; y por los amores del marqués de X y doña Violante, que forman otro hilo de acción a primera vista completamente separado, pero unido, no obstante, al argumento principal por la antigua relación entre Violante–Camila y Gabriel–Sr. Álvarez–Sebastián. Resta explicar ese otro aspecto de la estructura argumental de *Ni rey ni roque* que nos iluminará a la par sobre la motivación de los personajes.

Lo característico del argumento de todas las novelas románticas es su forma laberíntica, mas lo original de tal forma en *Ni rey ni roque* es que recuerda la estructura de una antigua novela policíaca china, adaptada y publicada por Robert van Gulick, en chino en 1953, en inglés en 1956, bajo el título *The Chinese Maze Murders* (*Los asesinatos en el laberinto chino*). En este libro singular, hay tres misterios, uno dentro del otro, como esos juegos de cajas y huevos chinos que, cada vez que se abre uno de ellos, hay otro más pequeño dentro. En *Los asesinatos en el laberinto chino*, se hallan, en fin, tres misterios concéntricos titulados: «El asesinato en la habitación cerrada», «El testamento escondido» y «La muchacha que carece de cabeza»[12]. Pues bien: *Ni rey ni roque* tiene una estructura idéntica. La novela de Gabriel de Espinosa es la novela exterior. En ésta se halla inserta la de doña Violante, descendiente romántica de la dama fingida doña Estefanía de Caicedo en *El casamiento engañoso*, de Cervantes; y a su vez, en ésta, que está contada por el narrador principal, se halla inserta la novela de cómo esta señora vino a ser descubierta en la cama con el traidor don Rodrigo (en realidad, su alcahuete); siendo esta última una novela a lo Bocaccio o doña María de Zayas, que la engañosa amante del marqués de X inventa para disculparse y que ella misma cuenta como narradora ficticia. Refiriéndose a Violante, Escosura dice que tal ficción es «su bien compuesta novela» (p. 109).

¿Cuál es la relación artística entre estas tres novelas? Hasta ahora hemos procedido desde afuera hasta adentro. Busquemos ahora el muelle real que hace andar esta complicada «máquina», según Escosura llama a su obra (p. 166)[13]. Habrá que empezar con las novelas interiores, pues ellas son las que dan el tono al conjunto, y son ellas las que revelan el nombre de la fuerza que agita de manera más o menos convincente a los títeres de los personajes, o «figuras de barro», por usar la expresión con que Galdós caracteriza a los personajes de su novela de tesis *Doña Perfecta*. Hinojosa, que se encarga de la investigación en

12 Véase Tage la Cour and Harald Mogensen, Nueva York, *The Murder Book*, Herder & Herder, 1971, p. 18.

13 López Soler fue quizá el primero de varios novelistas románticos en llamar máquina a su novela. En el Prefacio, tomamos nota de que Soler habla de la imaginación necesaria «para forjar la máquina de una novela» (ed. cit., p. 8). En el siglo XX, Paul Valéry diría que el poema es una máquina.

torno a la estafadora doña Violante, describe sus métodos a su primo y amigo Juan de Vargas:

> Desde que el dominico apareció aquí estoy sobre aviso: he observado los pasos del marqués; me he *informado* de la vida de Violante, y he sabido que el tal fraile era su confesor y la visitaba con frecuencia. Esto me ha bastado para *averiguar* el resto, para ir *averiguando* lo demás; pero a mayor abundamiento, el padre Teobaldo, confidente del marqués, se lo ha *revelado* al mayordomo; éste al ama de llaves, quien deposita sus *secretos* en el despensero; de éste pasó a cierta moza de retrete que no mira con malos ojos a mi lacayo, el cual me lo ha *referido* punto por punto. Y por si alguna duda nos pudiese quedar, tenéis al escribano, a quien he *gratificado*, pronto a enseñarnos la minuta del testamento, que está, gracias a Dios, claro y terminante. (p. 142; las cursivas son mías).

Observar, informarse, averiguar, gratificar y entrevistar a todos los testigos para escuchar los secretos que puedan revelar o referir: se trata de procedimientos utilizados por el detective en cualquier novela policíaca. En el pasaje reproducido se trata, desde luego, de las novelas de doña Violante. Pero a lo largo de *Ni rey ni roque*, he contado veintitrés pasajes en los que se encuentran usadas voces como *misterio, misterioso, misteriosamente, secreto, incógnito, desconocido,* etc. He dicho a lo largo de la novela, porque los misterios a resolver no se limitan a los relatos interpolados, aunque tal vez se halle en éstos la mejor descripción de los procedimientos investigativos utilizados en la obra. El misterio de la identidad del rey o pastelero es, después de todo, el misterio principal que se quiere desenredar. Al mismo tiempo, he contado diecisiete pasajes en los que aparecen las palabras *observar, observación* y *observador*; y no se refieren a la adquisición por el autor de materiales para las descripciones, que es el sentido que suelen tener en el género novelístico romántico, sino que son referencias al más importante de los procedimientos que sirven para investigar y aclarar los misterios.

Miremos algún ejemplo adicional de los métodos detectivescos en *Ni rey ni roque*. Ya en el umbral del capítulo II, del libro primero, nos llaman la atención unas líneas preciosas por lo típicas del género indicado. Juan de Vargas ha visto al redivivo rey de Portugal en el pueblo de Madrigal, pero no sabe aún a quien pertenece esa imponente y grave figura que le llena de asombro:

> ...ni con éstos, ni con ninguno de los habitantes, estaba el incógnito, como don Juan vio después de haber examinado apresurada y curiosamente la fisonomía de todos los circunstantes, incluso la del señor corregidor. [...] todas sus diligencias fueron inútiles. Después de haber examinado detenidamente todas las inmediaciones de la iglesia, conoció que correr las calles de un pueblo desconocido en busca de un hombre cuyo nombre, calidad y empleo ignoraba, sería sobre descabellado, infructuoso. Resolvióse, pues, a regresar a la pastelería, con ánimo de adquirir en ella, si posible fuese, algunas noticias sobre el objeto en cuestión. (p. 15).

Examinar la fisonomía de las gentes, correr las calles tras un desconocido, inquirir en la pastelería: todo esto únicamente porque le parece extraordinario o le cae mal un tipo que no ha visto antes en la vida. Así, exactamente, empiezan incontables episodios de telenovelas policíacas como *Magnum, Se ha escrito un crimen, Starsky y Hutch*, etc. El detective empieza su investigación entremetiéndose en lo que no le concierne en absoluto. Entremeterse, he dicho, y en *Ni rey ni roque* Vargas se entremete en la vida de Sebastián.

A cada paso, en la obra de Escosura, se topan frases y palabras que apuntan a las tácticas del detective moderno. «Inés halló medio de observar todos los movimientos de nuestro caballero» (p. 40). El comendador Hinojosa (que es el investigador principal de los turbios asuntos de Violante) ha estudiado lo que hoy llamaríamos psicología, frecuente instrumento de los detectives: «Yo soy observador —dice—, y me intereso demasiado en el bienestar de don Juan, para que más de un mes que hace que le vemos así, no haya estudiando su enfermedad. Estoy seguro, segurísimo de que los que padecen una demencia absoluta...» (p. 48). La siguiente escena nocturna, en la que Vargas tiene los ojos vendados, está llena de deducciones detectivescas:

> ...echaron a andar los que tenían agarrado a Vargas, y él también hubo de hacerlo con ellos, mal que le pesase. Durante algún tiempo, conoció don Juan que caminaban por las ruinas en razón de la desigualdad del terreno y a la multitud de escombros con que continuamente tropezaba; y aunque la extensión que en diferentes direcciones le hicieron andar, le pareciese mayor que la que las mismas ruinas tenían, lo atribuyó en parte a su turbación, y en parte a error en su primer cálculo. (p. 62).

«Hinojosa es demasiado observador para que se le escapasen así las cosas» (p. 141) —dice el propio personaje hablando de sí mismo en tercera persona. Incluso la engañadora doña Violante, alias Camila, recurre a prácticas detectivescas cuando se siente acosada. Sebastián/Gabriel, alias el señor Álvarez, le ha recordado los detalles de su propia relación con ella, así como sus respectivos alias de ese tiempo. «Violante o Camila, que todo es uno, había estado escuchando aterrada tan circunstanciada relación de una parte de su vida y milagros; pero, a pesar de ello, *no dejó de examinar atentamente la persona del narrador, logrando al cabo recordar sus facciones*» (p. 145; la cursiva es mía). Sin que se repita el término utilizado en otro trozo reproducido antes, se vuelve a tomar en cuenta aquí la fisonomía o fisiognomía, que era la gran ciencia de los primeros decenios del siglo XIX para la interpretación del carácter y la conducta humana. ¿Y qué buen detective no se arma de la ciencia más adelantada de su tiempo?

Preguntemos de nuevo: ¿qué es lo que mueve a los personajes de *Ni rey ni roque* en sus desasosegadas andanzas? Según la crítica inglesa, los personajes de Dickens no se determinan desde dentro, no son autónomos, sino que el entusiasmo del autor por ellos los agita tan rápidamente, que no nos fijamos en su vacío psicológico, y son en realidad llevados por la marcha del suceder novelístico. En *Doña Perfecta*, de Galdós, esas figuras de barro o personajes simbólicos son agitados y llevados por la tesis que ilustran. Ahora bien: en la novela que nos ocupa, sucede algo muy parecido; pues los personajes son agitados y llevados por los misterios que se ciernen sobre ellos y los definen y que ellos ansían solucionar.

Los elementos que hemos destacado en *Ni rey ni roque* obligan a considerar esta novela como un indispensable antecedente del género novelístico policíaco, que se lanzaría en forma ya totalmente moderna en el decenio siguiente. Pienso en «The Murders in the Rue Morgue», de Poe, publicado en *Graham's Magazine*, en 1841; o bien, en *El dios del siglo* (1848), de Jacinto de Salas y Quiroga, ya citado en una de nuestras notas, obra de inestimable valor y por tanto totalmente inatendida, como tantas veces pasa, en la que están presentes todos los rasgos de las modernas novelas policíaca y realista, obra que si se tuviera en cuenta para la historia del realismo, se vería que no tarda este movimiento hasta 1870 en inaugurarse[14]. Tales obras, desde luego, no se producen en el vacío: tienen sus antecedentes europeos, lo mismo que chinos, y así se explica la presencia ya en *Ni rey ni roque* de tantos trucos detectivescos que parecen de nuestros días. Suele mencionarse la novela *Adventures of Caleb Williams* (1794), de William Godwin, como la primera del género policíaco en lengua inglesa. Mas desde las primeras novelas góticas del siglo XVIII, como *The Castle of Otranto* (1764), de Horace Walpole, lo maravilloso/misterioso tiene la mayoría de las veces su explicación racional, a la que se llega por una forma de deducción en cierne de ser detectivesca. En castellano, puede citarse como obra precursora las *Noches lúgubres*, de Cadalso, en las que, aparte de otros rasgos de la literatura gótica, interviene en dos ocasiones el razonamiento científico moderno, para rebatir la existencia de los fantasmas que los personajes creen haber visto. Por fin, las efigies que pueblan las modernas novelas policíacas también son la mayor parte del tiempo simplemente tipos, instrumentos del argumento, cuyo primer móvil es la dinámica del misterio, que las ciñe, como tan claramente lo previó todo Escosura.

[14] Véase Russell P. Sebold, «Novela y teoría realista antes de 1850», *ABC*, viernes, 12 de agosto de 1994, p. 42.

VIII

MARCO NARRATIVO Y DESASTRE CLÁSICO EN *CRISTIANOS Y MORISCOS*, DE ESTÉBANEZ CALDERÓN

E LOS DOS PILARES DE LAS GRANDES NOVELAS románticas españolas —desesperantes pasiones amorosas que ni pueden expresarse, mucho menos realizarse; ambientaciones históricas que resultan obsesionantes por su sentido del pormenor—, el único que desempeña un papel apreciable en *Cristianos y moriscos* (1838), del costumbrista malagueño Serafín Estébanez Calderón (1799-1867), es el segundo. El drama del amor entre el militar cristiano Lope de Zúñiga y la encantadora morisca Zaida, o María, vástago de los reyes destronados de Granada, es romántico, eso sí, pero en el sentido vulgar moderno de tal calificativo, o bien en el sentido en que lo puede ser tan conflictiva atracción sentimental en las *novelas* de narradores del siglo XVII, como las de Cervantes, Castillo Solórzano, Salas Barbadillo o Zayas y Sotomayor, de abolengo italiano; y en efecto, en la presente ficción, de tema histórico fronterizo, se recurre a ciertas técnicas narrativas del siglo XVII.

Coincide El Solitario con otros románticos en una nueva interpretación del destino, propuesta por Madame de Staël, en el orientalismo, en su minuciosa descripción de las costumbres y en su ternura por la raza canina; mas tampoco deja de aprovecharse de las reglas de Aristóteles y de la tradición narrativa nacional. Era Serafín gran conocedor de la poética clásica, así como de la literatura antigua española, según se desprende de un curioso trozo de su poema *Grandezas del poeta*: «Vieja parla leo / de Alfonsos y Cides, / y los dulces cantos / de españoles cisnes»[1], en cuyos versos el precepto clásico que se refleja es el horaciano sobre la conveniencia de frecuentar los buenos modelos. Hablaremos de los puntos bosquejados en el presente párrafo, pero la estructura narrativa de esta novelita, de la que pasaré ya a tratar, es quizá el más original de sus méritos.

Su forma es la de una ficción dentro de otra ficción, pero no al estilo del *Quijote*, el *Guzmán de Alfarache*, o *Ni rey ni roque*, de Patricio de la Escosura, en cuyas obras una o más relaciones, con sus propios argumentos independientes, se interpolan en otra relación más extensa, también con su propio argumento. Al contrario, lo que hallamos aquí es un plan más semejante a los del *Decamerón*, de

[1] Serafín Estébanez Calderón, *Poesías*, Colección de Escritores Castellanos, Madrid, Imprenta de A. Pérez Dubrull, 1888, pág. 347.

Boccaccio, o los *Cigarrales de Toledo*, de Tirso de Molina. En el *Decamerón*, la ficción exterior es un mero marco narrativo; las auténticas narraciones son las encuadradas por la ficción exterior. No se le cuentan directamente al lector estas novelas sentimentales; sino que se las cuentan unos a otros unos narradores/oyentes que moran exclusivamente en el área del marco, de donde —subrayo— no salen nunca. Se supone que algunos caballeros y damas se han refugiado en el campo, por evitar la terrible peste de Florencia de 1348; los refugiados buscan el remedio contra el aburrimiento en las aludidas historias amorosas, en cuya narración alternan. Antes de relacionar esto con *Cristianos y moriscos*, recordemos, como otra ilustración, el esquema narrativo de los ya mencionados *Cigarrales de Toledo*.

En esta obra, los narradores/oyentes han huido del horrible calor veraniego de la imperial ciudad de Toledo, guareciéndose en los famosos cigarrales de la provincia, o sea casas de campo con huerta cercada; y en estos frescos asilos se entretienen contándose novelas como *Los tres maridos burlados* y representando comedias como *El vergonzoso en palacio*. Una vez más la ficción más extensa es mero marco, y la vida de los narradores/oyentes se limita a los confines del marco. *Cristianos y moriscos* es una adaptación muy *sui generis* del patrón que se utiliza en las colecciones de ficciones de Boccaccio y Tirso. Para empezar, dentro del marco de *Cristianos y moriscos*, no se da sino una —*una sola*— novela sentimental o amorosa; y otra singularidad que llama en seguida la atención es que los tres personajes del marco —el niño Mercado, el soldado Cigarral y el simpático gozquecillo Canique— cruzan la frontera entre ficción exterior y ficción interior. (El uso del apellido Cigarral acaso sea reflejo de la influencia de Tirso.)

Mediante sus pintorescas conversaciones, dichos tres personajes, el antiguo soldado, ahora mendigo, Moyano del Cigarral, que a lo pícaro se finge cojo y ciego para sacarle más provecho a la mendicidad, el perfectamente amaestrado e histriónico Don Canique, alias Don Gozque, cómplice del picaresco veterano de los tercios de Carlos V, y el niño Mercado (nombre que sugiere la clásica costumbre picaresca de fiarse la vida de la buena ventura), presentan a los malhadados amantes Lope y María, al tío de ésta, el venerable Gerif, y a Muley, primo de la bella morisca y rival de Lope. El mancebo aventurero Mercado —uno de los tres narradores ficticios presentes desde el inicio de la novela— es también el que completará el marco; pues le vemos en la última página, muchos años después, en Sudamérica, convertido en el capitán Mercado, y

> Acaso en aquellas soledades, al resplandor de las hogueras, y cercado de aquellos hombres que dejando a España no pensaban sino en España, entretenía las horas de la noche relatándoles las desavenencias de los moriscos y cristianos y el triste fin de don Lope y de María[2].

[2] Serafín Estébanez Calderón (El Solitario), *Cristianos y moriscos*, en *Antología de la novela histórica española (1830-1844)*, ed. de Felicidad Buendía, Madrid, Aguilar, 1963, p. 1627b. Las otras páginas citadas por esta edición se indicarán en el texto, entre paréntesis. Para un estudio general sobre la obra de Estébanez, véase Ronald J. Quirk, *Serafín Estébanez Calderón, bajo la corteza de su obra,* Nueva York, Peter Lang, 1992. Sobre los cuadros costumbristas de Estébanez Calderón, no hay mejor ensayo que la Introducción de Alberto González Troyano, en su edición de las *Escenas andaluzas*, Letras Hispánicas, 230, Madrid, Cátedra, 1985, pp. 11-50.

De Navarro Villoslada, *Doña Urraca de Castilla*,
Madrid, Gaspar y Roig, 1849.

El listo pordiosero Cigarral ha sacado provecho de la misma historia amorosa, cuando ésta aún se hallaba *in medias res*, según confiesa a uno de los protagonistas, don Lope de Zúñiga, su antiguo superior en las fuerzas del Emperador: «...allá relatando, aquí mintiendo, y siempre alterando la verdad, como hace todo viajante, acerté a nombrar en una de tantas *novelas* vuestro apellido y condición, y no hay duda que desde entonces merecí más atención y agasajo, si no digo mayor caridad y limosna, de esa hermosísima señora de vuestros pensamientos» (p. 1621a; la cursiva es mía). Quiere decirse que se afianza al principio, a la mitad y al final el marco narrativo, a primera vista tradicional, aunque muy original, de esta novela sentimental.

Pues aquí termina la semejanza de la obra de Estébanez Calderón a las de Boccaccio y Tirso, porque Cigarral, Mercado y Canique, que son narradores de la ficción principal desde el comienzo y a lo largo de ella, son a la par actores indispensables en el desenvolvimiento de su trama, no sólo en la versión que el capitán Mercado contará un día en tierras de América, sino en su primera elaboración en el teatro mundo. Concretamente, los tres participan en el descubrimiento de la carta de Lope al prestamista Antúnez y en su entrega a María durante una gran fiesta en casa de los príncipes moriscos, con el fin de confirmarle a la protagonista que ha vuelto de la guerra su amante. (Es, desde luego, Canique quien, mientras entretiene a toda la compañía bailando, triscando, ejecutando sus habilidades, logra meter la carta en manos de María a escondidas de los demás.) Mas lo que realmente distingue *Cristianos y moriscos* de otras novelas de marco, no es tanto el hecho de que los personajes de éste crucen la frontera de aquélla, como el que el mismo marco pertenezca por derecho propio a *otro* género novelístico tan conocido y de abolengo tan clásico como el de la novela sentimental que se encuadra en él: quiero decir, el picaresco.

Las primeras páginas de la novela del Solitario, en las que intervienen tan sólo los personajes del marco estarán tal vez influidas por las primeras páginas de *Sancho Saldaña o el castellano de Cuéllar* (1834), de Espronceda. Se abre la acción de *Sancho Saldaña* con una escena interpretada por tres figuras, Usdróbal (pícaro al comienzo de una trayectoria que le llevará a la caballería andante), el no menos pícaro Velludo, capitán de bandidos, y el perro de éste, tan inteligente como indica su nombre, Sagaz; exordio novelístico que revela la influencia de *Rinconete y Cortadillo*, de Cervantes[3]. Pues bien, son esencialmente los mismos tres personajes los que aparecen al inicio de la novelita de Estébanez Calderón: dos pícaros, Cigarral y Mercado, y un perro tan travieso como ellos. (Canique, aunque menos forzudo y de estatura menos noble que Sagaz, no es en modo alguno, ni menos sagaz ni menos cómplice de sus amos). Es más: la pareja de pícaros de *Cristianos y moriscos* son del mismo linaje picaresco que Usdróbal y Velludo, es decir, modelados sobre el patrón del buen Lázaro y Rincón y Cortado, pícaros medio nobles, capaces de identificarse con otras formas de vida de mayor realce moral. De ahí la lealtad del antiguo soldado Cigarral a don Lope de Zúñiga, bajo quien en otro tiempo había servido en la milicia imperial; y de ahí la abnegación con que pícaros humanos y perruno abrazan la causa de los amantes. Efectivamente, al final de una larga descripción de Cigarral, medio reformado y no ya mendigo fingido, Estébanez reconoce el modelo cervantino de sus amables bribones:

[3] Véase el capítulo VI de este libro.

> Unas calzas de gamuza, muy traídas y llevadas, aunque todavía de buen servicio, le tomaban aquellas piernas, antes tan de rúbrica y garabato; unos follados de colores se sujetaban a una veste soldadesca [...]. Estupenda filiberta toledana tenía entre las rodillas, apoyándose las manos en ella, una daga flamenca le parecía en la cintura, y en su traza picaril y en su catadura aviesa y maligna cualquiera le juzgara de la genealogía y linaje de los famosos Rinconete y Cortadillo. (p. 1619b).

El adjetivo *maligno*, contenido en este trozo, es a la vez clave para el entendimiento del hondo cariño existente entre Cigarral y su «hermano Canique» (p. 1604b); pues éste, igual que su amo, es al mismo tiempo pícaro y noble amigo de sus amigos, y así es lógico que, por un lado, se le aplique el epíteto de «el maligno gozque» (*ibíd.*), y por otro, el de «el insigne gozque Canique» (p. 1606b). *Maligno* figura asimismo aplicado a Cigarral en otros pasajes, en los que Canique está a su lado como su mano derecha (por ejemplo, pp. 1606a, 1611a y 1616b); y por la aplicación irónica del mismo calificativo a ambos, se subraya la ternura que une a veterano y perro. El epíteto de «el maligno gozque» reaparece en la variante «el pícaro gozque» (p. 1618b); y en el apetecible ambiente histórico de *Cristianos y moriscos* casi parece convincente la pintoresca etimología de *gozque* que da Covarrubias en su *Tesoro de la lengua castellana o española*, de 1611: deriva el indicado sustantivo —dice— de *canis gothicus*, can gótico; con lo cual ninguno de los cinco o seis memorables canes que aparecen en las novelas románticas tendría más ilustre linaje que el constante y fiel compañero de Cigarral.

La afiliación picaresca de los personajes del marco de *Cristianos y moriscos* se halla aludida a la par por otros términos como «viajante» (p. 1621a), «sagacidad escuderil» (p. 1622a) y «mancebos aventureros» (p. 1627b). Pero el documento más convincente del parentesco de los personajes del marco con el género picaresco es otro elemento que la narración del Solitario tiene en común con *Sancho Saldaña*. Se trata de novelas picarescas en miniatura inscritas en el discurso del personaje de progenie picaresca cuando reflexiona sobre su pasado. En la novela de Espronceda es Usdróbal quien representa su pasado en esta forma, según muestro en el capítulo ya indicado. En el pasaje siguiente de *Cristianos y moriscos*, el pícaro Cigarral se confiesa con su amo:

> Yo me confieso, señor, que sin enmienda a los pasados yerros, cobré a vuestra orden los cien ducados en Gante del burgués Guillermo Goffren: confiésome, asimismo, que sin mandato, ni contraseña de maese de campo, ni otro superior, con más arrojo que discreción los puse a lidiar, usurpando el título que no tenía de señor de ellos, en aquel negro negociado de palo y pinta. Confiésome —y es la peor confesión—, que no embargante mi pericia y consumada experiencia, fui roto, vencido y dado tan a merced, que a no ser por un real de a ocho que me dieron de barato, sabe Dios lo que fuera de mi estómago [...] despidiéndome, no sólo de vos, sino de aquellos cautivos cien ducados, tan llorados como perdidos, resolví volverme para España [...] resolví cobijarme bajo uno de tantos disfraces como aprendí y estudié con la noble caballería de la industria. [...] ¿Quién sabe dónde hubieran ido los dislates, burlas y tarabillas del soldado Moyano del Cigarral, si don Lope no le hubiese levantado con el mayor afecto, abrazándole y comenzándole a hablar de sus pasadas peregrinaciones y aventuras. (pp. 1620b-1621a).

En estas líneas aparecen varios conceptos típicos de la picaresca: la falta de respeto a la propiedad ajena, el tema del hambre, y la ciencia de la *caballería de la industria*; mas queda claro por las mismas líneas que Cigarral es un pícaro del linaje de bribones redimibles, fundado por el buen Lázaro y abrazado por Rinconete y Cortadillo. El buen Cigarral es leal siervo de su amo, aun a despecho de la deslealtad de sus hurtos; y es sincero admirador de María, aun a despecho de las picardías con que le saca limosnas. Ya veremos que *Cristianos y moriscos* tiene cierto tono de novela lastimosa dieciochesca, y sin que fuesen de tipo ambivalente los pícaros que intervienen en el relato, hubiera sido difícil la reunión de las tradiciones novelísticas picaresca y sentimental. En este aspecto, es esencial asimismo la tierna relación entre Canique y Cigarral; y sobre todo, sin la incomparable disposición del gozquecillo para el sentimiento, no habría sido posible el genial desenlace de la novela, en el que gracias a su propio sentimentalismo participa a la vez el amo del animalito.

Por usar el término de Poe, el arte del cuento o la novela corta estriba en el logro de un «single effect», o efecto único; y suele conseguirse tal efecto en una de dos formas, concentrándose, ya en el interés del argumento, ya en la representación de un carácter o ambiente singular. En narraciones tan breves no pueden satisfacerse ambos intereses, como en la novela; y así hablamos de relatos de argumento, cuyo inesperado final nos sorprende, o bien de relatos tipo trozo de vida, cuya reveladora intuición sobre algún aspecto de la psicología humana o nuestro mundo nos intriga. En ninguno de los dos casos, se excluye del todo el otro elemento; es simplemente una cuestión de la primera preferencia en cada ficción corta. En *Cristianos y moriscos* lo lleva casi todo el elemento del argumento; no podía ser de otro modo, ya que en tan poco espacio tenemos un argumento y medio, por decirlo así: la historia sentimental y la de la carrera picaresco-militar de Cigarral. Por tanto, aunque los amantes se hallan «entre los dos terribles escollos de la honra y del amor» (p. 1624b), no se analiza su psicología.

Sin embargo, lo mismo que en un cuento tipo trozo de vida puede acusarse alguna inesperada circunstancia argumental, también en los cuentos de argumento se da algún profundo toque caracterizador. Tal es la desgarradora elocuencia del personaje morisco Antonio Gerif, anciano tío y protector de la protagonista, el cual teme verse totalmente abandonado si su sobrina se casa con el cristiano don Lope de Zúñiga:

> —No me huyas, mi Zaida; no me huyas, mi María (pues yo te daré el nombre que tú mejor escojas). ¡Por qué huir así de tu viejo tío! ¡Quién me acertara a predecir este tan amargo trance! Cuando sola y huérfana quedaste, yo fui tu apoyo, yo tu amorosa madre, y ahora que me ves anciano y desvalido, escoges este momento para dejarme: húndeme antes en el sepulcro, y luego vete [...] Pero no me huyas, María. Ya ves cómo te llamo cual tú lo quieres: no me huyas, María, tú, tan piadosa para los extraños, ¿serás dura sólo para los tuyos, y guardarás la más inaudita crueldad para tu tío, para quien fue tu apoyo y amorosa madre? (p. 1625b).

En este parlamento de Gerif, tenemos un fragmento de auténtica novela, en el sentido actual de la palabra, un pasaje en el que se nos hace posible una identificación afectiva, casi lacrimosa, con el triste y abandonado viejo. Los otros personajes se hallan entre escollos, pero a Gerif le sentimos luchar contra los suyos. Este momento, unido a los toques ya comentados y el inolvidable final de *Cristianos y moriscos*, que vamos a explicar ahora, convierten a esta obrita en un auténtico ornamento del género narrativo romántico.

La forma de desastre utilizada por El Solitario —arrojarse, o bien caerse, a un profundo abismo— se había aprovechado en el teatro tres años antes, en *Don Álvaro o la fuerza del sino* (1835), del duque de Rivas. Mas el parentesco entre las dos obras es mucho más complejo que el incidente mortal en sí. En el drama de Saavedra, toda una clase social —la aristocracia—, movida por sus prejuicios contra el mestizaje, se opone a que don Álvaro se case con Leonor, aun antes de la muerte accidental del marqués de Calatrava a sus manos (cuando el noble mestizo tira su pistola al suelo para ceder a la voluntad del padre de su amada, el arma se dispara por la fuerza del golpe). Ese orgullo de clase es en realidad el irrevocable destino del príncipe inca. En *Cristianos y moriscos*, todo el grupo étnico de los moriscos, cuyo prejuicio se resume en el del amante rival Muley, se opone a que María busque la felicidad con el cristiano don Lope, a quien dicho rival desafiará en las últimas páginas de la novelita. El prejuicio de los moriscos contra los cristianos, encarnado en todo su entorno vital, es, en resumen, el inalterable destino de María. La idea de que seamos el producto de nuestras circunstancias sociales, incluyendo los accidentes irracionales, como la ya aludida muerte del marqués en *Don Álvaro*, se formula por Madame de Staël en la época romántica y sustituye al concepto tradicional del destino. Por lo cual están muy al día las dos obras que estamos comparando. Ni acaba aquí el paralelo entre Rivas y Estébanez Calderón, pues también en *Cristianos y moriscos* es un importante elemento el accidente irracional, con la diferencia de que no se introduce hacia el comienzo, como en *Don Álvaro*, sino que acompaña al desastre.

Rememoremos lo que escribía Madame de Staël sobre la diferencia entre el destino antiguo y el moderno. Son casi las mismas líneas que quedan citadas al final del capítulo V:

> Chez les anciens, la fatalité venait de la volonté des dieux; chez les modernes, on l'attribue au cours des choses. La fatalité, chez les anciens, faisait ressortir le libre arbitre; car la volonté de l'homme luttait contre l'événement, et la résistance morale était invincible. Le fatalisme des modernes, au contraire, détruit nécessairement la croyance au libre arbitre: si les circonstances nous créent ce que nous sommes, nous ne pouvons pas nous opposer à leur ascendant; si les objets extérieurs sont la cause de tout ce qui passe dans notre âme, quelle pensée indépendante nous affranchirait de leur influence?[4].

Contra la fuerza de todo el conjunto de nuestras circunstancias —destino moderno—, ni existe la posibilidad de la victoria moral; porque el curso de las cosas humanas es el curso de las cosas humanas, y no hay superior ni inferior. Quedamos aplastados, sin siquiera la gloria de habernos defendido. Sobre la ilación entre el pensamiento de Madame de Staël y *Don Álvaro*, del duque de Rivas, he publicado un breve ensayo en el diario madrileño *ABC*[5].

Ya es hora de que hablemos del singular desastre con que concluye *Cristianos y moriscos*. A la aldea en que moran María-Zaida y Gerif, situada entre las asperezas de las tierras de Ronda, se llega por un camino largo, o bien por un atajo

4 Madame de Staël, «De la philosophie», en *De l'Allemagne*, ed. cit., t. II, p. 92.

5 Véase Russell P. Sebold, «Don Álvaro ante la fuerza de su destino», *ABC*, 7 de septiembre de 1995, p. 74.

saltando la brecha entre las dos mitades de un puentezuelo, puente acueducto moro en arco, roto por la clave. María era muy ligera de pie, y estaba habituada a saltar la brecha del puente roto, no dándose cuenta de que esa rotura pétrea era el presagio de una cruel ruptura amorosa que se cernía sobre ella. Después de la fiesta en casa de Gerif, durante la que cada mirada cambiada entre Lope y Muley fue una nueva amenaza, se han retirado los rivales al otro lado del puente para batirse en duelo, acompañados por Canique, aparentemente preocupado por el amante de su querida María. Se entera ésta de lo que sucede al otro lado del profundo tajo; y para interceder entre los rivales, tendrá que dar el salto usual de poco menos de dos varas entre los restos del arco fragmentado. Sobre este momento de la acción de *Cristianos y moriscos* ya he escrito algunas líneas[6]. Mas, antes de volver sobre él en forma más completa, importa tener en cuenta un importante punto de táctica literaria.

Lo que nos afecta tan hondamente en el final de *Cristianos y moriscos* es su aspecto clásico en pleno romanticismo y su carácter teatral en medio del género novelístico. No digo que el desenlace nos conmueva con tanta fuerza —se trata del sorprendente efecto único anunciado más arriba— porque en su *Poética* Aristóteles haya apuntado los medios de lograr el presente efecto. Es simplemente que entre sus reglas, a las que acostumbramos calificar de clásicas, el agudo Estagirita ha sentado ya en su época la eficacia enternecedora de una situación humana muy especial. Explica el preceptista griego la aludida situación al especificar los conflictos y desastres más aptos para producir las emociones trágicas del horror y la compasión y así la deseada catarsis. Cito por la edición que era más fácil hubiera visto El Solitario: «...la fábula se debe tramar de modo que, aun sin representarla, con sólo oír los acaecimientos, cualquiera se horrorice y compadezca de las desventuras [...]. Vengamos ahora a declarar cuáles de ellos son atroces y cuáles lastimosos. Vese desde luego ser necesario que las acciones recíprocas de los hombres sean o entre amigos, o entre enemigos, o entre personas neutrales. Si el enemigo matare al enemigo, no causa lástima [...]; ni tampoco si se matan los neutrales. Mas lo que se ha de mirar, es cuando las atrocidades se cometen entre personas amigas: como si el hermano mata o quiere matar al hermano, o el hijo al padre o a la madre, o hace otra fechoría semejante»[7].

Ahora bien: Aristóteles jamás habría concebido la aplicación de sus observaciones a una relación de «personas amigas» como aquella a la que las aplica Estébanez en el momento trágico de su narración; pues, antes de ser posible la nueva aplicación, había hecho falta la revolución del pensamiento ilustrado dieciochesco, encarnada en el sensismo, el sentimentalismo, y la valoración de la naturaleza y sus seres más humildes. Volvamos a las páginas del Solitario. María se halla ante la brecha del puente, que se proponía saltar como siempre. «El gozque [...] comenzó a latir [ladrar] gozoso, percibiéndola entre las sombras» (p. 1626a). Pero, trastornada por el duelo de sus dos pretendientes, María vacila, y «el gozque impaciente con tal tardanza se avanzó descompuestamente por la parte opuesta, impidiendo que el breve pie asentase donde debiera para no caer [...]. En vano el

[6] Véase Russell P. Sebold, «Los perros en la literatura» (*ABC*, 12 de junio de 1988), recogido en *De ilustrados y románticos*, Madrid, Ediciones El Museo Universal, 1992, pp. 197-202, en concreto, pp. 199-200.

[7] *El arte poética de Aristóteles,* trad. cit., pp. 39-41.

gozque, trizando con los dientes las vestiduras, pugnó por salvar a su bienhechora, evitando tan infeliz fracaso. Las fuerzas de la infeliz vencieron y la arrebataron al horrible abismo, que proseguía siempre en su mugir incesante. [...] a la mañana siguiente, batidas bien ambas orillas, sólo se encontró al miserable gozque, todavía teniendo en su boca alguna parte de la vestidura blanca de María. El soldado, con las lágrimas en los ojos, recogiendo en su pecho aquella prenda de dolor, iba inquiriendo de piedra en piedra por el río, y preguntando a cuantos aldeanos encontraba: "¿Has visto a María?"» (pp. 1626b-1627a). En las tiernas lágrimas que derramamos ante la muerte de Canique —nos conmueve mucho más su óbito que el de María— se resume todo el concepto clásico de la catarsis. Sin perder nada de su emotividad, la gran situación del teatro clásico —por ejemplo, entre Edipo y su madre— se reduce a la que puede darse entre una muchacha núbil y un perrito. Es un momento de singular belleza.

La dulce tristeza que se ha suscitado en el lector por esta «atrocidad» aristotélica acaecida «entre personas amigas» se refleja en la vida nueva del otro personaje más profundamente afectado por el desastre —y vuelve a participar un personaje del marco en la novela principal—, quiero decir, el soldado Cigarral, el amantísimo amo de don Canique: «El soldado, perdido ya todo consuelo, y dando al olvido su condición andariega y de aventuras, no pensó ni en más flotas, ni en más Indias, ni en más empresas. Trocando el disfraz de mendigo y el vestido gentil de soldado por un sayal de ermitaño, hizo su habitación de aquel mismo sitio, testigo de la catástrofe» (p. 1627b).

Hemos aludido a la minuciosa descripción de las costumbres en esta novelita. La innegable deuda de la novela romántica (y realista) con el costumbrismo se destaca claramente cuando consideramos la obra de escritores como Larra y Estébanez Calderón, que fueron a un mismo tiempo costumbristas y novelistas. Tanto en sus novelas como en sus artículos de costumbres, descúbrense, en sus descripciones y en sus reflexiones autocríticas, términos como *pincelada, perspectiva, pintoresco, pintura, pintar, cuadro,* y apuntes como el siguiente del Solitario, con alusión a la fiesta en casa de Gerif: «Las costumbres árabes, alteradas antes que puestas en olvido, y las usanzas castellanas admitidas y siempre repugnadas, daban mucha extrañeza a este festejo» (pp. 1610a-b). Ejemplos notables del costumbrismo de Estébanez, concebidos de acuerdo con tal esquema son las descripciones del Cigarral mendigo (pp. 1600-1601), de María-Zaida (pp. 1606-1607), del mencionado festejo (*loc. cit.*), de don Lope (p. 1616b) y del Cigarral convertido en soldado jubilado (p. 1619b). Sin embargo, éste es un tema para otro día. Simplemente quería mencionarlo para que no por motivo de la brevedad de *Cristianos y moriscos* se pasara por alto que esta narración es también una apreciable muestra del fecundo entronque entre cuadro de costumbres y novela, así como de los acentos arqueológicos habituales en la novela histórica romántica.

IX

ESCLAVOS Y ALMAS SENSIBLES EN *SAB*, DE LA AVELLANEDA

A LO LARGO DE LA NOVELA *SAB* (Madrid, 1841), de Gertrudis Gómez de Avellaneda (1814-1873), se funden ideología abolicionista y realidad literaria; y aun se asocia a este consorcio la causa de la emancipación de la mujer, según se decía entonces. La propia Avellaneda fue la primera en reconocer la estrecha unión entre estos elementos en su libro; pues, en las *Dos palabras al lector* con que prologa su «novelita», alude a la posibilidad de hacer «una manifestación del pensamiento, plan y desempeño de la obra»[1]. *(Pensamiento, plan y desempeño* tendrían que traducirse a la actual terminología literaria por las voces *sentido, forma y técnica). Sab* es un libro pequeño (unas doscientas páginas o menos, según la edición que se maneje), pero es una gran obra de arte por la completa integración de su sentido y su forma: la autora no interrumpe arbitrariamente la marcha de la ficción interpolando declaraciones sobre sus ideas sociopolíticas, sino que se plasma este elemento —el «pensamiento», el sentido— en la res literaria de la misma manera en que se ficcionalizan paisajes, edificios, muebles, tipos humanos y animales que aparecen incorporados al simulacro novelístico del mundo. Quiere decirse que una plena comprensión del pensamiento, sentido o ideología abolicionista de *Sab* no se logra sino a través de un detenido análisis de su «plan» y su «desempeño», su forma y su técnica en cuanto novela.

Mas, antes de emprender tal análisis, para guiarnos, miremos dos o tres de los muy pocos, poquísimos pasajes de *Sab* que representan en forma polémica las posturas ideológicas que influyeron en la técnica de la célebre novelista cubano-española. Por su ambiente y por su actitud, *Sab* se parece a las novelas y poemas indianistas que todavía se estampaban en Brasil e Hispanoamérica entre los años cincuenta y ochenta del siglo XIX: verbigracia, las novelas *El guaraní* (1857) *e Iracema* (1865), de José Martiniano de Alencar; *Cumandá* (1879), de Juan León Mera; y el poema épico-lírico-novelesco *Tabaré* (1886), de Juan Zorrilla de San Martín. Sin embargo, se observa una diferencia notable entre el tratamiento del indio en estas obras y el del mulato Sab y los negros en la novela que nos concierne.

[1] Gertrudis Gómez de Avellaneda, *Sab*, ed. de José Servera, Letras Hispánicas, 437, Madrid, Cátedra, 1997, p. 97. Citaré siempre por esta edición, dando los números de las demás páginas citadas entre paréntesis en el texto.

En la literatura indianista, so capa de lograr un nuevo entendimiento del indio aplicándole la doctrina filosófico-sentimentalista del *buen salvaje* a lo Rousseau y Chateaubriand, se llega a un resultado muy paradójico. Pues el mensaje implícito en las ficciones indianistas es que la única redención del buen salvaje será su adaptación a los usos de la sociedad blanca y su conversión a la fe cristiana: en fin, abandonando sus más puros manes, el indio servirá al hombre blanco en la tierra, y al Dios blanco en el cielo[2].

En *Sab*, empero, el mulato no se subordina nunca al blanco ni de palabra ni de obra; sino que, muy al contrario, espiritualmente libre e independiente, aun en medio de la esclavitud, lleva su envidiable superioridad de hombre recto hasta la tumba, sin ceder, sin ceder en absoluto a las ideas de los muy inferiores blancos que pueblan su microcosmo novelístico. En efecto: antes de las sangrientas protestas raciales de los negros norteamericanos de los decenios de 1960 y 1970, ningún negro se ha expresado en forma tan violentamente antiblanca y sanguinaria como el por otra parte tierno y compasivo Sab, quien declara arrebatadísimo: «He pensado en armar contra nuestros opresores los brazos encadenados de sus víctimas; arrojar en medio de ellos el terrible grito de libertad y venganza; bañarme en sangre de blancos; hollar con mis pies sus cadáveres y sus leyes y perecer yo mismo entre sus ruinas» (p. 209). En consecuencia, se aplican las ideas rousseaunianas y revolucionarias en forma más ortodoxa que en la novela indianista: «La sociedad de los hombres —dice Sab— no ha imitado la equidad de la madre común [la naturaleza], que en vano les ha dicho "¡Sois hermanos!" ¡Imbécil sociedad, que nos ha reducido a la necesidad de aborrecerla, y fundar nuestra dicha en su total ruina!» (p. 206).

En alguna ocasión, Sab defiende su posición de modo más tranquilo y razonado, pero la polaridad absoluta entre opresores y oprimidos es siempre la misma: «¡Y qué!, pensaba yo, ¿la virtud puede ser relativa? ¿La virtud no es una misma para todos los hombres? ¿El gran jefe de esta gran familia humana, habrá establecido diferentes leyes para los que nacen con la tez negra y la tez blanca? ¿No tienen todos las mismas necesidades, las mismas pasiones, los mismos defectos? ¿Por qué, pues tendrán los unos el derecho de esclavizar y los otros la obligación de obedecer?» (p. 265). Por fin, Sab reduce a dos palabras la historia de todos los crímenes que los blancos han cometido contra los negros: son —insiste— «asesinatos morales» (p. 270), concepto que parece del siglo XX. El radicalismo de las ideas raciales expresadas en la novela escandalizó a muchos lectores ochocentistas; y se dice que los parientes de la autora, igualmente escandalizados, secuestraron una parte de la primera edición, retirándola de la circulación; lo cierto es que Tula excluyó *Sab* de sus *Obras completas* de 1869, y la novela no se volvió a editar hasta después de la muerte de la autora.

Antes de emprender nuestro análisis de la novelización de la postura abolicionista en *Sab*, quisiera referirme un momento al otro punto ideológico cuya metamorfosis literaria se asociará íntimamente a la alegorización del abolicionismo: trátase de la ya mencionada emancipación de la mujer. La Avellaneda, María Josefa Massanés y Carolina Coronado, en los años cuarenta de la centuria pasada,

[2] Véase Carmelo Virgilio, «Primitivism in Latin American Fiction», en *The Ibero-American Enlightenment*, ed. de A. Owen Aldridge, Urbana, University of Illinois Press, 1971, pp. 243-255.

fueron las primeras mujeres en haber publicado volúmenes de obras literarias en casi cuarenta años, desde la impresión en 1804 de las *Obras poéticas* de María Rosa Gálvez de Cabrera. Entre 1841 y 1843 las tres literatas dan a la estampa libros de *Poesías*, y Tula publica las novelas *Sab* y *Dos mujeres*. Se une cierto liberacionismo feminista a la reaparición de la mujer en el mundo literario, no solamente en libros como los indicados, sino incluso en revistas de la metrópoli y las provincias[3]. En el Discurso preliminar a sus *Poesías*, de 1841, Josefa Massanés escribe: «Nuestra completa *Emancipación* pudiera realizarse, mas no subsistir largo tiempo. [...] Así que contentémonos con reclamar la que en realidad se nos debe y que de conseguirlo redunda en beneficio del género humano: esto es, la *Emancipación* puramente intelectual»[4]. Pero tanto en esta campaña como en la del abolicionismo, la Avellaneda se revela más radical y moderna que sus contemporáneos. Ello es que en *Sab* se combinan las dos tendencias en una comparación que volvería a aparecer en el movimiento feminista de nuestros días: «¡Oh!, ¡las mujeres! —exclama el compasivo Sab—. ¡Pobres y ciegas víctimas! Como los esclavos, ellas arrastran pacientemente su cadena y bajan la cabeza bajo el yugo de las leyes humanas» (pp. 270-271).

Apuntemos un detalle iluminativo para la calificación de la convicción y la sinceridad de Tula ante estas causas. Pese al escándalo con que se recibió *Sab* en 1841, todavía diecisiete años más tarde seguirán unidos en la mente de la Avellaneda los conceptos *esclavo y mujer*; pues, según el comentario que antepone a su drama *Baltasar*, de 1858, el rey de Babilonia, personaje de la obra, devorado por el hastío, «encuentra en la mujer y en el siervo la primera revelación de la dignidad humana»[5]. Mas ya en *Sab*, como vamos a ver ahora mismo, por la simbología socioliteraria, hombre blanco significa debilidad, decadencia, deshonradez, crueldad, filisteísmo, pura fachada; y en cambio, mujer y esclavo significan fuerza, apertura a ideas nuevas, sinceridad, compasión, sensibilidad y pensamiento profundo.

El noble esclavo Sab pertenece a don Carlos de B..., aristocrático y enclenque dueño de la finca y cañaverales de Bellavista, y entre Sab y la poética Carlota, hija de don Carlos, existe una misteriosa atracción psíquica, la cual es el primer instrumento de que se sirve la novelista para la ficcionalización de la postura emancipacionista. Esta atracción, sin embargo de representarse siempre como fenómeno espiritual, tiene una fuerza casi erótica; y lo obsesionante de esa extraña simpatía se realza cada vez más por la sensualidad de la naturaleza cubana, que es el constante telón de foro para su expresión. Se realza también por el hecho de que Carlota va a ser la esposa de otro hombre, Enrique Otway, poco honrado hijo de un poco honrado hombre de negocios inglés radicado en Cuba, quien quiere usar las bodas de su hijo para adueñarse de Bellavista. Ahora bien: la creciente pero

3 Sobre el feminismo en las revistas provinciales de la década de 1840, véase Russell P. Sebold, «Cádiz, 1846: Poetas femeninas, mujeres *emancipadas*», en *ABC*, Madrid, 22 de marzo de 1986, p. 46; recogido en Sebold, *De ilustrados y románticos*, Madrid, Ediciones El Museo Universal, 1992, pp. 215-220.

4 [María] Josefa Massanés, *Poesías*, Imprenta de J. Rubió, Barcelona, 1841, pp. IV-V. También puede consultarse en la edición de Ricardo Navas Ruiz, Biblioteca de Escritoras, 20, Madrid, Castalia/Instituto de la Mujer, 1991, p. 73.

5 En *Obras de doña Gertrudis Gómez de Avellaneda, V*, ed. de José María Castro y Calvo, Biblioteca de Autores Españoles, 278, Madrid, Atlas, 1978, p. 193.

subconsciente afinidad entre Sab y Carlota (subconsciente, sobre todo por parte de ésta) se traduce a la forma literaria haciendo que estos personajes coincidan en una serie de conocidos rasgos románticos que son todos espirituales. Por habituales y estereotípicos que sean estos rasgos en todos los géneros románticos, no dejan nunca de conmovernos porque en cierto nivel de la retórica de las emociones la eficacia expresiva está en proporción inversa de lo cursi de los medios, y la sabia autora que nos lleva de la mano en *Sab*, nos da la justificación de esos estereotipos y la explicación de su gran atractivo con una brevísima cita de la novela *Cinq-Mars*, de Alfred de Vigny, que coloca como epígrafe a la cabeza de la segunda parte de la novela que nos ocupa: «La historia de un corazón apasionado —traduce Tula— es siempre muy sencilla» (p. 203).

La primera de las coincidencias entre Sab y Carlota es su superioridad anímica. «¿No notáis este color opaco y siniestro? —pregunta Sab en tono lamentoso pero digno— ...Es la marca de mi raza maldita... Y sin embargo [...], sin embargo, había en este corazón un germen de grandes sentimientos» (pp. 218-219). La superioridad del adolorido héroe romántico tiene siempre como ineludible consecuencia su soledad ante el cosmos: «Superior a mi clase por mi naturaleza, inferior a las otras por mi destino —protesta Sab dos páginas más abajo—, estoy solo en el mundo» (p. 220). En estas y otras palabras de Sab hay como un eco de las quejas del hastiado René, personaje de Chateaubriand, el cual se había lamentado así: «Seul sur la terre [...], j'étais accablé d'une surabondance de vie»[6]. Las dos características románticas de la superioridad y la soledad se manifiestan juntas también en la hija de don Carlos: «Carlota —leemos— era una pobre alma poética arrojada entre mil existencias positivas» (p. 258); y la amiga de Carlota, Teresa, glosa la suerte de la protagonista en esta forma: «No recibí del cielo una rica imaginación, ni un alma poética y exaltada; no he vivido, como tú, en la atmósfera de mis ilusiones» (p. 262).

Otra pareja de rasgos, sólo separables de los precedentes en el análisis, que también se descubren a lo largo de la novela por los apenados gestos y las lánguidas miradas de Sab y Carlota, lo mismo que por sus palabras, son la sensibilidad y el privilegio que supone poseer esa sensibilidad; e instintivamente se sienten atraídos esclavo y ama por esta esclarecida aristocracia en el dolor, de la que ambos son distinguidos exponentes. «¡Cuán cruel privilegio me has concedido! —exclama Carlota hablando con Dios— ...porque es una desgracia sentir de esta manera» (p. 133). Y Sab, conversando con Teresa, le dice: «Vos no podéis comprender las contradicciones de un corazón tan atormentado» (p. 225). Rousseau había sostenido que no se podía juzgar las almas extraordinarias de acuerdo con las reglas comunes, y Chateaubriand había afirmado que en el alma grande debía caber más dolor que en la pequeña[7].

Mas pocas veces había sido tan elocuente la retórica de la sensibilidad como en *Sab*. «Ten indulgencia con todas las debilidades del corazón» —ruega un día Carlota a su marido, Enrique, poco después de la muerte de Sab (p. 253). Pues sentir

6 François-René de Chateaubriand, *Atala. René. Les aventures du dernier Abencérage*, ed. de Fernand Letessier, Classiques Garnier, París, Éditions Garnier, 1958, p. 209.

7 Jean-Jacques Rousseau, *Julie, ou la Nouvelle Héloïse*, GF, 148, París, Garnier-Flammarion, 1967 [1995], p. 111: «Vos deux âmes sont si extraordinaires, qu'on n'en peut juger sur les règles communes» (palabras referentes a los amantes Julie y Saint-Preux). Chateaubriand, *René*, ed. cit., p. 203: «Une grande âme doit contenir plus de douleur qu'une petite».

esas debilidades es, se sobreentiende, una gran distinción. Y resalta esta distinción tanto más cuanto que las palabras de Carlota se dirigen a un hombre blanco materialista e insensible. Carlota luchaba por no creerlo, pero un día ella se había dado cuenta de la frialdad de Enrique Otway al observar que «hay almas superiores sobre la tierra, privilegiadas para el sentimiento [...] y que el alma de Enrique no era una de ellas» (p. 133).

Otro símbolo de la sensibilidad por la que se reúnen el esclavo y la mujer, es la ternura para con los animales, emoción desconocida de Enrique Otway. El caballo de Sab, en efecto, más bien que símbolo, es una extensión del mismo ser de su amo, pues la mutua ternura que existe entre ellos se debe en parte a que el pobre animal también está condenado a la esclavitud. «Tú eres el único ser en la tierra que quiera acariciar estas manos tostadas y ásperas —le dice un día Sab—; tú el único que no se avergüenza de amarme; lo mismo que yo, naciste condenado a la servidumbre» (p. 148). Mas en un aspecto el cielo ha deparado al caballo un destino más feliz. Sab le dice envidioso: «Nada te grita en tu interior que merecías más noble suerte» (*ibíd.*). He aquí a la vez un anticipo de un importante juego entre interiores y exteriores, en el cual descubriremos luego el instrumento principal de la Avellaneda para dar forma artística a su pensamiento liberacionista.

El animal más interesante como símbolo del silencio y sensible acercamiento entre el esclavo por su raza y la esclava por su sexo es, sin embargo, el perro, Leal de nombre, de la vieja Martina y su nieto Luis, que son la familia adoptiva de Sab. Es tan interesante Leal; porque a través de él y del cariño que le tienen Carlota y Sab, se logra en parte la callada comunicación emocional entre ama y esclavo de la que ya hablaremos. Martina recuerda el heroísmo de Sab ante un horrible incendio: «Por entre las llamas y quemados los pies y ensangrentadas las manos, sofocado por el humo y el calor, cayó [Sab] exánime a mis pies, al poner en mis brazos a Luis y a Leal..., a este perro que entonces era pequeñito y dormía en la cama de mi nieto. ¡Sab los salvó a ambos! Sí, su humanidad se extendió hasta el pobre animalito» (p. 181). Era la hora de dar de comer al niño cuando Carlota llegó de visita a la choza de esta pobre familia, e «hizo ella misma el plato destinado a Luis, y no olvidó tampoco a Leal» (p. 185). Mulato y mujer blanca se unen por esta desinteresada ternura por el animal, la cual vence aún a la muerte dotando de cierta eternidad al no declarado amor de estos seres sensibles; pues, muerto ya Sab y leída la confesión de su gran pasión por Carlota, Leal hasta su propia muerte acompañó al ama en sus diarias visitas a la tumba del noble esclavo.

Se intensifica el drama de la soterrada atracción entre Sab y Carlota por la dureza de las barreras sociales contra las que chocan repetidamente en sus respectivas búsquedas de un amante ideal. Pero antes de considerar estos dramáticos choques, se precisa tomar en cuenta otros dos rasgos psicológicos, sin duda los dos más significativos para la expresión de la gran pasión inconsciente, luego subconsciente, y por fin consciente, de Sab y Carlota, pero consciente sólo cuando, según la cronología romántica del corazón humano, «¡Es tarde!, ¡es tarde!», por decirlo con las palabras de la loca amante del ya muerto Macías, al final de *El doncel de don Enrique el Doliente*, de Larra[8]. El primero de estos nuevos rasgos es el dolor cósmico romántico, *fastidio*

[8] Larra, *El doncel*, ed. cit., p. 425.

universal, según el nombre inventado por el poeta Juan Meléndez Valdés en 1794; emoción que Cadalso y el propio Meléndez Valdés describen, ya como una tempestad del alma, más violenta que las del firmamento, ya como un vacío del corazón que proyectándose sobre la esfera priva de sentido a todo cuanto existe.

Sab tenía el «pecho agitado de una tempestad más horrible que la de la naturaleza» (p. 137). «No hay en la tierra mayor infeliz que yo» (p. 225) —se queja Sab—, haciendo eco a ciertas memorables palabras de Tediato, en la segunda de las *Noches lúgubres*, de Cadalso: «Soy el más infeliz de los hombres»[9]. Todo se debe —sigue diciendo el esclavo— a «las contradicciones de un corazón atormentado»; porque «el infierno está aquí, en mi corazón, y en mi cabeza» (pp. 225, 235), siendo reminiscencia esta última idea de la expresada por Werther, en su carta del 3 de noviembre: «Bastante es ya que lleve en mi corazón la fuente de todos los dolores»[10]. Las penas de Carlota representan una hermosa variante de la retórica del fastidio universal. «¿No has experimentado tú cuán triste cosa es ver salir el sol, un día y otro... sin que pueda disipar las tinieblas del corazón [...]? —pregunta Carlota al insensible Otway—. [...] ¿No te ha agobiado la ausencia, ese malestar continuo, ese vacío inmenso, esa agonía de un dolor que se reproduce bajo mil formas diversas?» (p. 129). Poco después de casarse e ir a vivir con los Otway, Carlota «tocó toda la desnudez, toda la pequeñez de las realidades» (p. 260); en donde parece oírse el eco de un famoso verso de Espronceda, de 1840: «Palpé la realidad y odié la vida»[11]. En fin, tiene razón Teresa al observarle a la protagonista: «Carlota, tú estás cansada de la vida, y detestas al mundo y a los hombres» (p. 261). Vienen muy a cuento aquí unas palabras del crítico dominicano Pedro Henríquez Ureña: «El dolor es la suprema emoción de que es capaz el hombre, y es, a la vez, el tipo y medida de todo gran arte»[12]. Tampoco habría que olvidar que Carlota es el mismo nombre del dolor, pues Carlota se llamaba también la amada doncella por la que se suicidó Werther.

No es sorprendente que dos seres unidos por una sensibilidad tan romántica en la vida, tengan también el mismo concepto de la muerte; y he aquí el último de los grandes estereotipos románticos en los que coinciden Sab y Carlota. Nadie mejor que Macías, héroe de la ya mencionada novela de Larra, representa esa obsesionante idea romántica del amor y la pasión de la muerte. Son inolvidables las palabras de Larra: Macías —escribe— «es de aquellos hombres en quienes el amor es siempre precursor de la muerte»[13]. Pues bien, la mismísima visión de la muerte se repite tanto en Carlota como en Sab. Si se le hubiese revelado a Carlota el interés puramente comercial de Otway en casarse con ella —explica la autora—, «Carlota no hubiera podido amar ya, pero acaso tampoco hubiese podido vivir» (p. 192). «Mi amor, este amor insensato que me devora, principió con mi vida y sólo con ella puede terminar —dice Sab transportado—; los tormentos que me causa forman mi existencia; nada tengo fuera de él, nada sería si dejase de amar. [...] En cuanto a mí, ya he amado, ya he vivido...» (p. 221).

9 Cadalso, *Cartas marruecas. Noches lúgubres*, ed. de Sebold, p. 392.

10 Johann Wolfgang Goethe, *Werther*, trad. de Revista de Occidente, prólogo de Carmen Bravo Villasante, Biblioteca Universal Salvat, Barcelona, Salvat Editores, 1973, p. 152.

11 En *A Jarifa en una orgía*, en Espronceda, *Poesías líricas*, ed. cit., p. 262.

12 Pedro Henríquez Ureña, *Ensayos críticos*, La Habana, 1905, pág. 21.

13 Larra, *El doncel*, ed. cit., p. 184.

Zoraida.

De Espronceda, *Sancho Saldaña,* Madrid, J. Castro y Compañía, 1870.

Por fin, podemos formular una pregunta esencial para la comprensión de esta novelita. ¿Por qué un hombre y una mujer en quienes se dan tantas actitudes comunes en forma tan vehemente, con la añadidura de haberse visto y hablado todos los días desde la niñez, por qué —vuelvo a preguntar— no llegan nunca a declararse? La tensión para el lector lo mismo que para Carlota y Sab es tanto más enervante y atormentadora, cuanto que todas las ardientes emociones que comparten, las sienten con toda la fuerza de la primera juventud. En los negros ojos de Sab brilla «el fuego de la primera juventud» (p. 104); y «ama Carlota con todas las ilusiones de un primer amor, con la confianza y abandono de la primera juventud y con la vehemencia de un corazón formado bajo el cielo de los Trópicos» (p. 117), aunque en el momento al que se refiere este trozo, ella no ha identificado al verdadero objeto de su amor. Ese «cielo de los Trópicos» no es sino una faceta de «aquella joven naturaleza» (pp. 102, 122) que con su vigorosa y sensual fecundidad subraya el ímpetu de las jóvenes emociones de tal modo, que parecen en cada momento a pique de explotar. El hecho de que esas emociones no hagan explosión, es aun más asombroso en vista de que se producen entre esclavo y ama unas coincidencias todavía más estrechas que las ya consideradas y aun unos asomos de comunicación anímica, según veremos. Mas, por el presente, preguntemos de nuevo: ¿Por qué no se declaran Sab y Carlota?

Creo que la manera más clara de responder a esta interrogación será valernos de la analogía. En *El dúo de la tos*, un encantador cuento de Clarín, un tuberculoso y una tuberculosa, desconocidos el uno para la otra, están hospedados en habitaciones casi contiguas de un hotel (la habitación de en medio está desocupada); durante toda la noche, por sus toses, que se oyen por los balcones, por los montantes sobre las puertas y por las paredes, se comunican la honda necesidad que sienten ambos de la compañía y ternura del alma vecina; no obstante, la próxima mañana los usos sociales imposibilitan que dos desconocidos se busquen para compartir sus íntimos temores ante la muerte. En *Sab*, desde luego, existen barreras sociales aun más infranqueables para las dos almas en busca de solaz.

A Sab no se le ocurre de modo consciente que la hija del amo, por muy noble que sea ella, pudiera amar a un esclavo. A Carlota, aun conociendo la nobleza del alma de Sab, no se le ocurre amar a la persona física del esclavo, en parte precisamente porque él es esclavo. Sin embargo, a través de la barrera entre servidumbre y libertad siguen comunicándose mediante sus ya descritas *toses* caracterológicas, por así decirlo, y aun emitirán otras toses más convulsivas que las que hemos escuchado hasta ahora. Desde que Europa leyó las obras de Rousseau, se tenía más conciencia que nunca de la intransitabilidad de las tradicionales barreras entre las clases. El hombre virtuoso, por puros que fuesen sus motivos y sus actos, no podía cruzar esas barreras sino a riesgo de caer en lo que el inflexible uso social veía como el crimen; pues no parecía posible ya guiarse por la virtud salvo en la soledad de la selva. Se capta toda la angustia de quienes se encontraban en tal situación en unos elocuentes versos de Cienfuegos, en los que el poeta apostrofa a su maestro Batilo, o sea Meléndez Valdés:

> ....Al virtuoso
> ¿qué le resta? ¡infeliz! suspira y huye;
> rompe llorando los sociales lazos,
> ¡que no debieran! pero al crimen guían:

su oscura probidad, y algún amigo
solitario cual él son su universo.
¡Oh Batilo! ¡oh dolor! ¿Es ley forzosa
para amar la virtud odiar al hombre,
y huirle como a bárbaro asesino?[14].

Ya veremos que mentalmente Sab y Carlota buscan otro universo solitario como el añorado por Cienfuegos para escaparse en él de la esclavitud y del «positivismo» de la clase de los propietarios.

Mas, por de pronto, es menester señalar que por parte de Carlota existe también otra causa de la incomunicación sentimental con Sab, causa artísticamente mucho más fecunda y mucho más trágica. Se trata de la identificación errónea del objeto de su amor; y aun cuando no hubiesen existido las imborrables divisorias sociales, esto habría bastado para retardar mucho una declaración abierta entre esclavo y ama. Aunque no a sabiendas, le pasa a Carlota con Sab algo semejante a lo que le había pasado a cierta marquesa dieciochesca con el célebre escritor gaditano Cadalso y un amigo de éste. Después de un largo intervalo Cadalso volvió a ver a esa dama en un baile de máscaras, y sobre ello escribe, en su *Autobiografía*: «La marquesa, enamorada todavía mentalmente de mí y corporalmente de don Antonio Cornel, me conoció, no obstante el disfraz»[15]. En lo mental o sea espiritual, Carlota amó siempre a Sab, pero sin darse cuenta de ello; acaso no lo reconociera de modo plenamente consciente ni aun después de leer la tierna confesión que el mulato tísico dejó a su muerte. Pero esto se deja en duda, procedimiento muy artístico, porque ningún escritor —ni siquiera toda una Avellaneda— sabría expresar con palabras la emoción que debió de sentir Carlota al leer esa sensible misiva, y después de tal lectura, en efecto, no se la oye pronunciar ni una sola palabra.

El análisis de las circunstancias de la ya aludida falsa identificación del objeto del amor de Carlota se facilitará si utilizamos como nuevo término comparativo otra obra narrativa de la segunda mitad de la decimonona centuria, del poeta, novelista y periodista murciano José Selgas y Carrasco, un escritor muy subestimado. Trátase de la bella novela epistolar *Un rostro y un alma* (1874), que tuvo cuatro ediciones antes de caer en un injusto olvido. Un elegante millonario madrileño está enamorado de dos mujeres, físicamente de su hermosa pero fría y frívola esposa, Elisa, y anímicamente de la íntima amiga de ésta, Octavia, quien se sacrifica heroica aunque inútilmente por conseguir la felicidad del malhadado matrimonio, pero el rico hombre de negocios Jorge se da cuenta sólo muy tarde de la dicotomía físico-moral entre los dos objetos de su amor. «Octavia posee un alma superior —se lee en la novela de Selgas—; un alma extraordinaria, de esas que Dios concede a los héroes y a los mártires, cuya grandeza no advierte nunca la vulgaridad del mundo»[16].

14 Nicasio Álvarez de Cienfuegos, *Poesías*, ed. de José Luis Cano, Clásicos Castalia, 4, Madrid, Editorial Castalia, 1969, p. 130.

15 José de Cadalso, *Autobiografía. Noches lúgubres* ed. de Manuel Camarero, Clásicos Castalia, 165, Madrid, Editorial Castalia, 1987, p. 105.

16 José de Selgas y Carrasco, *Un rostro y un alma. Cartas auténticas*, 2.ª ed., Madrid, Librería de Leocadio López, Editor, 1884, p. 249.

Octavia se convierte en esclava de su propia probidad; y así, en lo espiritual, ella y Sab son gemelos, según se desprenderá de varios pasajes que voy a transcribir. Mas, primero, veamos en qué términos se entabla, en *Un rostro y un alma*, la oposición entre lo interior y lo exterior. Las palabras siguientes las dirige el relator al millonario Jorge: «La belleza que resplandece en el rostro de Elisa no te ha dejado ver la hermosura que se esconde en el alma de Octavia. [...] Has buscado tu felicidad donde no estaba»[17]. Pues bien: la tragedia de Carlota se anticipa en treinta y tres años a la de Jorge, porque ella también busca su felicidad donde no está, es decir, detrás de un rostro, el de Enrique Otway, donde no mora un alma.

A lo largo de toda la novelita de Tula, el ama lo mismo que el esclavo buscan un amor ideal, natural, que evite las huecas formas civilizadas; y aunque Carlota, a diferencia de Sab, se equivoca en cuanto al objeto verdadero de su amor, la búsqueda —por su forma, igual en los dos— los acerca todavía más, acrecentando la ya mencionada potencialidad explosiva de su reprimida atracción. Al amante ideal, natural, de Carlota le describe la autora así, en las primeras páginas de la obra: «Ese ser no tiene nombre, tiene casi una forma positiva, pero se le halla en todo lo que presenta grande y bello la naturaleza» (p. 122). Miremos un pasaje paralelo a éste en todo, sólo que está concebido desde el punto de vista de Sab, y por los motivos ya expuestos se pone un nombre al ideal: «Sab seguía de cerca a Carlota y contemplaba alternativamente al campo y a la doncella, como si los comparase; había en efecto cierta armonía entre aquella naturaleza y aquella mujer, ambas tan jóvenes y tan hermosas» (p. 165). En otros lugares, Sab idealiza, *naturaliza*, a Carlota en una forma que a un mismo tiempo parece hacer eco a algunas de las primeras estrofas del *Canto a Teresa*, de Espronceda, y anticiparse a ciertas rimas de Bécquer: «A Carlota veía en la aurora en el campo: la brisa era su aliento, la luz su mirar, su sonrisa el cielo. [...] Entonces veía yo a Carlota aérea y pura vagar por las nubes que doraba el sol en sus últimos rayos, y creía beber en los aromas de la noche el aliento de su boca» (p. 208).

Cuando Carlota intenta poner un nombre a ese amante ideal que comparte con ella todo lo grande y bello de la naturaleza, empieza a perfilarse para el lector el problema de la falsa identificación, en torno al cual gira todo el drama, literario e ideológico, de la obra. En el capítulo III de la primera parte, se lee: «Carlota amó a Enrique, o mejor diremos amó en Enrique el objeto ideal que le pintaba su imaginación, cuando vagando por los bosques, o las orillas del Tínima, se embriagaba de perfumes, de luz brillante, de dulces brisas; de todos aquellos bienes reales, tan próximos al idealismo, que la naturaleza joven, y superabundante de vida, prodigaba al hombre bajo aquel ardiente cielo» (p. 122). De donde se deduce que Enrique hace el mismo papel aquí que hará la bella y fría Elisa en *Un rostro y un alma*; Carlota busca en Enrique algo que no estuvo nunca en él.

En uno de los pasajes de más tensión dramática, Sab, oculto, escucha y luego comenta para sí unas reflexiones, de tipo rousseauniano, sobre los antiguos y más sencillos habitantes de Cuba que Carlota dirige a su insensible marido: «Aquí vivían felices e inocentes aquellos hijos de la naturaleza —dice Carlota— [...] ¡Oh, Enrique! lloro no haber nacido entonces y que tú, indio como yo, me hicieses una

[17] *Ibíd.*, p. 255.

cabaña de palmas en donde gozásemos una vida de amor, de inocencia y de libertad». Glosando esto: «¡Ah!, ¡sí! —pensó Sab—; no serías menos hermosa si tuvieras la tez negra o cobriza. ¿Por qué no lo ha querido el cielo, Carlota? Tú, que comprendes la vida y la felicidad de los salvajes, ¿por qué no naciste conmigo en los abrasados desiertos del África o en un confín desconocido de la América?» (pp. 169-170). En estas líneas, además del tema de la identificación equivocada del amante por parte de Carlota, se vuelve a proponer en forma alegórica la ya indicada asociación ideológica entre la abolición de la esclavitud y la emancipación de la mujer. Al mismo tiempo, en ninguna página más que en ésta se acercan Carlota y Sab a la declaración abierta de sus emociones. Pero para el problema concreto de la falsa identificación del amante de Carlota —confusión entre rostros y almas—, así como para la alegorización del conflicto entre las razas blanca y negra, existen otros pasajes todavía más esclarecedores.

En la creación de los hombres se barajan algunas veces, ya las facciones, ya los rostros y las almas. Lo que ocurre en las novelas de la Avellaneda y Selgas recuerda ciertas palabras de Torres Villarroel al describir la anatomía de una de las extrañas figuras a lo Jerónimo Bosco que pueblan sus *Visiones*: «Parece que la naturaleza se equivocó en el repartimiento de las facciones, y que le había trocado los lugares a los miembros»[18]. Con acento melancólico que parece salir de lo más hondo de su dolorido corazón, Sab exclama apostrofando a Carlota: «¡Por qué no puedes realizar tus sueños de inocencia y de entusiasmo, ángel del cielo!... ¿Por qué el que te puso sobre esta tierra de miseria y crimen no dio a ese hermoso extranjero el alma del mulato?» (p. 147). Hablando en una ocasión con el extranjero Enrique Otway, Sab se expresa en forma admirablemente noble y sensible sobre la gratitud que siente hacia Carlota, y esto lleva a la narradora a especular sobre lo que pasaría entonces en el fuero inferior de Otway: «Acaso la voz secreta de su conciencia le decía en aquel momento que trocando su corazón por el corazón de aquel ser degradado sería más digno del amor entusiasta de Carlota» (p. 157). El amante de Carlota —es ya evidente— se halla desdoblado en dos hombres; como la marquesa amiga de Cadalso, la esposa de Otway ama «corporalmente» a un hombre y «mentalmente» a otro. Mas examinemos otros dos pasajes muy significativos sobre lo mismo.

No penetran sino en una sola ocasión los rayos de la sensibilidad hasta el alma impasible de Otway. Se confiesa éste con Carlota observando que «un amor como el tuyo es un bien tan alto que temo no merecerlo. Mi alma acaso no es bastante grande para encerrar el amor que te debo»; y a continuación, la Avellaneda comenta las inesperadas palabras del frío inglés en esta forma: «Acaso aquel momento en que [Enrique] se decía indigno de su dicha, fue uno de los pocos de su vida en que supo merecerla» (p. 158). Son de enorme importancia tanto las palabras de la voz secreta de la conciencia de Otway como las excepcionales que él mismo pronuncia mientras habla con Carlota. Pues con las unas y con las otras se revela una vez más que Enrique no es sino una hermosa fachada, una cáscara vacía; y al mismo tiempo, por salir esas palabras de la boca del agraciado anglosajón, sirven para confirmar de modo inconcuso ambos términos de la dicotomía de la vida amorosa de la pobre Carlota.

[18] Diego de Torres Villarroel, *Visiones y visitas de Torres con don Francisco de Quevedo por la Corte*, ed. de Russell P. Sebold, Colección Austral, A204, Madrid, Espasa-Calpe, 1991, p. 327.

He usado ahora el término arquitectónico *fachada*, pensando en varias voces clave que encontraremos en las dos próximas citas, las más importantes para la alegoría abolicionista en Sab. Hemos hablado con detenimiento de la técnica o «desempeño» de la novela; y es hora de que volvamos al «pensamiento» y el «plan» de la obra, es decir, su sentido y su forma. Un día, conversando con Teresa, Sab observa lo siguiente sobre Otway: «Desde la primera vez que examiné a ese extranjero, conocí que el alma que se encerraba en tan hermoso cuerpo ere huésped mezquino de un soberbio alojamiento» (p. 215). Las palabras clave aquí son *alma-huésped* y *alojamiento.* Antes de comentarlas, tomemos en cuenta también el otro pasaje ya anunciado. En la carta que dejó al morirse de tisis, Sab pregunta en tono lastimoso: «¿Es culpa mía si Dios me ha dotado de un corazón y un alma? ¿Si me ha concedido el amor de lo bello, el anhelo de lo justo, la ambición de lo grande? Y [...] si me dio los ojos y las alas del águila para encerrarme en el oscuro albergue del ave de la noche, ¿podrá pedirme cuenta de mis dolores?» (p. 269). En el nuevo pasaje los vocablos clave son *corazón-alma, encerrar* y *albergue.*

Estas figuras han sido influidas por esa imagen, frecuente entre los descreídos románticos a partir de Cadalso, según la que el alma es a un mismo tiempo cárcel y prisionera; hay un ejemplo en un poema lírico de la Avellaneda, titulado *Soledad del alma.* El concepto alma-alojamiento tiene a la vez antecedentes cristianos en la visión alegórica del alma como castillo interior, que encontramos en Santa Teresa[19]. El modelo más sugerente, empero, para lo que Tula expresa con las frases «huésped mezquino» y «soberbio alojamiento», fue la célebre hipotiposis contenida en el Evangelio según San Mateo, capítulo XXIII, versículo 27, donde Jesucristo reprende a los hipócritas: «¡Ay de vosotros, escribas y fariseos! porque sois semejantes a sepulcros blanqueados, que de fuera, a la verdad, se muestran hermosos, mas de dentro están llenos de huesos de muertos y de toda suciedad». En *Sab*, como ya es patente, todo este juego entre exteriores e interiores se adapta a la representación de la lucha entre las razas, que el noble esclavo vive personalmente como «esta terrible lucha entre mi naturaleza y mi destino» (p. 269),

En fin, tenemos, por un lado, un alma mezquina que no merece el «soberbio alojamiento» en que se hospeda (Enrique Otway); y por otro lado, un alma excepcional («¡Es hermosa el alma de ese pobre Sab —dice Martina—, muy hermosa!» [p. 182]), que parece merecer un hospedaje muy superior al «oscuro albergue del ave de la noche»; descripción negativista de la persona física del mulato que, puesta en su propia boca, descubre cuán profundamente él mismo está afectado por los prejuicios de los hombres blancos. Desde luego, el «albergue» corpóreo de Sab parece indigno solamente cuando se mira por la lente del prejuicio racial. La astuta autora nos proporciona algún detalle descriptivo sobre Sab, como veremos, mas en conjunto permite que los lectores vayamos poco a poco moldeando una imagen mental del físico del esclavo que se armonice con sus admirables cualidades morales. Esta técnica la logra plenamente la Avellaneda porque no vacilamos en absoluto en ponernos de acuerdo al leer las palabras siguientes que son a un mismo tiempo abstractas e inconfundibles. Sab poseía «una de aquellas fisonomías que fijan las miradas a primera vista y que jamás se olvidan cuando se han visto una vez» (p. 104).

19 Véase mi ya citado libro *Cadalso: el primer romántico «europeo» de España*, pp. 190-193.

En cierto sentido, Carlota ocupa un terreno intermedio entre casos extremos: esto es, que ella es un alma noble instalada en un alojamiento hermoso. No obstante, por muy noble y hermosa que sea Carlota, habría que matizar un poco esta observación para dar razón de ciertas actitudes que se expresan hacia ella en esta novela ochocentista; pues, por regla general, en los primeros decenios del siglo XIX, la mujer todavía no estaba muy altamente cotizada en el mercado de los valores sociomorales (recuérdense las injusticias que Teresa Mancha de Bayo sufrió a manos de Espronceda), y esto se refleja en la injusta actitud condescendiente de Otway hacia Carlota, en quien él no ve sino un ornamento de su propia existencia más importante, de hombre de negocios, blanco.

Ahora bien: el juego, el contraste entre estos diversos exteriores e interiores, así como entre sus respectivos dueños, no lograría tan hondo sentido humano para el lector si no fuera por el extenso uso de la técnica de acercamiento y retiro entre los personajes que expuse antes. Merced justamente a esos contrastes y a nuestra profunda identificación con las personas novelísticas, la Avellaneda consigue representar de modo a un mismo tiempo conmovedor y convincente toda la gama de prejuicios raciales y sexuales que desde hace tantas centurias vienen limitando la libertad de las minorías. Alojamiento, albergue, semblante, rostro, cara: todas estas voces significan un exterior engañoso, tanto en el caso del admirable Sab como en el del despreciable Enrique Otway; y por la función que cumplen esas voces en la novela, significan a la vez la refutación del mecanismo de todos los prejuicios humanos, el cual se halla encarnado ya en los refranes de la secular *filosofía vulgar*, verbigracia: «Buena cara dice buena alma»; «La cara es el espejo del alma»; «Por la cara se trasluce el alma»; «Bienes y males a la cara salen»; «Hombre de mal color, como tiene la cara tiene el corazón», etc.[20], todos los cuales, especialmente el último, resultan absolutamente falsos. En efecto: a la vista de la semejanza entre la forma de estos refranes y la de la simbología abolicionista en *Sab*, creo que hemos descubierto en el refranero otro indispensable modelo para el «plan» novelístico de la Avellaneda.

En el esclavo, porque es mulato y participa de las características de ambas razas, blanca y negra, el conflicto entre albergue y alma-huésped es doblemente angustioso. «¿No notáis este color opaco y siniestro? —pregunta Sab—... Es la marca de mi raza maldita... Es el sello del oprobio y del infortunio» (p. 218). Pero, por otro lado, se nos dice que «su nariz era aguileña» (p. 104), rasgo de la fisonomía aristocrática blanca. El padre de Carlota, don Carlos, «tiene poderosos motivos para creerle hijo de su difunto hermano don Luis» (p. 129); pero quizá quizá sea hijo del mismo don Carlos, como muy bien podría juzgarse por la forma paternal en que el amo ensalza cierto rasgo de generosidad del esclavo:

> —Sab —dijo el señor de B..., levantándole y abrazándole con extrema bondad—, yo me envanezco de tu bello corazón. (p. 183).

La Avellaneda incluso capta las agónicas sacudidas del dolor sociomoral del esclavo de doble raza adaptando a su situación el esquema híbrido, frecuente en los héroes románticos, por el cual se funden en el carácter de esas figuras rasgos angélicos

[20] Véase Luis Martínez Kleiser, *Refranero general ideológico español*, edición facsímil de la de 1953, Madrid, Editorial Hernando, 1982, p. 104.

y rasgos satánicos. En Sab, empero, sólo sale a primer término la tendencia satánica cuando surge toda la furia de su odio al insensible hombre blanco. Una noche, estando solos en el bosque Sab y Otway, le sucedió al inglés caerse de su caballo y quedó sin sentido. ¿Cómo reaccionó Sab? «Sombrío y siniestro, como los fuegos de la tempestad, era el brillo que despedían en aquel momento sus pupilas de azabache»; sus labios formaban una «horrible sonrisa»; y el tono de su voz «armonizaba de un modo horrendo con los bramidos del huracán» (p. 136). Con tal voz profirió esta amenaza:

> —Helo aquí a mis pies, sin voz, sin conocimiento, a este hombre aborrecido. Una voluntad le reduciría a la nada, y esa voluntad es la mía...; la mía, pobre esclavo, de quien él no sospecha que tenga un alma superior a la suya..., capaz de amar, capaz de aborrecer..., un alma que supiera ser grande y virtuosa y que ahora puede ser criminal. (pp. 136-137).

Sin embargo, gracias precisamente al alma grande y virtuosa que mora en «el oscuro albergue del ave de la noche», la persona física llamada Sab resiste al crimen.

En conclusión, la oposición alojamiento-alma en los personajes simboliza la irreconciliable polaridad entre la nobleza de las humildes razas naturales y las huecas pretensiones de los corrompidos hombres civilizados, entre la sensibilidad sin máscara de la virtuosa barbarie y el «soberbio alojamiento» de la civilización que ya no alberga ningún valor moral. Tal visión del mundo es evidentemente muy rousseaniana, y el amor imposible de Sab y Carlota representa la mayor acusación que cabe contra los valores establecidos. Creo asimismo que queda ya muy clara la relación entre el «pensamiento» o sentido de la novela y su «plan» o forma. En efecto: momentos antes de expirar, el tísico Sab traza todavía unas emocionadas y proféticas líneas en las que, usando un nuevo sinónimo de *alojamiento*, que es *ídolo*, sigue preocupándose por las formas vacías que tanto sufrimiento han causado a los humildes y desvalidos. Son frases en las que se oye un inconfundible eco del estilo seudobíblico declamatorio de las *Palabras de un creyente* (1834), del sacerdote renegado y revolucionario francés Félicité-Robert de Lamennais: «La palabra de salvación resonará por toda la extensión de la tierra —escribe el moribundo Sab—; los viejos *ídolos* caerán de sus inmundos altares y el trono de la justicia se alzará brillante, sobre las ruinas de las viejas sociedades. Sí, una voz celestial me lo anuncia. En vano lucharán los viejos elementos del mundo moral contra el principio regenerador; en vano habrá en la terrible lucha días de oscuridad y horas de desaliento... El día de la verdad amanecerá claro y brillante» (p. 271)[21].

[21] Por ejemplo, las palabras siguientes de Lamennais pudieron servir como modelo para las de la Avellaneda que acabo de citar: «Estad preparados, porque los tiempos se acercan. Grandes terrores habrá en ese día; gritos tales cual nunca se han oído desde los días del diluvio. Aullarán los reyes en sus tronos; agarrarán desesperadamente con sus manos sus coronas, objeto del huracán, y al fin ellas y ellos serán arrastrados y deshechos. Los ricos y los poderosos saldrán desnudos de sus palacios por temor de verse sepultados bajo sus ruinas. [...] Jamás el cielo se habrá mostrado tan sereno, ni la tierra tan verde y tan fecunda. Y en lugar de ese débil crepúsculo, que llamamos día, una luz viva y pura brillará desde el cielo como un reflejo de la faz de Dios». Cito por las *Obras políticas de Lamennais*, en la colección Biblioteca del Hombre Libre, Madrid, Imprenta del Editor, 1854, p. 26. Existen por lo menos cinco versiones castellanas de las *Paroles d'un croyant* anteriores a la citada, siendo las primeras del mismo año que la edición francesa original (1834). El más famoso de los traductores de esta obra es Mariano José de Larra (1836).

X

TUBERCULOSIS Y MISTICISMO EN *EL SEÑOR DE BEMBIBRE*, DE GIL Y CARRASCO

HACE ALGUNOS AÑOS, yo planificaba una nueva asignatura universitaria dedicada enteramente a la novela romántica española, y la preparación de una clase sobre *El señor de Bembibre*, de Enrique Gil y Carrasco, representaba para mí una auténtica crisis de conciencia. Pues, al leer esa novela varios decenios antes —fue la primera de las novelas románticas españolas que había leído—, la había encontrado interesante, mas no muy digna quizá de su perenne reputación de reina de su género. Algunos años más tarde había empezado a leer otras novelas románticas, y me parecían muy superiores *El doncel de don Enrique el Doliente*, de Larra, *Sancho Saldaña o el castellano de Cuéllar*, de Espronceda, *Sab* y *Dos mujeres*, de la Avellaneda, *Doña Blanca de Navarra*, de Navarro Villoslada, y aun *Los bandos de Castilla o el caballero del Cisne*, de López Soler.

Pero siempre era posible que los años y la memoria me hubiesen engañado. El lector podrá imaginarse mi desilusión —más aún, mi desesperación— al releer *El señor de Bembibre* para la clase que me tocaba dictar y encontrar reconfirmada la valoración comparativa que ya le había asignado respecto de novelas como *Sancho Saldaña* o *El doncel*. ¿Qué haría con la obra de Gil y Carrasco en la clase? No podía honradamente presentarla como la obra cumbre del género novelístico romántico, porque opino que dista mucho de serlo. Sin embargo, el libro de Gil poseía innegables encantos, verbigracia, el lirismo de sus delicadas descripciones del paisaje del Bierzo. ¿Qué hacer? ¿Existía alguna forma de explicar el auténtico interés de *El señor de Bembibre*, sin ser no obstante infiel a mi reacción personal?

1. NOVELA Y RELACIÓN

Por fin, di con una interpretación que evita la comparación desfavorable de *El señor de Bembibre* con obras como *Sancho Saldaña* y *El doncel* y que al mismo tiempo, según creo, ilumina su propio atractivo. He expuesto esta interpretación, no solamente en mis clases, sino también en conferencias pronunciadas en varias universidades españolas y en un breve ensayo en el diario *ABC*, de Madrid[1].

[1] Russell P. Sebold, «Gil y Carrasco y Beatriz: patología y poesía», *ABC*, 9-10 de abril de 1993, p. 45.

Consideremos antes, empero, dos de las razones que me llevan a negarle a *El señor de Bembibre* su diadema de reina de las novelas románticas españolas, e incluso a negarle carta de ciudadanía en el género novelístico, por lo menos en el sentido en que se ha entendido dicho género en nuestro tiempo. Los críticos Percy Lubbock y Ramón Fernández mantienen que en la novela auténtica el diálogo ha de predominar sobre la narración y la exposición terciopersonales. Porque así los personajes parecerán autodeterminarse desde dentro, como agonizantes de carne y hueso, en un mundo tan combativo como el nuestro. A la acción novelística motivada por el diálogo Lubbock la llama «dramática»[2].

Mas hay otro tipo de acción que suele alternar con la «dramática». Es la que Lubbock llama «pictórica»[3]; y Fernández, *récit*, o sea «relación»[4]. Esos pasajes en los que predomina el estilo terciopersonal sobre el dialogal son de técnica pictórica, y en ellos se reduce la inmediatez de la acción humana. Una obra narrativa en cuyo conjunto o principales episodios prevalezca la técnica «pictórica», con poca o ninguna intervención de la primera persona de los personajes, no es una novela, sino un *récit*; y en mi concepto, por las razones expresadas *El señor de Bembibre* es un *récit*. Mas, paradójicamente, descubriremos que la reducción de la inmediatez de lo humano es un elemento positivo en el subgénero de *récit* que se da en la obra de Enrique Gil.

Según opinión unánime de la crítica moderna, en la novela hanse de representar las contiendas y las angustias surgidas de las relaciones humanas, ya entre personas individuales, ya entre éstas y los grupos sociales. Pero justamente aquí encuentra Gil otro medio de negarle inmediatez a lo humano; porque no sólo reduce el diálogo a lo mínimo, como decíamos antes, sino que hace a la vez todo lo posible por obstruir las relaciones humanas, de las que suele nacer ese intercambio conversacional entre los personajes de una novela plenamente novelística. Sobre todo, los protagonistas, doña Beatriz Ossorio, hija del señor de Arganza, y don Álvaro Yáñez, señor de Bembibre, no encuentran más que obstáculos al intentar relacionarse como amantes, como novios, como esposos.

Los amantes son separados sucesivamente por la oposición del padre de Beatriz, por el casamiento de ésta con otro hombre, el conde de Lemus, por el voto de castidad de Álvaro como caballero del Temple, y por la enfermedad fatal de Beatriz. Incluso la boda de Beatriz y Álvaro, con dispensa del Papa, al final de la obra, es un nuevo rechazo de lo humano, porque se casan cuando la heredera de Arganza está en su lecho de muerte y no podrá sobrevivir sino por días. «No es un amor terrenal» la fracasada voluntad de unión humana de los protagonistas gilianos, podríamos decir aplicándole un verso de Zorrilla[5]; y si cupiera hablar aquí de novela en cualquier sentido, trataríase de una novela a lo divino más bien que a lo humano. En cuyo caso no dejaría de ser lógica la sofocación de lo humano.

[2] Percy Lubbock, *The Craft of Fiction*, Nueva York, Peter Smith, 1947, pp. 21, 119.

[3] *loc. cit.*

[4] Ramón Fernández, «La méthode de Balzac, le récit et l'esthétique du roman», en *Messages*, París, Bernard Grasset, 1981, pp. 54-69, especialmente 55, 59-60.

[5] José Zorrilla, *Don Juan Tenorio*, ed. David T. Gies, Clásicos Castalia 206, Madrid, Editorial Castalia, 1994, p. 174.

De Navarro Villoslada, *Doña Urraca de Castilla*, Madrid, Gaspar y Roig, 1849.

Voy a proponer otra clasificación genérica con la que también se nos hará posible explicar el rechazo de las relaciones y aun de la existencia humanas en la obra de Gil, así como la atracción a veces enfermiza tanto de Álvaro como de Beatriz hacia la belleza del paisaje. Pero, ¿por qué tanto hablar del rechazamiento de lo humano? Pues, porque otro modo de rechazar lo humano es una enfermedad mortal, y el libro titulado *El señor de Bembibre* es precisamente la historia patológica y clínica de dos enfermedades de la protagonista, una psicológica, la otra física: 1) la ansiedad de la separación, que es un suplicio constante para Beatriz; y 2) la tuberculosis pulmonar, que la priva de la vida. De estas enfermedades, que eran también las de Enrique Gil, existen curiosos reflejos en otras obras del autor, singularmente *El lago de Carucedo* y *Anochecer en San Antonio de la Florida*[6], narraciones que son a la par interesantes antecedentes literarios de *El señor de Bembibre*, pero no cabe emprender su estudio aquí.

Aparte del enorme interés literario que tiene en sí tal historia clínica seminovelada, una de las notas más intrigantes de *El señor de Bembibre* es el hecho de que como compensación psicológica de la imposibilidad de relacionarse normalmente en este mundo, Beatríz y Álvaro acabarán visualizándose a sí mismos como poetas renacentistas. En la formación de esta visión o más bien huida del mundo, es decisivo el papel de la lírica naturaleza del Bierzo, cuyo valor poético posromántico y místico en toda la prosa y verso de Gil se estudia de modo sistemático y profundo en el libro de Michael P. Iarocci, *Enrique Gil y la genealogía de la lírica moderna. En torno a la poesía y prosa de Enrique Gil y Carrasco (1815-1846)* (Newark, Delaware, Juan de la Cuesta. 1999). Pero basta de preámbulos.

Gil escribe *El señor de Bembibre* entre octubre de 1841 y enero de 1843, mientras sigue sufriendo acometimientos de la tisis que se había diagnosticado en él en 1839 y que apagaría su existencia en 1846. Se dice que Gustavo Flaubert se había identificado tan profundamente con Emma Bovary, que la muerte de la ficticia burguesa y aspirante a heroína romántica fue en realidad la muerte espiritual de su creador. Pues bien: la identificación entre Gil y Beatriz es muchísimo más estrecha, tanto por lo que se refiere a sus aflicciones espirituales, como por lo que atañe a las corporales. *El señor de Bembibre* es, por tanto, la autobiografía clínica de su autor, a la vez que la historia patológica de un personaje ficticio. Y si hubiera que relacionar *El señor de Bembibre* con alguna forma de novela de la segunda mitad del siglo XIX —porque las novelas románticas contienen muchos indispensables antecedentes de la novela posterior—, cabría ver un paralelo entre la relación de Gil y la novela naturalista, que pretende explicar la suerte de los seres humanos por métodos científicos.

No cabe ilación más estrecha entre dos males que la que se da, en Beatriz, entre la ansiedad de la separación y la tuberculosis. La medicina moderna reconoce que las enfermedades mentales, debilitando al afligido, le predisponen el cuerpo para las enfermedades físicas. Pero, ¿no será anacrónico suponer tal nexo causativo entre las dos aflicciones de Beatriz, o que Gil se guiara por tal teoría? En absoluto, porque en el libro de medicina de Buchan, *Medicina doméstica*, de 1786, entre las causas de la consunción, tisis o tuberculosis, se toman en cuenta las siguientes

[6] Enrique Gil y Carrasco, *Obras completas*, ed. de Jorge Campos, Biblioteca de Autores Españoles, 74, Madrid, Atlas, 1954, pp. 221-250, 253-260.

disposiciones de la psique: «pasiones violentas, agitaciones o efectos de ánimo, como pesar, disgusto, fatiga, o la continua aplicación al estudio de las artes o ciencias abstractas»[7]. Síntomas todos ellos que se reconocerán en Beatriz, incluso su dedicación a los ocios literarios. Mas, por de pronto, veamos en palabras del mismo Gil la aludida teoría sobre la conexión entre enfermedades psicológicas y enfermedades físicas, o sea los orígenes de la tuberculosis de Beatriz a partir de sus tormentos mentales: «aquella dolencia, derivada sin duda del alma en un principio, existía ya de por sí y como cosa aparte»[8].

2. La ansiedad de la separación

Atenderemos primero a la dolencia psicológica de Beatriz. Es tal el terror que la heredera de Arganza tiene a la pérdida de la vida, que al alborear su existencia, parece haberse puesto ya el sol de su ventura. La puesta del sol es un símbolo de la separación de la vida, en el que desde luego la luz representa la vida. En la relación giliana, hay nueve —quizá más— puestas del sol, entre reales y figuradas. Miremos dos ejemplos hacia el principio y otros dos hacia el final. «Éste fue el principio de aquellos amores cuya espléndida aurora debía muy en breve convertirse en un día de duelo y de tinieblas» (p. 82). La suerte de los amantes está ya echada antes de la mitad del capítulo II, donde se hallan las palabras citadas. Una página más adelante, en el mismo capítulo, se halla asimismo este ocaso real, que, sin embargo, siguiendo al primero, se dota de un evidente sentido reflejo: «Estaba poniéndose el sol detrás de las montañas que parten términos entre el Bierzo y Galicia» (p. 83). Sobre la triste suerte de la heroína, se lee en el capítulo XXIX: «Por tan raros modos el soplo del infortunio había disipado en el cielo de sus pensamientos los postreros y tornasolados celajes que en él quedaban después de puesto el sol de su ventura» (p. 296). La puesta del sol que anuncia la postrera hora de Beatriz es a la vez física y figurada: «No parecía sino que aquella existencia, de tantos adorada, pendía en aquella ocasión de uno de los rayos luminosos del sol, porque declinaba hacia su ocaso al compás del astro del día» (p. 384).

A la vista de tal símbolo, no causa sorpresa la siguiente declaración de Beatriz sobre uno de sus sueños, donde incluso se adelanta a la moderna terminología psicológica: «Era un sueño, como todos los míos, de separación y de muerte» (p. 358). Beatriz es su propia psicóloga o alienista, como se decía entonces, de igual modo que Gil debió de ser el suyo propio. En este aspecto, sobre la hija del señor de Arganza, se comenta: «Tal vez nadie mejor que ella podía juzgar de su estado, pues sólo a sus ojos era dado ver los estragos de su alma» (p. 316). De estos estragos se encuentran asimismo otros numerosos indicios y síntomas. Al final del capítulo II, hay una despedida de los amantes que casi parece definitiva ya: el señor de Bembibre «volvió la cabeza, y sus ojos se encontraron con los de doña Beatriz para

7 Jorge Buchan, *Medicina doméstica, o tratado completo del método de precaver y curar las enfermedades con el régimen y medicinas simples, y un apéndice que contiene la farmacopea necesaria para el uso de un particular. Escrito en inglés por el doctor ________. Traducido en castellano por el coronel D. Antonio de Alcedo,* Madrid, Imprenta de Benito Cano, 1786, p. 170.

8 Enrique Gil y Carrasco, *El señor de Bembibre*, ed. de Enrique Rubio, Letras Hispánicas, 242, Madrid, Cátedra, 1986, p. 313. Las restantes citas de esta edición se indicarán en el texto con su página entre paréntesis.

trocar una larga y dolorosa mirada, que no parecía sino que había de ser la última» (pp. 87-88). Por este pasaje, así como por el próximo al que voy a referirme, se anticipa lo que quedará aun más claro cuando hayamos visto más textos, esto es, que en Álvaro va desarrollándose una de esas reacciones simpáticas por las cuales una persona sana íntimamente asociada con otra enferma empieza a manifestar los mismos síntomas. El alma de Álvaro encierra «un germen de melancolía» (p. 96), es decir, una preocupación por la separación, experimentada como nostalgia: germen de melancolía cuya máxima importancia radica, sin embargo, en ser anuncio de otro más decisivo que acosa a Beatriz.

La idea del sacrificio personal se asocia a las de la separación y la melancolía, cuando el afligido o la afligida compensa su inadaptación a la sociedad humana imaginando el logro de alguna bienaventuranza más allá de este mundo. En el pasaje siguiente, he escrito en cursiva las voces que descubren el alcance de la idea de la separación en Beatriz: «Siempre había dormido en lo más recóndito de su alma *el germen de la melancolía* producido por aquel *deseo* innato de lo que no tiene fin; por aquel encendido amor a lo *desconocido* que lanza los corazones generosos *fuera de* la ruindad y estrechez del mundo *en busca de* una belleza pura, eterna, inexplicable, *memoria tal vez de otra patria mejor*; quizá *presentimiento* de más alto destino. A este secreto y sobrehumano impulso había *sacrificado* doña Beatriz lo que más caro podía serle en el mundo» (pp. 371-372). Mas ya doscientas páginas antes Gil había esbozado tal equivalencia entre *separación* y *sacrificio*: «El alma de doña Beatriz, naturalmente generosa y *desprendida*, era a fuer de tal tanto más inclinada al *sacrificio* cuanto más doloroso se le presentaba» (p. 190; la cursiva es mía).

Deprimida por la idea de la separación, se refugia Beatriz en el seno de la naturaleza para curar su ansia y sus llagas espirituales. «Las tórtolas arrullaban entre los castaños, y el murmullo del Cúa tenía un no sé qué de vago y adormecido que inclinaba el alma a la meditación. Difícil era mirar sin enternecimiento aquella escena sosegada y melancólica, y el alma de doña Beatriz tan predispuesta de continuo a esta clase de emociones, se entregaba a ellas con toda el *ansia* que sienten los corazones llagados» (p. 149). Aludí al inicio de este trabajo a la atracción enfermiza de la protagonista hacia la hermosura de la naturaleza —su anhelado refugio—, y semejante atracción tiene importancia como un nuevo síntoma de su miedo a la separación. Nótese la presencia del sustantivo *ansia* en el último trozo citado, así como en el siguiente, que representa el período de la crisis final de Beatriz: «En aquellos días fatales, su amor a la naturaleza subió de punto, y su *ansia* por contemplar las hermosas escenas de aquellos alrededores era extraordinaria» (p. 369).

Soledad es otro sinónimo de *separación* en el léxico psicológico giliano. Beatriz acostumbra pasar temporadas con las monjas, y con ocasión de una de esas visitas ella entretiene la siguiente reflexión: «La soledad del claustro es lo único que podrá responder a la profunda soledad que rodea mi corazón, y la inmensidad del amor divino lo único que puede llenar el vacío inconmensurable de mi alma» (p. 189). En una relación como *El señor de Bembibre*, parece lógico que la habitual dialéctica romántica entre vacío interior y vacío exterior se convierta en dialéctica entre soledad interior y soledad exterior. Existe, empero, otro pasaje todavía más iluminativo para el parentesco entre *soledad* y *separación*. Marco las voces significativas: «¿qué consuelo podía buscarse en el mundo para doña Beatriz, que no tenía más compañía que la *soledad*...? ¡Tristes contradicciones y debilidades las del pobre corazón humano!... su salud, por otra parte, de día en día *se quebrantaba*; el cielo y la tierra, de consuno, parecían *apartarla* de su primer amor, que según todas las apariencias no podía estar más *perdido para ella*... ¿Qué podía esperar? ¿Qué podían descubrir sus ojos en el *nebuloso* horizonte del porvenir, sino *soledad y pesares sin término y sin cuento*?» (pp. 241-42).

Gil siempre aclara el nexo existente entre los diversos símbolos y simbolismos que connotan el mismo concepto psicológico. Así, en el apunte siguiente, utiliza el símbolo *soledad* para introducir otro muy sugerente sistema de símbolos: «Nadie mejor que ella [Beatriz] sabía que las *fuentes* de la vida comenzaban a *cegarse* en su pecho con las *arenas* de la *soledad* y del *consuelo*» (p. 193). Ahora bien: el nuevo grupo de símbolos de la separación que se anuncia aquí por las palabras que he escrito en bastardilla, se basa en el agua y la sed. Beatriz quiere pero teme beber el fuerte licor de las emociones humanas; quiere pero teme hacerse a la vela sobre las aguas de la vida. «¿Os parece que hemos bebido poco del cáliz de aflición... —pregunta Beatriz a Álvaro—; que tan *hidrópica sed* os aqueja de nuevos pesares?» (p. 204). Sin duda, el ejemplo más perturbador de la retórica acuática con que se caracteriza a nuestra enferma es el siguiente, en el que de nuevo he subrayado esas voces que se refieren directa o indirectamente a la separación y el símbolo de la sed: «Doña Beatriz se había visto *separada* de su amante por escaso *arroyo*; su matrimonio desgraciado lo había convertido en *río profundo y caudaloso*; ahora, la profesión de don Álvaro [como templario] acababa de trocarlo en *mar inmenso*, y la desventurada, sentada en la *orilla*, veía desaparecer a lo lejos el *bajel* desarbolado y roto en que para no volver se *partían* sus ilusiones más dulces» (p. 242).

«Esta noche —escribe Beatriz sobre otro sueño suyo, en su cartera verde— he tenido una hoguera voraz dentro del pecho; una *sed* mortal me devoraba, y en la ilusión de mi calentura me parecía que todos los *riachuelos* y *fuentes* de este país *corrían* con murmullo dulcísimo por detrás de mi cabecera» (pp. 366-367; las cursivas son mías). Decía antes que en la historia de Beatriz Enrique Gil hace la historia clínica de sus propios males. Voy a tomarme la libertad de señalar uno de los numerosos paralelos para ilustrar esa afirmación. Todo el mundo está de acuerdo en que el protagonista de «Anochecer en San Antonio de la Florida» (publicado en *El Correo Nacional*, en noviembre de 1838), Ricardo T..., es una ficcionalización de su creador, Enrique Gil y Carrasco; y recordando esto, así como las palabras de Beatriz que acaban de citarse, consideremos la descripción de la última noche que Ricardo pasó con su novia, en la que como siempre es mía la cursiva: «La noche en que por *última* vez la vio hubo misterios *extraños*: sus ojos se abrieron a la *orilla* de una *sima sin fondo*, por la cual pasaba una *agua* invisible; pero cuyo *delicioso murmullo* llegaba hasta ellos. Los amantes, víctimas de un amargo delirio, tenían *sed*, una *sed* inmensa y *abrasadora*, y pasaban increíbles tormentos al borde de aquella *corriente*, que tan *dulcemente* sonaba, pero que *huía* de sus *labios*»[9]. He aquí, en fin, los mismo símbolos, ya directos, ya indirectos, de la ansiedad de la separación que en *El señor de Bembibre*.

En relación con la sed psicológica de Beatriz, también podríamos decir que sufre del complejo de Tántalo, con alusión a esa figura mitológica que, por haber despedazado a su hijo Pélope, quedó condenado a pasar la eternidad de pie en un

9 Gil, *Obras completas*, ed. cit., p. 255a.

hermoso lago, cuyas aguas retrocedían cada vez que quería apagar su sed. La prueba de cuanto venimos diciendo es que Beatriz no dice *sí* a la vida, a don Álvaro, sino cuando *ya es tarde* —habitual frase romántica para señalar el momento álgido de una vida—, cuando nadie puede separarla ya de sus tristes meditaciones o de la melancólica muerte que ha venido a desear con cierto consuelo. Por una inversión de los términos no poco frecuente en los enfermos mentales, ha descubierto Beatriz que separarse de la vida es por lo menos *no separarse* del más allá, de la primitiva mansión de su alma no nacida aún.

3. La tisis, el amor y el camino del cielo

Documentemos ahora la enfermedad física, la consunción, de Beatriz, a cuyo brote y progreso ha contribuido el notable desapego de la vida que hemos observado en ella. Tiene interés anticipar que uno de los síntomas de la tuberculosis es una «gran sed»[10]; pues esta sed física tiene su paralelo en la sed espiritual que acompaña a la ansiedad de la separación en Beatriz, y por tal paralelo viene a reiterarse la idea de la relación de interdependencia entre la enfermedad psicológica de la protagonista y su dolencia física, entre su sed del espíritu y su sed del cuerpo. Ahora bien: ¿cuál es la sintomatología completa de la tuberculosis según la medicina de la época? En la *Medicina doméstica*, de Jorge Buchan, se describen para la consunción los siguientes

> Síntomas. Esta enfermedad generalmente empieza por una tos seca que por lo común dura algunos meses. Si ésta excita una disposición a vomitar después de haber comido, es la más fuerte razón para temer una próxima consunción, y si el enfermo padece más que ordinario calor y opresión de pecho, particularmente cuando se mueve; si el esputo tiene un gusto salado y suele salir mezclado de sangre; si está triste, tiene poco apetito y gran sed; si el pulso es vivo, blando y pequeño, aunque algunas veces lleno y duro, son síntomas de un principio de consunción... la pérdida total de fuerzas, la sumidez de ojos, la dificultad de tragar y la frialdad de los extremos manifiestan una próxima muerte, que a pesar de todo rara vez cree el enfermo tan inmediata[11].

Síntomas que son prácticamente los mismos que se enumeran en el apartado correspondiente de los más recientes libros de medicina.

El diagnóstico más completo de las aflicciones de Beatriz publicado hasta la fecha es el siguiente, para el que el profesor Picoche está parcialmente endeudado con el médico parisiense Dr. Wargon: «Ha parecido útil establecer un diagnóstico, sobre todo en el caso de doña Beatriz [...] La protagonista de *El señor de Bembibre* padece dos afecciones, que se agravan recíprocamente. En primer lugar, un desequilibrio nervioso que le provoca grandes crisis, y, además, un estado febril cuya causa es la tuberculosis pulmonar. El autor describe todos los síntomas de la enfermedad, a excepción de la expectoración, probablemente por ser

10 Buchan, *Medicina doméstica*, p. 172.

11 *Ibíd.*, pp. 171-172.

antiestético»[12]. Cito estas líneas, porque 1) lo incompleto del análisis demuestra, por contraste, el alcance de lo que ya hemos hecho aquí; 2) en el diagnóstico Picoche-Wargon existe un error que urge corregir; y 3) la rectificación de estas deficiencias nos ofrece la ocasión de ilustrar cuán profundos eran los conocimientos que tenía Enrique Gil de la fatal enfermedad que le estaba matando.

El síntoma que Gil no describe en su heroína no es la expectoración, hemoptisis o expulsión de esputo ensangrentado, sino la tos seca habitual, que sí habría sido antiestética, pero que, en efecto, no es un síntoma en todos los casos de la tuberculosis. En *The Encyclopedia of Common Diseases* (1976), se lee, en el artículo sobre la tuberculosis: «En algunos casos la enfermedad aparece sin ningún indicio previo [es decir, sin tos]. En el diez por ciento de los casos, el afligido escupe sangre de un modo repentino, cuando aparentemente goza de una salud perfecta»[13]. El hecho de que Beatriz sea una tísica sin tos seca revela la extensión de los conocimientos médicos de Gil; no se basaba únicamente en su propio caso, pues él sí sufrió de tos seca. Mas tal vez se guardara Beatriz de toser por darle asco el remedio que se usaba entonces: «Las cucarachas son muy recomendadas en la curación de la tos convulsiva. Los que usen estos insectos podrán poner en infusión dos onzas de ellos hechos pedacitos en un cuartillo de vino blanco toda una noche, y después que se haya colado el licor por un pañito, tomarán una cucharada de él tres o cuatro veces al día»[14].

Reunamos ahora los diversos síntomas de la tuberculosis que se manifiestan en Beatriz. Al incio del capítulo XI, se toma nota de que la difícil situación en que se hallaba en ese momento la protagonista le producía una «agitación nerviosa y calenturienta» (p. 147), en donde es significativo el segundo calificativo por indicar que no es sólo cuestión de nerviosismo o angustia. En una de las visitas de Beatriz al convento, «las monjas [...] se pasmaron de ver su extenuación, sus miradas a un tiempo lánguidas y penetrantes, la flacura de su cuerpo, y al escuchar sobre todo el metal de su voz» (p. 253). Como en confirmación de lo anterior, unas cincuenta páginas más adelante, el autor describe a su protagonista, tomando en cuenta la impresión del venerable abad de Carracedo, quien la observa: «El semblante de doña Beatriz, la flacura de su cuerpo, la brillantez de su mirada, el metal de su voz habían llenado su imaginación de zozobra y de recelo» (p. 303). La pobre era incapaz de disfrutar de los más pequeños placeres; era como si en plena juventud se viera afligida con las cataratas de la ancianidad: «su enfermedad teñía habitualmente de un color opaco aun los más brillantes objetos» (p. 313).

Gil resume así la horrible situación patológica de Beatriz: «Los gérmenes de una enfermedad larga y temible habían comenzado, según dejamos dicho, a desenvolverse fuerte y rápidamente en aquel cuerpo, que, si bien hermoso y robusto, mal podía sufrir los continuos embates de las pasiones que, como otras tantas ráfagas tempestuosas en el mar, sin cesar azotaban aquel espíritu a quien servía de morada» (p. 295). Nótese aquí la alusión a las «pasiones violentas» que Buchan

12 Jean-Louis Picoche, *Un romántico español: Enrique Gil y Carrasco (1815-1846)*, Biblioteca Románica Hispánica, 275, Madrid, Gredos, 1978, p. 75.

13 *Encyclopedia of Common Diseases*, Emmaus, Pennsylvania, Rodale Press, EE. UU., 1976, p. 1213.

14 Buchan, *Medicina doméstica*, p. 280.

incluye entre las causas de la tisis. Nótese a la vez que Gil dice sencillamente *una enfermedad larga y temible*. Nunca nombra la tuberculosis. Estaba tan *de moda* en la época romántica la consunción —fuera del suicidio, la única muerte artística se lograba gracias a esa enfermedad—, que no era menester pronunciar su nombre, especialmente habiendo pasado revista a sus síntomas.

Se encuentran asimismo otras alusiones a «las pocas fuerzas que quedaban en aquella lastimada señora», a la «debilidad de su cuerpo [...] la exaltación de su espíritu» así como a «las huellas que la enfermedad y las pasiones habían dejado en aquel cuerpo» (pp. 297, 300). Y se reitera una vez más la teoría sobre las «pasiones violentas» como causa de la consunción: «en la postración de su cuerpo —escribe Gil sobre Beatriz— toda clase de emociones venían a ser por igual dañosas» (p. 313). Sobre la ya aludida calentura de la tuberculosa, se observa algún detalle nuevo: «En su frente pura y bien delineada se notaba una cierta contracción, indicio de su padecimiento, y la calentura había esmaltado sus mejillas con una especie de mancha encendida» (p. 356). Dice Picoche que no se describe la expectoración de sangre entre las manifestaciones de la tuberculosis en Beatriz, mas no solamente se describe, sino que hay tres descripciones de ella: una directa y dos que podemos llamar poéticas o metafóricas. Veámoslas.

He aquí la descripción directa de la hemoptisis en la doliente doncella: «una de las venas de su pecho, tan débil ya y atormentado, se rompió, y un arroyo de sangre ardiente y espumosa vino a teñir sus labios descoloridos y su vestido blanco» (p. 374). La primera de las descripciones de la hemoptisis en estilo metafórico se pone en boca de la misma Beatriz: «Mi pobre corazón ha recibido tantas heridas, que la esperanza se ha derramado de él como de una vasija quebrantada. Yo me las figuraba ya cicatrizadas, pero no estaban sino cerradas en falso, y con este golpe han vuelto a brotar sangre» (p. 358). La última descripción de la expectoración de sangre se introduce cuando se trata del viaje de Álvaro a Roma para obtener la dispensa papal necesaria para que se casen los malhadados amantes: «Cuál fue el término de tan presuroso viaje ya lo vimos, pues la sangre del corazón de doña Beatriz fue las rosas que alfombraron su camino, y el estertor de su agonía los festejos por su llegada» (p. 378). El fondo blanco del vestido de Beatriz sobre el cual resalta el color carmesí de su sangre se completa con la extrema palidez de la víctima, y parece significativo que con este último síntoma de su enfermedad física se combine un nuevo ejemplo de uno de los principales símbolos de su ansiedad de separación: «Las bellas y delicadas tintas de la salud [...] se trocaron poco a poco en la palidez de la cera, bien como vemos las nubes del ocaso perder sus vivos matices a medida que baja el sol» (p. 368).

Alguna vez el estilo de Enrique Gil parece apuntar a la presencia en su mesa de los libros de medicina que debía de estar consultando regularmente durante la composición de la triste historia de doña Beatriz. Pienso en un ejemplo que aparece donde se habla de los paseos de la enferma: «Don Álvaro y el venerable abad no dejaban de acompañarla ni un solo instante en aquellos melancólicos paseos, *observando con espanto el progreso rápido del mal y el decaimiento cada día mayor de la desdichada*» (p. 369; la cursiva es mía). No de otra forma hablaba cualquier facultativo de la época, pues en la *Medicina doméstica* de 1786, el doctor Buchan se expresa así, hablando precisamente de la consunción: «éste es el ordinario progreso de una enfermedad tan fatal»[15]. Beatriz da alguno de sus paseos por el delicioso lago de Carucedo en falúa, o sea una pequeña embarcación de lujo, provista de carroza (véase, por ejemplo, el capítulo XXXVII); cuya navegación puede verse como reminiscencia en el autor de la consulta del libro de medicina de un facultativo clásico a quien los médicos todavía tomaban en cuenta. En el tercero de sus ocho libros *De medicina*, Aulo Cornelio Celso, médico del tiempo del emperador Tiberio, escribe: «Quodsi mali plus est, et vera phthisis est, inter initia protinus occurrere necessarium est; neque enim facile is morbus, cum inveteraverit, evincitur. Opus est, si vires patiuntur, longa navigatione, caeli mutatione»[16].

¿Cómo se explica el inquebrantable apego de Álvaro a Beatriz? Mientras más obstáculos se le ponen delante, más abnegado y constante se hace el amor de Álvaro. En esto ha influido —no cabe duda— el concepto ideal del amor característico del libro de caballerías, pues la literatura caballeresca fue uno de los modelos de todas las novelas históricas del romanticismo. También han influido en ello otras tradiciones literarias cuya huella es menos frecuente en la novela romántica y que ya consideraremos. Pero esperemos un momento, pues sin salir todavía del terreno de la medicina, la atracción de Álvaro hacia Beatriz puede explicarse en parte como una de esas irracionales reacciones psicológicas que se llaman de simpatía, por las que una persona sana, íntimamente asociada con otra enferma, empieza a manifestar los mismos síntomas físicos. Nos referimos a esto más arriba, pero quedan algunos ejemplos que ayudarán a aclarar la estrechísima identificación que se da entre los amantes.

Se dan convulsiones en ambos personajes. En el capítulo II, «Doña Beatriz rodeó la cámara con unos ojos vagarosos y terribles, como si padeciese una violenta *convulsión*» (p. 87); y en el capítulo XVI, aparece lo siguiente: «Entonces fue cuando los miembros de doña Beatriz comenzaron a temblar con una *convulsión* dolorosa que, por último, la privó del sentido» (p. 187). En Álvaro se produce la inclinación a la convulsión o extremo nerviosismo, cuando la moribunda Beatriz le regala como último recuerdo la cartera verde en la que ha realizado sus ejercicios literarios, y él reconoce en el mismo momento toda la irreversible gravedad de la enfermedad de su amada. «Don Álvaro, trastornado por aquella escena terrible que acababa de levantar el velo de la realidad, guardaba también silencio, apretando *convulsivamente* entre sus manos y contra su corazón la cartera verde» (p. 364). Para la comodidad del lector he escrito la palabra clave en cursiva en cada pasaje. Otro día se unen el dolorido galán y la marchita dama por una reacción simpática de tipo diferente pero no menos interesante: «Don Álvaro, clavados casi siempre sus ojos en los suyos, parecía respirar con la misma congoja y ahogo que si su pecho estuviese atacado de la misma enfermedad» (p. 369).

Tal simpatía patológica se producirá más fácilmente entre personas frágiles que se encuentren en situación vulnerable, y así se describe a ambos protagonistas desde el inicio de su crónica. «Por una rara coincidencia a la manera que el apellido Ossorio pendía de la frágil existencia de una mujer, el de Yáñez estaba vinculado

15 *Ibíd.*, p. 172.

16 Aulus Cornelius Celsus, *De medicina libri octo*, ex recensione Leonardi Targae, Edimburgo, Abernathy & Walker, 1815, pp. 111-112.

en la de un solo hombre no menos frágil y deleznable en aquellos tiempos de desdicha y turbulencias» (p. 79), esto es, en los primeros años del siglo XIV. Sobre Álvaro se apunta en otra página: «Su índole natural era dulce y templada» (p. 157). Afrontando un momento de crisis, Beatriz resume así su situación: «Mi prueba ha sido muy dura, y yo me he quebrado en ella como frágil vasija de barro» (p. 303). Tal unión por la fragilidad —o llamémosla sensibilidad, porque estamos en plena época romántica— no sólo es un motivo de la reacción simpática de Álvaro, sino que lo es también de ese aun más fundamental afecto que enlaza sus dos almas para siempre.

No he dudado en usar la voz *sensibilidad*, pues también Beatriz y Álvaro nacieron poetas, y su desesperada suerte los lleva a acrisolar su talento común; con lo cual acceden a otro mundo no sólo más halagüeño sino en cierto sentido para ellos más real. Gil describe la actividad literaria de Beatriz: «A veces tomaba la pluma y de ella fluía un raudal de poesía apasionada y dolorida, pero benéfica y suave como su carácter, ora en versos llenos de candor y de gracia, ora en trozos de prosa armoniosa también y delicada. Todos estos destellos de su fantasía, todos estos ayes de su corazón, los recogía en una especie de libro de memoria, forrado de seda verde» (p. 298). En cambio, la condición de poeta de Álvaro se nos revela ya por sus propios parlamentos, ya por los de Beatriz, o ya por la exposición terciopersonal del narrador. Por ejemplo, ¿hay cualquier lector que no reconozca en seguida la procedencia de los giros estilísticos aprovechados en el pasaje siguiente?

> Tal era el estado de las cosas, cuando don Álvaro, con el corazón traspasado y partido, salió para no volver de Arganza y de aquellos sitios, *dulces y halagüeños cuando Dios quería, tristes* ya y poblados de *amargos recuerdos.* (p. 233).

He escrito en letra bastardilla las palabras que el lector ya habrá identificado como inspiradas en el primer cuarteto y el segundo terceto del famoso soneto X de Garcilaso:

> ¡Oh dulces prendas por mi mal halladas,
> *dulces y alegres cuando Dios quería.*
> ....
> .... porque deseastes
> verme morir entre *memorias tristes*[17].

También descubre Gil símbolos útiles para la caracterización de Álvaro, poeta a la par que caballero, en el soneto V de Garcilaso, concretamente, en sus tres primeros versos: «Escrito está en mi alma vuestro gesto / y cuanto yo escribir de vos deseo: / vos sola lo escribistes; yo lo leo»[18]. Es Beatriz esta vez quien pronuncia las palabras, pero el referente es lo que está o debe estar en el alma de Álvaro como efecto del constante coloquio entre sus espíritus, fuera de que ya por el ejemplo anterior se estableció el estilo garcilasiano como emblema literario del caballero de

[17] Garcilaso de la Vega, *Obra poética*, ed. cit., p. 25.

[18] *Ibíd.*, p. 17.

Bembibre. Pensando en su pronta partida de este mundo, Beatriz le dirige a Álvaro la triste reflexión que sigue: «¡Pensad que mis palabras llegan a vos del país de las sombras y que no soy yo la que tenéis delante, sino *mi imagen pintada en vuestra memoria*!» (p. 360; la cursiva es mía). En otro momento, Beatriz increpa ligeramente a su adorador, diciéndole: «¡vos no habéis leído en mi alma!» (pp. 363-364). Momentos antes de fallecer, la cabeza apoyada en el hombro de su caballero, Beatriz le dice: «Leyendo estoy en ese corazón hidalgo como en un libro abierto» (p. 380). En la primera mitad del siglo XIX (entre 1804 y 1830), se publicaron ocho ediciones nuevas de la poesía de Garcilaso[19]. Acaso manejara Gil la que tengo delante al escribir esto, la cual es de los sucesores del célebre impresor ilustrado D. Antonio de Sancha: *Obras de Garcilaso de la Vega*, Librería de Sancha, Madrid, 1821, 213 páginas, en dozavo, encuadernación del editor, a la holandesa, con dorados muy finos, que figuran una lira entre flores.

Don Álvaro Yáñez es Garcilaso de la Vega redivivo, y doña Beatriz es asimismo poeta de tipo renacentista, ya veremos de qué escuela. Se entiende así que se haya producido entre ellos una comunicación sin palabras, entre alma y alma, a lo Petrarca, Boscán y Garcilaso. Por la debilidad de la tísica, su anciano médico le recetó que hablara lo menos posible. «De esta suerte, reducidos los amantes al lenguaje de los ojos, las almas, que aparecían salirse por ellos, volaban una al encuentro de otra como si quisieran confundirse en el mismo rayo de luz que para comunicarse les servía» (p. 370). (Más abajo veremos que otro rayo de luz sirve para la comunicación de Beatriz con otra esfera más alta.) Nadie mejor que Álvaro expresa la unidad que enlaza las almas de héroe y heroína, porque es como si no existiera entre ellos sino una sola alma compartida: «unos han sido nuestros sentimientos —dice—, una nuestra vida; ¡pluguiese al cielo que la muerte nos igualase del mismo modo» (p. 381). La ardiente y romántica voluntad que Álvaro expresa al final de este trozo, su deseo de compartirlo todo con su amada, incluso el momento de la muerte, recuerda a la vez su reacción simpática ante las enfermedades de Beatriz.

Desde el comienzo se manifiesta en Beatriz una marcada inclinación al misticismo, que se atiza por la debilidad física, el desapego del mundo y el delirio que son habituales en los tuberculosos. Es más: un amor como el de Álvaro y Beatriz conduce al mismo efecto: «Un amor inocente y puro acrisola el alma que le recibe, y por su abnegación insensiblemente llega a eslabonarse con aquellos sublimes sentimientos religiosos que en su esencia no son sino amor limpio del polvo y fragilidades de la tierra» (p. 117). Tampoco se extrañará el lector de que en sus apasionadas plegarias Beatriz confunda la persona de Álvaro con la del Señor, ni de que se unan para ella en la belleza natural símbolo religioso y refugio poético. Se afirma la tendencia mística de Beatriz ya en el capítulo VIII. Se acerca su enlace matrimonial con el conde de Lemus, y su padre la tiene encerrada en el convento para apartarla de Álvaro. La cuitada doncella busca el consuelo paseándose por los terrenos de esa santa casa: «su corazón llagado se entregaba con inefable placer a

19 Antonio Gallego Morell, *Garcilaso de la Vega y sus comentaristas. Obras completas del poeta, acompañadas de los textos íntegros de los comentarios de El Brocense, Fernando de Herrera, Tamayo de Vargas y Azara*, Granada, Facultad de Letras, 1966, p. 672.

aquellos indefinibles goces del espíritu que ofrece el espectáculo de una naturaleza frondosa y apacible. Su alma se fortificaba [...] ahondando raíces a manera de un *árbol místico* en el campo del *destierro*, y levantando sus ramas marchitas en busca del rocío bienhechor de los cielos» (pp. 123-24). Las palabras señaladas con bastardilla, junto con las imágenes presentes en este pasaje, muestran la completa asociación, en la protagonista, entre devoción religiosa, cosmovisión poética, ansiedad de la separación y escapismo de amante contrariada. *Destierro*, por ejemplo, es el desabrimiento y acedia del místico que no logra unirse con la divinidad, es la sensación característica del mal psicológico que padece Beatriz, y es la situación física en que ella se encuentra en ese momento.

Delirante en una de sus primeras enfermedades, Beatriz empieza a soñar con unas bodas no terrenales, al parecer de monja, y se apostrofa a sí misma en estos términos: «¡Alma cristiana, prepara tu ropa de boda y ve a encontrar tu celestial esposo!» (p. 168). Beatriz tiene, en fin, las apariencias de estar escogida para esposa de Jesucristo: «su hermosura misma, aunque ajada por la mano del dolor, parecía desprenderse de sus atractivos terrenos para adornarse con galas puramente místicas y espirituales» (p. 188). Esto se apunta en la misma página donde consta la primera convulsión de la heredera de Arganza, sugiriéndose así de nuevo el enlace entre sus dos dolencias. Como suele suceder, la ascética —apartamiento de lo mundano— se asocia a la mística, y en el caso de Beatriz también parece consecuencia de su ansiedad de separación. Habiéndose convalecido de uno de los acometimientos de su tisis, tuvo la siguiente experiencia iluminadora, que a la larga tendría que llevar a un *contemptus mundi* ascético: «No parecía sino que en el borde de la eternidad, al cual estuvo asomada [Beatriz], su alma se había iniciado en los misterios de la nada, que forma las entrañas de las cosas terrenas» (p. 185).

Beatriz no vivía en este odioso mundo de la nada sino en un sentido puramente físico: «¿Qué podían importarle vanas atenciones, ni respetos, cuando sus pensamientos pertenecían a otro mundo y sólo para descansar alguna vez de su incesante vuelo se posaban por instantes en la tierra?» (p. 254). Es hora ya de mirar la hoja más importante de la cartera verde de doña Beatriz. En ella se aúnan el vuelo de sus pensamientos hacia otro mundo y sus momentáneos descansos en la tierra; pues el tema es Álvaro y su vuelta de Roma, con la dispensa del Papa, pero el estilo pertenece a otro mundo que el lector reconocerá en seguida:

> Al cabo volverá, sí, volverá, no hay que dudarlo; ¿para qué se había de ataviar tan pomposamente la naturaleza con todas las galas de la primavera, sino para recibir a mi *esposo*? ¡*Bellas son estas arboledas* mecidas por el viento, bellas estas montañas vestidas de verdura, puras y olorosas sus *flores silvestres,* y músico y cadencioso el rumor de sus manantiales y arroyuelos, pero, al cabo, son galas del mundo, y yo tengo un cielo dentro de mi corazón! *Yo saldré a buscarle con mi laúd en la mano,* con mi cabeza *cubierta del rocío de la noche* y como la esposa de los Cantares, preguntaré a todos los caminantes: *«¿En dónde está mi bien amado?»* ¡Ah, yo estoy loca!, tanta alegría debiera matarme, y sin embargo, la vida vuelve a mi corazón a torrentes, y me parece que la planta del *cervatillo* de las montañas sería menos veloz que la mía! Él me ponderaba de hermosa ..., ¿qué será ahora cuando vea en mis ojos *un rayo de sol de la ventura,* y en mi talle la gallardía de una *azucena,* vivificada por una lluvia bienhechora? ¡Oh, Dios mío, Dios mío!, ¡para tamaña felicidad, escaso pago son tantas horas de soledad y de lágrimas! Si un paraíso había de ser el lugar de mi descanso, pocos eran los abrojos de que habéis sembrado mi camino! (pp. 367-68).

De Navarro Villoslada, *Doña Urraca de Castilla,* Madrid, Gaspar y Roig, 1849.

Aun cuando la delirante no declarase la fuente de su inspiración, el lector la reconocería en seguida por el estilo. No hace falta un análisis textual comparativo cuando la fuente es tan conocida, pero he marcado los detalles más directamente tomados del Cantar de los Cantares. Para quien quiera hacer tal confrontación de textos por su cuenta, la versión castellana del Cantar de Cantares más idónea para ello es la hermosa de fray Luis de León. El personaje Beatriz como escritora se sitúa, por tanto, en la tradición literaria de San Juan de la Cruz y Sor Gregoria Francisca de Santa Teresa, imitadores españoles anteriores del Cantar de los Cantares, el primero en su *Cántico espiritual*, y la segunda en su *Coloquio espiritual*.

Pero también entra en la confección del polivalente simbolismo de Beatriz el Nuevo Testamento. Un día, cerca del desenlace de su mortal dolencia, Beatriz sorprende a Álvaro y el abad don Alonso por el tono festivo con que pide su vestido blanco para salir de paseo; y la visión de la naturaleza que se le brinda a Beatriz durante ese paseo está influida por dos pasajes del Santo Evangelio según San Juan: «El lago, iluminado por aquella luz tibia, tornasolada y fugaz, y enclavado en medio de aquel paisaje tan vago y melancólico, más que otra cosa parecía un camino anchuroso, encantado, místico y resplandeciente que en derechura guiaba a aquel cielo que tan claro se veía allá en su término» (p. 371). Jesucristo habla en los dos pasajes bíblicos que le sirvieron a Beatriz de modelos: «Yo soy la luz del mundo: el que me sigue, no andará en tinieblas, mas tendrá la lumbre de la vida» (San Juan, cap. VIII, v.º 12); «Yo soy el camino, y la verdad, y la vida: nadie viene al Padre, sino por mí» (San Juan, cap. XIV, v.º 6).

Ahora queda claro todo el sentido del ya citado pasaje sobre «el gérmen de melancolía producido por aquel deseo innato de lo que no tiene fin». Por un lado, se trata de una manifestación más de esa muy romántica sed de lo infinito —una forma de misticismo literario—; mas, por otro lado, tales líneas se prestan a la vez a una interpretación cristiana y mística en la acepción habitual de la palabra: es una sed de Dios, tal como la puede sentir una malparada doncella romántica, dotada de un talento para la poesía. En el momento representado por el pasaje que hemos vuelto a citar, Beatriz logra un éxtasis que es al mismo tiempo literario y religioso.

«Si vuestros ojos estuviesen alumbrados como los míos por un rayo de la divina luz —le dice más abajo a Álvaro la moribunda Beatriz—, seguro es que las lágrimas se secarían en ellos o que las que corriesen serían de agradecimiento» (p. 380). Estar iluminada Beatriz por un rayo de la luz divina, esto es lo mismo que decir que se halla en plena vía iluminativa. Antes, gracias a las numerosas tribulaciones y pruebas que quedan documentadas en el presente trabajo, la heredera de Arganza pasó por la vía purgativa. En su cosmos romántico ficticio, con el correspondiente simulacro del Dios cristiano, parece que la protagonista de Gil ha llegado asimismo a la vía unitiva. Mas, en cualquier caso, no debería olvidarse que Beatriz ha sido llevada a tal iluminación, lo mismo que al descubrimiento de símbolos místicos en la naturaleza, por sus graves enfermedades y por la imposibilidad del amor humano en la malaventurada existencia que le deparó el destino. Beatriz es poeta porque es una romántica enferma (recordemos a Cabanyes, Gil, Sáinz-Pardo y Pagés), y es poeta porque es mística (recuérdense los ejemplos de Santa Teresa y San Juan). En las motivaciones de su expresión poética quedan resumidos los determinantes de su mal lograda vida y lo fugaz de sus vislumbres de la felicidad en la tierra.

En fin: en este libro tenemos las reflexiones ya petrarquistas, ya místicas, de Garcilaso de la Vega y una doliente esposa de Jesucristo sobre una posible pero rechazada situación de novela romántica. Desde el punto de vista del autor, del crítico y del lector, *El señor de Bembibre* es una historia clínica literarizada. Desde el punto de vista de Beatriz y Álvaro, son confesiones o exteriorizaciones de penas suyas vertidas en formas poéticas clásicas. Beatriz hace sus versos y su prosa poética; y por una serie de alusiones contenidas en el texto, especialmente en la Conclusión (pp. 386-92), parece que el conjunto de tan poética crónica puede haberse sacado de unas memorias que redactó el adolorido Álvaro. Mas, para concluir, quisiera llamar la atención sobre un detalle irónico —broma amarga— de los documentos en *El señor de Bembibre*, en el que nadie se ha fijado, pero en el que se cifra el dejo agridulce único de esta narración. En la historia de nuestros desgraciados amantes, hay dos carteras verdes: una en la que Beatriz escribe su poesía, y otra en la que el Papa manda su dispensa para que se casen el antiguo templario y la tísica desahuciada. La cartera verde del padre espiritual dice *sí* a la carne; la cartera verde de la mujer de carne y hueso, en cambio, dice *no* a la carne. Son dos «luces verdes» sin efecto.

XI

CABALLERO Y CABALLERO A LO DIVINO EN *DOÑA BLANCA DE NAVARRA*, DE NAVARRO VILLOSLADA

LUTARCO TIENE *VIDAS PARALELAS* de numerosas parejas de hombres; Francisco Navarro Villoslada (1818-1895) hace vidas paralelas de un solo hombre en su admirable novela *Doña Blanca de Navarra* (1847): una vida de caballero, otra de caballero a lo divino; una historia de iluminación amorosa, otra de iluminación religiosa; que envuelven sendas evoluciones psicológicas, una en contexto humano, otra en contexto espiritual. Una de estas evoluciones se realiza en la primera parte de la novela, la otra en la segunda parte; por lo cual importa saber algo de la configuración de las dos partes y de la ilación existente entre ellas. Dejemos que el mismo autor nos explique esto.

1. CASI DOS NOVELAS DISTINTAS

En el Prólogo a la cuarta edición (1849) de *Doña Blanca*, el autor distingue así entre las dos partes, designándolas con sus respectivos títulos: «*La princesa de Viana* y *Quince días de reinado* son en verdad dos novelas distintas; pero entrambas se concibieron al mismo tiempo; y si el interés queda cuasi del todo satisfecho en la primera, el pensamiento moral no se desarrolla ni se completa hasta la segunda»[1]. Sí y no, habría que contestar al aserto de que sean novelas distintas. La primera, que originalmente se publicó en *El Siglo Pintoresco*, sin ninguna intención de la parte del autor de proseguirla, puede considerarse como una obra independiente en sí, aunque no muy profunda. La segunda no resistiría a la lectura independiente, no por ser inferior, sino por depender de la primera.

En la primera parte, predomina la acción, o sea el «interés», según dice Navarro Villoslada. (Con esta voz se solía aludir al efecto que la complicación del argumento o el conflicto entre los personajes le producía al espectador o lector. Se hablaba, por ejemplo, del «interés dramático».) Mas esto no excluye la psicología del todo. En efecto: Villoslada reconoce que el desenvolvimiento de lo «moral» ha empezado en la primera parte al observar que no se completa hasta la segunda.

[1] Francisco Navarro Villoslada, *Doña Blanca de Navarra. Crónica del siglo XV*, cuarta edición, Madrid, Imprenta y Librería de Gaspar y Roig, 1849, pp. [7-8].

Entre las acepciones de *moral*, figuran las de «didáctico», «psicológico» y «religioso», y las tres pueden aplicarse a *Quince días de reinado*, muy en particular al protagonista Jimeno. Prevalece lo moral y espiritual en la segunda parte. Mas esto no excluye en absoluto el interés argumental, según indica el novelista al observar que en la primera parte tal interés «queda casi del todo satisfecho», quiere decirse, no totalmente satisfecho.

Ello es que los elementos de las dos partes engranan entre sí en la forma más ingeniosa, revelando una trabazón poco común en la novela larga, compuesta de diversas partes. Veamos los reflejos que se dan en cada parte de la otra. Esto nos servirá a la vez como anticipo del análisis que vamos a realizar sobre el carácter del héroe, Jimeno. Hemos dicho que en *Quince días de reinado* Jimeno sufre una iluminación religiosa. Pues bien, ya en *La princesa de Viana*, se le compara con una figura bíblica: «El Goliat de la montaña quedó vencido por el David de la ribera»[2], siendo el primero un capitán de bandidos a quien Jimeno vence y reemplaza. Parece significativo asimismo el título del capítulo III de la primera parte: «De cómo Jimeno imitó a Davíd» (p. 23). Concretamente, esto representa un anticipo del episodio de la segunda parte en el que Jimeno le besa la mano a un agote y le regala su gabán de pieles (pp. 170-171). Desde *Las mocedades del Cid*, de Guillen de Castro, la historia del Rodrigo joven se venía interpretando como una versión española de la de David, y ya en esa obra el Cid–David hace objeto a un leproso de las mismas dos atenciones, como demostración de humildad religiosa. David es una prefiguración de Jesucristo, quien come con Simón el Leproso (San Mateo, XXVI, 6; San Marcos, XIV, 3), y tanto en Navarro Villoslada como en Guillén de Castro los indicados pormenores presagian iluminaciones espirituales del personaje central[3].

Hacia el final de la primera parte, el gran amor de Jimeno, la princesa heredera doña Blanca, vive todavía, pero está en manos de sus enemigos, y con este motivo el protagonista le confía reflexivo a su vieja amiga y antigua novia Inés: «Acabo de perder la mujer que adoraba, el amigo en quien creía; pero si encuentro en ti una hermana y en Raquel una madre, ya no será tan horrible el vacío de mi corazón. En esto sólo se cifran mis deseos; aquí mueren ya mis esperanzas» (p. 124)[4]. Tal vacío del corazón es un preludio, aun antes de la muerte de Blanca, de la enorme crisis o vacío vital absoluto que Jimeno va a sufrir a lo largo de toda la segunda parte y que veremos ilustrado por numerosos pasajes que habrán de citarse posteriormente.

No menos claras resultan las remembranzas unificativas de la primera parte en la segunda. Al recibir por equivocación cierto mensaje, Jimeno recuerda con nostalgia haber sido en otro tiempo caballero enamorado, que servía a su dama, como en los libros de caballerías, pues vivía Blanca y la rescataba entonces de peligros: «*Vuela a salvar a tu amada. Traición, incendio en su palacio. ¡Ay de ella si llegas*

[2] Francisco Navarro Villoslada, *Doña Blanca de Navarra*, La Novela Histórica Española, 4, Madrid, Tebas (Ediciones Giner), 1975, p. 30. En adelante citaré la novela siempre por esta edición, dando simplemente el número de la página entre paréntesis, en el texto.

[3] Véase mi ya citado artículo «Un David español, o "galán divino": el Cid contrarreformista de Guillén de Castro».

[4] El amigo perdido es don Gastón de Fox, hijo de Leonor, condesa de Fox y después reina usurpadora de Navarra; Raquel es una anciana judía, que pasa por ser tía del presunto judío converso Simón-Jimeno.

tarde. —Para mí no es esto!... ¡para mí no hay amadas que salvar! La mía nada tiene que temer!...—. Y diciendo estas palabras sacó también su mano [...] para enjugar una lágrima» (p. 196)[5].

En la segunda parte, se comparan las hazañas del desilusionado Jimeno con las de Hércules y el Cid: «El hombre en quien se acumulaban tantas hazañas y prodigios [...] recogía todas las coronas esparcidas aquel día, como Hércules recogió todas las proezas de los primitivos tiempos de la Grecia; como el Cid todas las glorias del siglo XI en Castilla» (p. 245), lo cual recuerda otra comparación en la primera parte, la cual se refiere a esos estimulantes momentos cuando nuestro héroe no había perdido aún sus ilusiones: «[Era] Jimeno como los héroes de Homero y como todos los guerreros que más próximos están a la naturaleza [y] no comprenden esos combates sin odio, esas luchas acompasadas y frías en que ahora se ven envueltos millares de hombres» (p. 45). Y por el ya citado eco de este pasaje que hay en la segunda parte —paráfrasis culta seguramente de la fama de que gozaba nuestro héroe con el pueblo— se descubre que es famosa ya, mítica, la valentía de Jimeno, «porque la imaginación popular —comenta el autor— es la que [...] crea los mitos» (p. 245).

El más original, empero, de estos engranajes entre las dos partes es el hecho de que se reencarna la Blanca muerta en Catalina de Beaumont y el Jimeno joven y esperanzado en Felipe de Navarra. Así tenemos siempre delante, en la segunda parte, el vivo recuerdo de lo que fue. Jimeno ve como en espectáculo de linterna mágica la imagen de sus perdidos amores; y ver estas sombras de Blanca viva y joven y de sí mismo joven y lleno de ilusiones le espolea para que se dedique con ahinco a su misión de venganza contra doña Leonor, la reina usurpadora de Navarra y asesina de su media hermana Blanca. Tales enlaces entre las partes primera y segunda son por lo visto el resultado de las correcciones leves que Villoslada pensaba hacer en la segunda edición, pero que acabaron por ser considerables. «A las primeras páginas [el autor] conoció que tenía que corregir, no sólo el estilo, sino el plan de la novela; y muy desde el principio introdujo en ella nuevos personajes, formó nuevos capítulos, desechó muchos de los antiguos, y sobre el mismo fondo histórico de la obra formó otra nueva, que es la que hoy presenta con el título de *Doña Blanca de Navarra*»[6].

2. DE CRISTIANO NUEVO A CABALLERO

Jimeno, que usaba antes el nombre judío Simón, es en realidad el príncipe bastardo Alfonso de Nápoles, mas él no lo sabe. Cree ser de categoría social muy humilde, huérfano y cristiano nuevo, bautizado con el nombre Jimeno; y así su primera nobleza le viene de otro modo que por el nacimiento. Se encarna en él un logos, un nuevo ideal de vida, por su contacto con la heredera del trono de

5 Nótese que Jimeno, como todos los poetas y personajes románticos ante momentos máximos de sus existencias, derrama una sola lágrima. Véase Russell P. Sebold, «"Una lágrima, pero una lágrima sola": Sobre el llanto romántico», *Ínsula*, núms. 380-381 (julio-agosto 1978), pp. 8-9; recogido en Sebold, *Trayectoria del romanticismo español*, pp. 185-194.

6 Prólogo de la ya citada edición cuarta de 1849, p. [7]. Son palabras del Prólogo de la segunda edición, que se hallan citadas al inicio del de la cuarta edición.

Navarra, doña Blanca, quien por evitar caer en manos de sus enemigos anda disfrazada como campesina con el nombre Jimena[7]. Jimeno, como Usdróbal en *Sancho Saldaña o el castellano de Cuéllar* (1834), de Espronceda, se ennoblece y se arma caballero por el amor. Y como la mayoría de los personajes auténticamente novelísticos, su nueva inspiración vital le complica en tal forma la existencia, que lleva a la destrucción de todo cuanto él ama y venera. Cuando el Jimeno enamorado habla de Jimena–Blanca, sus palabras parecen eco de las de Usdróbal.

En el umbral del capítulo II, el inspirado Jimeno jura: «—Es preciso salvarla, es preciso vivir para derramar por ella hasta mi última gota de sangre—. [...] y en su fisonomía, dulce y tímida anteriormente, aparecieron rasgos de valor, de audacia y de energía que dieron nueva expresión y nueva hermosura a su semblante» (p. 14). En *Sancho Saldaña*, el ya mencionado personaje Usdróbal tampoco es noble, aunque lo parece, y así la judía, disfrazada de mora, Zoraida promete ayudarle en su intento de rescatar a la noble dama de sus pensamientos, doña Leonor de Íscar, de su cautiverio en el castillo del cruel Saldaña, «siempre que me deis vuestra palabra de caballero, pues sin duda lo sois, visto vuestro proceder generoso»[8]. Se porta ya Jimeno «con una superioridad y una firmeza de que nadie le hubiera creído capaz» (p. 15). La anciana judía Raquel, tía adoptiva de tan galante huérfano, apenas le reconocía ya: «La vieja le miraba con asombro, y apenas podía creer que tenía delante al *humilde* judío de antaño» (p. 16). Cuando fue Jimeno a buscar a Blanca, «esta misma *arrogancia* debió servirle para que los centinelas, pajes y escuderos, por un movimiento instintivo, le abriesen de par en par las puertas del alcázar» (*loc. cit.*). Nótese el contraste entre los términos que he escrito en bastardilla en las dos últimas citas; pues ahí, en miniatura, tenemos toda la evolución que ha sufrido el carácter del ya ennoblecido Jimeno. Su misma presencia respiraba nobleza; única explicación posible del deseo de los centinelas de complacerle.

Inés es quien arma caballero a Jimeno: «Si no sois caballero por la cuna —le dice—, lo sois por vuestras virtudes» (p. 34). En *Sancho Saldaña*, Zoraida le dice a Usdróbal palabras muy semejantes, y es irónico quizá que en ninguna de las dos novelas sea la dama del esforzado joven quien le diga las palabras que confirman el logro de su aspiración. Pero esto posiblemente dote de valor más objetivo a la nueva distinción. Y así hay que dar cierta importancia a las siguientes palabras de la madrina del nuevo caballero: «he visto transparentarse en vuestra fisonomía, en vuestras acciones y palabras, un alma noble, un corazón magnánimo» (p. 36). Una pregunta retórica en boca de Jimeno es la primera autoconfirmación que tenemos de su conciencia de su nueva identidad moral y social. Alude a la vieja Raquel, su tía adoptiva: «¿Quién es esa anciana cuyo corazón le dice, como a mí el mío, que he nacido para grandes cosas?» (p. 39). En fin, era menester tomar en serio los «nuevos sentimientos de orgullo y de ambición» que súbitamente se habían despertado en su pecho, y tampoco se debía olvidar que «aquel hombre tenía ya el corazón de hierro, inflexible, audaz» (p. 40). Pues Jimeno acepta la opinión de su anciana tía adoptiva: «Raquel —dice— es un oráculo... yo he nacido para grandes cosas» (p. 41).

7 Sobre la metamorfosis de personajes genéricos en personajes individualizados gracias a la encarnacion en ellos de una nueva inspiración, como si fuera un logos o nuevo espíritu santo personal, véase el ya citado ensayo de Américo Castro, «Incarnation in *Don Quixote*». Consúltense a la vez los capítulos V y VI del presente libro, donde la misma especie de encarnación se estudia en las novelas de Larra y Espronceda.

8 Espronceda, *Sancho Saldaña*, ed. cit., t. I., p. 304.

De Navarro Villoslada, *Doña Blanca de Navarra,* Madrid, Gaspar y Roig, 1849.

Ahora bien, la relación de Jimeno recién armado caballero con la dama de sus pensamientos se representa como una iluminación: «Yo te amo y te amé desde el primer instante que te vieron mis ojos —le confiesa a Blanca—. Este amor, como si fuese un rayo celestial, *iluminó* mi entendimiento, abrió a la fe los ojos de mi alma, y para identificarme contigo, quise que nuestras oraciones fuesen dirigidas a un mismo Dios» (p. 57). Nótese la sutileza con que se explica aquí la vía que llevará a la iluminación religiosa, pero que empieza por la *identificación* anímica con una persona amada a nivel puramente humano. En este momento de la trayectoria novelística de Jimeno, *iluminación* representa una aproximación al amor humano (aunque sea a través de una fe compartida); después *iluminación* significará la resignación a la voluntad divina. En los parlamentos de Blanca y Jimeno a lo largo de las próximas ochenta páginas se reconfirman conjuntamente la identificación–iluminación de sus almas y la nueva nobleza del nuevo caballero Jimeno. «¡La nobleza de tu alma —le dice la princesa navarra a su amante— suple con creces la que pueda faltarle por tu cuna!» (p. 58). Gracias a la misma clase de nobleza nueva el personaje Raquel de la tragedia neoclásica de Vicente García de la Huerta pudo compensar su falta de «antigua y esclarecida prosapia»[9] y convertirse en auténtica heroína trágica. «No hay calidad sino el merecimiento —dice Raquel—: / la virtud solamente es la nobleza»[10]. Jimeno, por su parte, dirige estas nobles expresiones a su ilustre dama y logos: «Me siento con ánimo y valor para defenderos contra el universo mundo» (p. 105). Y algún tiempo después, cautiva, nostálgica y desesperada, Blanca rememora esa nobleza de ánimo de Jimeno: «Un mozo de condición humilde y de corazón elevado me amó [...]. Le amé también» (p. 136).

El lector medio que no es noble pero siente la poesía de la nobleza, simpatiza más con el aspirante a la nobleza que con el que nace noble; y desde este punto de vista, parece altamente significativo que los papeles que prueban el ilustre nacimiento de Jimeno como hijo natural de rey se quemen dos veces: fingidamente al final de la primera parte, y de hecho al final de la segunda. Tanta insistencia en esta pérdida queda claro que es de sentido irónico. Pues la nobleza que dan los papeles es una cosa pobre y pálida comparada con la que dan el amor y la aspiración; y teniendo esta última nobleza, Jimeno no necesitó de aquella otra para nada.

3. De caballero a caballero a lo divino

En la época de la Contrarreforma, con el objeto de dismeninar sanas doctrinas cristianas, se reescribieron a lo divino varias obras humanas que gozaban entonces de gran éxito entre los lectores españoles; y así salieron a luz la *Glosa famosa sobre las Coplas de Jorge Manrique* (1561), del protonotario Luis Pérez, *Las obras de Boscán y Garcilaso trasladadas en materias cristianas y religiosas* (1575), de Sebastián de Córdoba, y la *Clara Diana a lo divino* (1582), obra del cisterciense Bartolomé Ponce, donde se exorna la novela pastoril de Jorge de Montemayor con una buena

9 *El arte poética de Aristóteles*, ed. cit., p. 37.

10 Vicente García de la Huerta, *Raquel*, ed. cit., p. 148. Sobre Raquel como heroína trágica, véase Russell P. Sebold, «Neoclasicismo y creación en la *Raquel* de García de la Huerta», en *El rapto de la mente*, 1.ª ed., pp. 235-254; 2.ª ed., pp. 303-318.

dosis de doctrina católica. La ya mencionada obra de Guillén de Castro, del segundo decenio del siglo XVII, representa todavía la misma clase de revalorización de la literatura profana desde el punto de vista de la acerada fe contrarreformista.

En *Doña Blanca de Navarra* sucede algo semejante. Al dotar a sus *Leyendas* fantásticas de mensajes cristianos, Zorrilla discrepa de modo rotundo de la visión del mundo habitual en la literatura fantástica internacional, que trae sus orígenes de la filosofía materialista de la Ilustración. Por las novelas de Galdós desfilan numerosos nuevos Cristos, santos y mártires, estudiados en el libro *El simbolismo religioso en las novelas de Pérez Galdós* (Gredos, 1962), de Gustavo Correa. Mas en ninguna de estas obras es cuestión ya de esa férrea y militante fe ascética de los misioneros de la Contrarreforma que no perdonaban el más leve asomo de la duda; ni podía serlo ya, aun en las obras de literatos conservadores, como Villoslada y Zorrilla, porque se había atravesado una centuria de descreimiento ilustrado, y en la literatura lo mismo que en la sociedad del ochocientos las formas viejas habían cedido a miles de presiones, no pocas veces más fuertes cuando más sutiles. Las flagelaciones y los cilicios de los tétricos ascetas se aprovecharían ya como meros recursos literarios para el logro de efectos de ambientación y caracterización que escritores de distintos grados de ortodoxia buscarían en medio del entorno positivista decimonónico. Mas, antes de hablar de la escritura a lo divino en *Doña Blanca de Navarra*, nos queda alguna otra cuestión preliminar por despachar.

Primero: ¿cuál es la relación entre los diferentes conceptos del héroe que se acusan en las dos partes de la novela y cómo se refleja la transición entre ellos en la estructura narrativa de la obra? Queda dicho que se hace más hincapié en la psicología en la segunda parte que en la primera, y la estructura del conjunto se adapta a ese nuevo interés. En realidad, en cuanto narración de acciones y episodios, la segunda parte no empieza hasta unas ciento treinta páginas después del comienzo de su texto; y en el momento de renovarse el movimiento narrativo, se encuentra el siguiente comentario del novelista: «Tiempo es ya de referir la historia de Inés y de Jimeno desde el punto mismo en que la dejamos suspendida en la primera parte de esta crónica. [...] El primer grito de Jimeno al ver volar el espíritu de Blanca a las regiones inmortales, fue de venganza [...], aquel sentimiento exclusivo que había de llenar por espacio de quince años el corazón de su amante» (p. 280).

Se ha retardado la marcha de la narración para dejar lugar a la caracterización del deplorable estado de ánimo en que se halla hundido Jimeno después de la muerte de Blanca. En el aludido intervalo de quince años, para distraerse de sus cuitas, Jimeno también ha hecho un profundo estudio de la teología, la filosofía y todas las artes y ciencias. En gran parte, en los primeros capítulos de la segunda parte, durante el indicado intermedio en la narración, se caracteriza a Jimeno para que podamos apreciar la impresión que la trágica, triste y solitaria figura del noble campeón causa a quienes no le conocen y así le observan de modo objetivo. Luego se renueva la narración para que en el crisol de las nuevas complejidades de su vida, Jimeno revele las causas de cierto aire siniestro que proyecta. Pero, por de pronto, veamos el estado de ánimo en que le deja el finamiento de Blanca.

Jimeno oscila entre una autopiedad frágil, egoísta e introspectiva, por un lado, y una misteriosa tendencia satánica, por otro. Con su autopiedad refleja la dolorosa sensación de aislamiento característica de todos los héroes románticos, pero con alguna variante personal. Héroe y víctima, se le podrían aplicar ciertas palabras que Navarro Villoslada escribe sobre el álter ego de Jimeno, don Felipe de Navarra (personaje que aparece principalmente en la segunda parte de la obra): «hacía no sólo el brillante papel de héroe, sino el más modesto, aunque más interesante, de víctima» (p. 255). La autopiedad de la víctima romántica no es sencillamente efecto de su sufrimiento como tal víctima, sino que lo es al mismo tiempo de su goce en serlo, y se dan maravillosos ejemplos de esto en el nuevo Jimeno de la segunda parte, entre ellos esta triste remembranza de Blanca: «—¡Oh! ¡Si ella viviese! —exclamó éste súbitamente, cubriéndose los ojos con la mano para reconcentrar sus pensamientos, sus recuerdos o desvaríos, o para ocultar una lágrima que se deslizó por sus mejillas» (p. 178). Son notables en este trozo dos rasgos de la psicología romántica. *Reconcentrar* los pensamientos tristes es cultivarlos deliberadamente, con el fin, claro está, de disfrutar más en ellos. Forma de goce que los románticos españoles se dedicaron a buscar a partir de las melancólicas y dulces reflexiones del acuitado Tediato en las *Noches lúgubres*, de Cadalso. Tampoco iba Jimeno a derramar más de una sola lágrima, quiero decir, más de una sola lágrima visible, pues el pleno alcance de su dolor no podía apreciarse sino en lo íntimo de su alma[11].

En otra página, la autopiedad del protagonista se combina con el tema de la soledad para lograr su máximo realce romántico. «—¡Ay! —exclamó Jimeno suspirando profundamente—, las heridas del cuerpo poco valen comparadas con las del corazón. [...] Estoy solo en el mundo; nadie me conoce; no tengo un amigo ni una mirada que se fije en mí para sondear el abismo de mi corazón» (p. 273). Ese «abismo de mi corazón» es el característico vacío interior del romántico, el cual se junta con el vacío del cosmos («solo en el mundo») para dar origen al tormento del gran dolor romántico, o *fastidio universal*, según el término de Meléndez Valdés. No sorprende que tan profundo dolor sea observado por los otros personajes, y así el viejo compañero y escudero de Jimeno, Chafarote, llama la atención sobre lo que descuella en su amo: «Lo principal es su tristeza» (p. 274). Es también lo principal su tristeza, porque insiste una y otra vez en el goce que le brinda: «Para satisfacer la irresistible propensión a la ternura y deshaogar su pecho del llanto que le inundaba, [Jimeno] formó instintivamente intención de detenerse en los lugares que más vivamente pudieran recordarle sus malogrados amores» (p. 281). Quiere decirse que elabora su dolor como si fuera un poema[12], y en realidad lo es; porque en el fondo de su alma es un poeta lírico cada escritor y personaje romántico.

[11] Véase mi ya citado artículo «"Una lágrima, pero una lágrima sola": Sobre el llanto romántico».

[12] Don Álvaro Yáñez, el señor de Bembibre, en la novela de Gil y Carrasco, también asocia los lugares, su tristeza y la poesía, imitando alguna vez el estilo de Garcilaso, por ejemplo: «Tal era el estado de las cosas, cuando don Álvaro, con el corazón traspasado y partido, salió para no volver de Arganza y de aquellos sitios, dulces y halagüeños cuando Dios quería y poblados de amargos recuerdos» (Enrique Gil y Carrasco, *El señor de Bembibre*, ed. cit., p. 233). Sobre esto, véase *supra*, nuestro capítulo X.

De Navarro Villoslada, *Doña Blanca de Navarra,* Madrid, Gaspar y Roig, 1849.

En la novela de Espronceda, *Sancho Saldaña o el castellano de Cuéllar*, el satánico protagonista observa que «el hombre más criminal es el que admira más la inocencia»[13]; y lo más característico de la literatura romántica es quizá el hecho de que en ella se reúnen los extremos morales, por lo cual existe en muchos personajes románticos lo que llamo el satanismo del alma inocente o la inocencia del alma satánica. Ahora bien: Jimeno es un espléndido ejemplo de esta curiosa moralidad bifronte. Pues, en medio de su autopiedad, ante cierta situación difícil, se pregunta: «¿Qué sé yo si obedezco a la voz de Dios o a la del diablo?» (p. 156). Y era muy lógico que se propusiera tal interrogante quien tenía «los ojos centellantes y sombríos [...], dulces a un tiempo y rencorosos, anuncios de todas las venganzas, de todas las pasiones generosas, de todos los sacrificios, de todos los misterios» (p. 157). El aparente carácter de quien tiene tales ojos se resume en un solo calificativo cuando Jimeno recibe un mensaje escrito, cuya llegada le disgusta: «No tenía firma el billete, pero no la necesitaba para el caballero, que estrujó el papel en sus manos con una expresión tan *siniestra,* que hubiera infundido *miedo* a quien atentamente le observara» (p. 179; las cursivas son mías).

Tan sólo en la época romántica era posible describir al héroe de una novela en la forma siguiente —y recuérdese que Jimeno acabará siendo figura ejemplar cristiana—: «Hondas y penetrantes eran las miradas del caballero, y en su acento y sonrisa, sarcásticos unas veces, y graves y sinceros otras, había tal mezcla de burla sangrienta y de convicción profunda, y hasta supersticiosa, que difícilmente podemos decir a nuestros lectores qué frases correspondían a cada uno de los diversos papeles que al parecer representaba aquel personaje incomprensible y misterioso» (pp. 187-188). Son significativos también otros dos trozos para la caracterización de esta moralidad híbrida romántica. Dialogaba Jimeno en cierta ocasión con doña Leonor, la reina usurpadora de Navarra, cuando ésta «bajó los ojos al peso de sus remordimientos o de su vergüenza, y el caballero volvió el rostro, haciendo un gesto de horror y desprecio tan terrible quizá como los criminales secretos que estaba escuchando» (p. 190). Y se completa así la singular reacción registrada en la cara del protagonista: «Alfonso [Jimeno] escuchó estas voces sin detenerse, y el que hubiera visto la satánica alegría que brillaba en sus ojos, se habría estremecido aún más que con las amenazas de la princesa» (p. 191).

¿Cómo se explica la existencia en Jimeno de tan opuestos aspectos como la autopiedad y el satanismo? ¿Cuál es la relación entre ellos? ¿Y qué tienen que ver con la iluminación religiosa de Jimeno y su metamorfosis en caballero a lo divino? Pues bien: autopiedad y satanismo parecen ser la cara pública, respectivamente, 1) de una tendencia natural, innata de su alma hacia el bien, y 2) de una fuerte tentación hacia el mal, tentación en realidad ajena al carácter de Jimeno. Mejor dicho: la autopiedad y el satanismo son los síntomas exteriores de la violenta lucha interior de la virtud de Jimeno contra su egoísta voluntad de venganza. Sus propias fuerzas interiores no son capaces de llevarse la victoria en esta batalla psicológica. Ni todos sus estudios de teología y filosofía le sirven de nada en el fragor de ese conflicto. Para saber conducirse debidamente en la empresa del castigo de doña Leonor, Jimeno tendrá que guiarse por la divina Providencia, pero he aquí que durante mucho tiempo su vengativa ceguera le incapacita para entender el mensaje

[13] Espronceda, *Sancho Saldaña*, ed. cit., t. I, p. 123.

de la divina Providencia, que él —para colmo— interpreta mal. Jimeno habría sido vencido, si no hubiera sido objeto de una nueva iluminación. La iluminación del alma de Jimeno que empezó con su amor humano por la cristiana Blanca, la completará la fiel Inés llevándole a una iluminación completamente religiosa. Sigamos ahora paso a paso esta segunda iluminación del espíritu de Simón/Jimeno/Alfonso.

Se caracteriza Jimeno por una predisposición para la reflexión, sin la que no habría sido posible su nueva iluminación. Su inclinación a la meditación —base también de sus estudios— está mencionada ya en la primera parte de la novela. Hablando con Blanca, Jimeno recapacita los cambios que dos años de amor por ella y de desventuras han producido en su espíritu: «Mozo entonces sin experiencia, privado hasta de la facultad de pensar, porque mi alma toda estaba ocupada en sentir, no podía imaginar lo que durante dos mortales años he reflexionado» (p. 58). En el drama de la metamorfosis o conversión del caballero Jimeno en caballero a lo divino, también ha de desempeñar un papel indispensable otro personaje al que apenas hemos aludido hasta ahora, personaje incorpóreo, celeste, la Providencia.

La Providencia parece presentarse con dos caras diferentes. La providencia, de *p* minúscula, por llamarla así, es la primera forma bajo la que se presenta a nuestros ojos. En un momento de mucho peligro, Jimeno exclama: «—¡Ahora, ahora es cuando te necesito, invisible poder que me proteges!» (p. 173). Pero fue sorprendente la respuesta: «No vino una legión, sino tan sólo un hombre», y resulta ser su viejo servidor Chafarote, que ha abrazado la vida de ermitaño. Cuatro páginas más abajo se halla este comentario: «Ya no podía dudarlo [Jimeno]: aquella providencia invisible y misteriosa que nunca le abandonaba no era una bella creación de su fantasía, ni ensueño, ni alucinación, ni delirio; acababa de verla personificada, primero en la penitente [Inés], después en el ermitaño Chafarote» (p. 177). Unas cien páginas después, por vía de comparación el sustantivo que nos interesa aparece con mayúscula, aunque la influencia aludida es aún la humana: «Yo deseo conocer ese brazo —dice Jimeno—, que, semejante al de la Providencia, parece que llega a todas partes» (p. 273). El autor insiste mucho en la aparente ubicuidad de la providencia de *p* minúscula: «dondequiera que etuviese [Jimeno], bajo cualquier disfraz que tomase, siempre un invisible protector le seguía constantemente como su sombra, y se manifestaba enterado de sus planes más ocultos, de sus íntimos pensamientos» (p. 283). Confrontando este pasaje con otro de la página 288, donde está en escena Inés, se revela que es principalmente ésta la persona aludida cuando se trata de la providencia a nivel humano: «¿Qué había de hacer ella sino [...], empapada en el pensamiento y en los afectos de Jimeno, obrar en lo que pudieran tener de cristianos, como si fuera Jimeno mismo?».

Veamos ahora cómo interviene la Providencia divina, de *P* mayúscula, en la acción de la novela. La reina usurpadora Leonor, normalmente indiferente, fría o cruel para con sus prójimos, se ha enamorado, no obstante, de su castigador Jimeno, y su obsesión amorosa parece efecto de una venganza divina: «la Providencia le deparó para su castigo un hombre que pudo al fin inspirarla una pasión» (p. 183). Al herir de muerte en un torneo a don Gastón, hijo de la reina Leonor, Jimeno le dirige las siguientes increpaciones exclamatorias, refiriéndose a la vez a la Providencia con otro nombre: «—¡Yo soy Jimeno!, ¡yo soy el azote de vuestra familia...!, ¡yo soy el vengador de Blanca de Navarra...! He peleado sin conoceros... ¡Ah! tenéis razón: yo no os he dado la muerte, es la divina Justicia, que me ha escogido por instrumento de sus altísimos decretos» (p. 285). La confianza de Jimeno en ser el implemento de la voluntad divina llega a convertirse en una forma de arrogancia que, según ya veremos, casi impide el castigo que Dios le reservaba a Leonor. Los sinsabores y amarguras de la mala conciencia de Leonor —aunque ella nunca manifiesta el más mínimo sentido de la culpabilidad—, junto con su no correspondida pasión por el príncipe bastardo Alfonso, Jimeno, se le van convirtiendo en enfermedad física a la par que moral. La reina busca algún alivio en la conversación de su adorado cortesano, y aunque no lo encuentra, «Jimeno comprendió lo que pasaba en el corazón de aquella mujer, que estaba recibiendo el castigo más atroz, y al mismo tiempo el más sencillo y natural, de manos de la divina Providencia» (p. 360). Son pertinentes asimismo otros dos parlamentos que el príncipe Alfonso dirige a su enemiga. «Yo soy Jimeno, que, arrastrado por la fatalidad, o por la mano de la Providencia, maté sin saberlo, a vuestro hijo don Gastón en el torneo» (p. 387). «¡Leonor! No es la mano del hombre la que os mata: herida estáis por el rayo de la Justicia divina» (p. 399).

El nudo del drama espiritual de Jimeno se ata cuando él, no sólo creyéndose capaz de penetrar intelectualmente los arcanos, los designios y las vías de la Providencia, llega a convencerse de que está señalado por la voluntad divina para ser agente e intérprete, más bien que mero siervo, de la Justicia de Dios. De tal equivocación casi resulta la usurpación criminal; y aquí veremos reaparecer el mismo léxico que en los pasajes en que está descrita la tendencia satánica del carácter de Jimeno. Por tal coincidencia léxica se verá ahora que esa «tendencia» era, en efecto, circunstancial; reacción psicológica que respondía a un errado plan de acción, más bien que a una faceta permanente del carácter del noble paladín. Hace un momento, me refería a la mal fundada arrogancia de Jimeno-Alfonso, que casi convierte en usurpador al castigador de la usurpadora. Lo explica así Navarro Villoslada: Jimeno «formó el plan de venganza, no inspirado ciertamente por los desprecios de Leonor ni por la destrucción de los papeles que le acreditaban como príncipe, sino por el deseo, criminal y hasta sacrílego en el hombre, de usurpar las atribuciones de la divina Providencia [...]. Jimeno, dotado, de grande entendimiento, pero obcecado por las pasiones, creía de buena fe que esto era lícito, que secundaba de este modo los decretos de Dios» (pp. 281-282). Tan mal concebida interpretación parecía corroborada por su ya mencionado vencimiento de Gastón de Fox: «Este suceso confirmó a Jimeno en su criminal propósito, pues le hizo entender que había adivinado, por decirlo así, el pensamiento de la divina Providencia; y pasó muchos años esperando confiadamente en que Dios le llamaría para descargar su brazo sobre el principal autor de aquellos crímenes [Leonor]» (p. 286). «Cuando el hombre tiene la presunción de enmendar los decretos del cielo —le advierte por fin Inés—, todo son yerros, contradicciones y desaciertos; pero cuando lo pone todo en manos de Dios, éste, con poca fatiga, le da su obra completa y terminada» (pp. 376-377).

Villoslada destaca la gravedad de la presunción de Jimeno y su casi usurpación del papel de la Providencia recurriendo a una conocida fábula clásica. De igual modo que Jimeno se nos va a convertir en caballero *a lo divino*, su intento de arrogarse las funciones de la Providencia es también en cierto sentido una refundición *a lo divino* de la historia mitológica de Prometeo. El titán Prometeo subió al cielo y encendió su antorcha en el carro del sol para regalar el fuego al hombre, con lo cual hizo posibles las artes mecánicas. «—Nuevo Prometeo —increpa Inés a Jimeno—, has osado arrancar el rayo celestial de las manos de Dios [...]; desiste, pues, de tu venganza, déjasela a la Providencia, que en manos de la Providencia la venganza se purifica y se convierte en justicia» (p. 375). Jimeno también ha querido robar cierta clase de fuego al cielo. Ha querido hacer encarnar en forma humana toda la luz o sabiduría divina. El hecho de que Jimeno haya hecho profundos estudios científicos y humanísticos también refuerza tal paralelo, pues queda dicho que a Prometeo se le considera padre de la civilización y las artes. Mas Júpiter, airado por el robo del fuego, creó a la primera mujer para castigar a los hombres, de nombre Pandora, quien abrió la célebre caja para que se escapasen y esparciesen por el mundo todos los males. Pues, también en la novela de Villoslada hay una Pandora o sinopsis femenina de todos los males, que por lo menos en su reino ha sido el castigo de los hombres: Leonor, a quien se describe como el mismo «genio del mal», con «negras alas» (p. 378).

Empieza el desenlace del drama espiritual de Jimeno cuando él llega a desconfiar de su interpretación de la Providencia y de su plan de acción. Antes se mostraba muy confiado en una cosa y otra: «—¡Y yo que desconfié de la divina Providencia [...]! Cada vez tengo más fe en la misión que desempeño, Inés [...]. Tú sabes mi pensamiento [...]; la muerte de la implacable envenenadora está decretada» (p. 319). «—Sí —le responde Inés en la misma página—, te ayudaré como siempre; pero [...] la vida de la reina está bajo el amparo de la divina Justicia; el día en que se arrepienta de sus crímenes, aquel día nos hemos vengado noblemente; el día en que viertas una sola gota de sangre, el día en que impidas el bien a que tenemos derecho los súbditos de la reina, aquel día te desamparo» A continuación, en el mismo lugar, se produce la primera cesión del antes vengativo Jimeno, que ahora se irá iluminando: «—¡Oh! Pues bien —murmuró Jimeno, después de un instante de terrible silencio—, no morirá Leonor, no morirá; pero te juro que ha de *anhelar la muerte*». Escribo estas últimas palabras en bastardilla, porque en ellas se resume la indecible tortura que llevará a la muerte de Leonor, producida por el terror. El diálogo entre Jimeno e Inés reproducido en este párrafo llevará ya directamente a la iluminación y conversión de nuestro héroe en caballero *a lo divino*, pero no por ello dejará todavía de tirar coces contra el aguijón.

Pienso en las reflexiones de Jimeno aprisionado y amenazado con la muerte por Leonor: «no podía comprender cómo la divina Providencia, que no consiente la impunidad de los crímenes, podía condenarle a la suerte que a Leonor estaba preparando, y se proponía *luchar y reluchar con su destino*, romper sus prisiones, salir... ¿y qué? [...] sus planes habían fracasado; era preciso inventar otros y ponerlos al punto en ejecución, aunque fuesen violentos y terribles. Para vencer a su enemigo, tenía que aniquilarlo» (pp. 343-344). Esto de «luchar y reluchar con su destino» es lo esencial en todo auténtico personaje novelístico. Los personajes épicos y dramáticos en el fondo han aceptado su destino desde antes de comenzar la acción de los poemas en que agonizan, pues carecen de la angustiosa autonomía de que están armadas las efigies novelísticas. (De esto último es un clarísimo ejemplo Mudarra, el protagonista del célebre poema narrativo del duque de Rivas, *El moro expósito* (1834); pues, según el poeta, «Mudarra va tras su destino»)[14].

[14] Duque de Rivas, *El moro expósito*, ed. cit., t. I, p. 226.

Por muy autónomo que sea Jimeno, empero, la novela *Doña Blanca de Navarra* sería sin duda artísticamente superior si no sólo se castigara a Leonor, sino si a la vez muriera el protagonista como consecuencia de su persecución de la reina y su lucha con su destino.

La iluminación de Jimeno se anuncia poco después de las últimas líneas de *Doña Blanca* que se han citado. Es más: de la siguiente exclamación de Jimeno parece desprenderse que él ha meditado en la ya reproducida advertencia de Inés: «¡Oh!, ¡cuán errados, cuán ciegos andan los hombres que abrigan el sacrílego intento de torcer o dirigir los altos designios de la divina Providencia!» (p. 344). Pero todavía no quiere retroceder de su plan original, y la crisis aguda se presenta en esta forma: «El caso era ya desesperado; Jimeno comenzaba a dudar de la bondad de Dios [...]. Desechada esta tentación de la desconfianza en la divina Providencia, pasó el caballero racionalmente a la desconfianza de sí mismo. —¿Quién sabe si yo soy el llamado para cumplir esta misión? ¿Quién sabe si yo, lejos de favorecer, he entorpecido los designios del cielo? Entonces tornó al lecho y cayó de rodillas. Oró fervorosamente un rato, pidiendo a Dios que le *iluminara* en aquel terrible conflicto» (pp. 351-352; la cursiva es mía). Considerando los crímenes de la usurpadora y su castigo, al fin «Jimeno se sonrió, y en su interior reconocía y adoraba la mano de la divina Providencia que en el mismo delito impone la pena al delincuente» (p. 361).

Si bien el trozo de diálogo con Inés citado más arriba es imprescindible para la iluminación de Jimeno, no lo es menos el siguiente. Jimeno lo inaugura haciéndole a Inés una pregunta sobre la reina usurpadora Leonor:

> —¿Y hemos de perdonar a semejante fiera?
>
> —¿Tienes derecho de absolverla si Dios la condena?
>
> —No, no.
>
> —Pues entonces tampoco lo tienes para condenarla si Dios la absuelve. (p. 374).

He aquí la última vacilación de Jimeno. Dos páginas más abajo quien habla no es ya simplemente el Jimeno iluminado, sino el Jimeno auténtico caballero a lo divino, pues renuncia a toda acción, ambición y venganza humana: «Inés, adoro la mano de la divina Providencia —dice—... no me es dado vengarme de Leonor, y al cielo remito este encargo doloroso... Mi misión en el mundo está cumplida» (p. 376). Misión de siervo, siervo noble, pero sólo siervo en fin. Pues no es más Jimeno que la vara —vara pasiva— de Dios; y del mismo Dios, y no de su vara, depende el castigo. Lo comprende así la misma reina usurpadora con la claridad que presta el encuentro con la eternidad. Muere Leonor, no de ninguna de las rebuscadas ponzoñas de que entendía el Jimeno estudioso de la alquimia, sino de un cáncer moral interior. «Jimeno —prosiguió la reina incorporándose—, querías vengarte de mí, pero Dios te ha vengado mejor que tú pudieras desearlo. Quince años hace hoy que maté a mi hermana doña Blanca de Navarra, y Dios me mata en su mismo aniversario. [...] memoria dejará mi reinado, pero será de maldición. *¡Sólo, sólo Dios podía haberme castigado de tan ejemplar manera!»* (p. 400; la cursiva es mía).

De Navarro Villoslada, *Doña Blanca de Navarra,* Madrid, Gaspar y Roig, 1849.

Los presentes ante el lecho de muerte de la reina Leonor, Jimeno, Inés, Catalina de Beaumont, la sirvienta Brianda y el padre Abarca, cronista ficticio de las aventuras de Simón/Jimeno/Alfonso, creen que tales palabras se han motivado por el arrepentimiento, y todos perdonan a la augusta transgresora. Pero ¿qué palabras profiere Leonor un momento más tarde, al abandonar este mundo? «—Todos, todos son mejores de lo que yo quisiera —dijo la enferma con la desesperación de un réprobo» (*loc. cit.*). ¿Arrepentimiento esto? De ninguna forma. Es vanidad; pues lo que Leonor en el fondo viene a decir es: Yo no parecería por contraste tan mala si vosotros no fueseis todos tan buenos; y esto claro que está muy lejos de decir: Lamento haber sido tan mala. Llegar tan desalmada fiera ante el tribunal eterno sin nada de remordimiento es desafiar a Dios como lo habían hecho Félix de Montemar y don Juan Tenorio. La insondable maldad de Leonor representa, sin embargo, desde otro punto de vista, la mejor justificación posible de los largos años de dudosa lucha de Jimeno por lograr que la asesina de Blanca y azote de toda Navarra pagara sus crímenes.

La expiración de Leonor se verifica, sin que ella derrame una sola lágrima, si podemos juzgar por una reflexión penitencial que le dirige Jimeno algunas páginas antes: «En este instante estáis sintiendo un peso, una opresión, una angustia inexplicable, y es que la mano de Dios os aprieta el corazón para ver si hace saltar una sola lágrima de arrepentimiento» (p. 387). Pero, no, no había de caer nunca esa gota salada. Era incapaz tan malvada mujer de cualquier emoción que fuese más tierna que la ira o el terror. Por una curiosa simetría entre los extremos del mal y el bien, la desaparición de Jimeno se marca por la falta de la misma señal de emoción.

Al final de la novela, Jimeno entrega a Inés y Catalina de Beaumont en manos de las monjas del convento de San Juan de Pie de Puerto, donde ellas prometen «pedir a Dios siempre por su ventura». En la respuesta de Jimeno alienta una honda ironía romántica:

> —¡Por mi ventura— respondió el caballero con melancólica sonrisa—. ¡Sí! ¡Pedidle sobre todo que no difiera mucho tiempo mi ventura!
>
> Y desapareció Jimeno profundamente triste, pero sin derramar una sola lágrima. (p. 401).

El comentario más adecuado a tal momento se halla en otra de las mejores novelas románticas de la literatura mundial, *El doncel de don Enrique el Doliente*, de Mariano José de Larra: «En las grandes situaciones de la vida no halla salida el llanto. La inmovilidad del mármol, el estupor de la postración, son los caracteres de las emociones sublimes. El silencio entonces es elocuente, porque no hay palabras en ninguna lengua ni sonidos en la Naturaleza que pinten el amor en su apogeo, que expliquen el dolor en toda su intensidad»[15].

La falta de la famosa lágrima única de los románticos en Jimeno en tal día se explica asimismo por el hecho de que nuestro sufrido héroe está ya resignado a abrazar la eternidad. Antes yo lamentaba el hecho de que no se muriera Jimeno de

[15] Larra, *El doncel*, ed. cit., p. 328.

resultas de su intento de vengarse de la muerte de su amada Blanca, lo cual acaso hubiera ensalzado el efecto trágico de la novela. Pero en los momentos más trágicos de la vida humana, siempre nos acompaña la prosa de nuestra pedestre existencia, y así la aparente inconsecuencia de la muerte de Jimeno entre bastidores —¿en qué momento del futuro del mundo novelístico?— responde a un esquema eterno, si pensamos en ciertas palabras de Vigny, que la Avellaneda aprovecha para caracterizar a la historia del noble esclavo Sab: «La historia de un corazón apasionado es siempre muy sencilla»[16].

[16] Gertrudis Gómez de Avellaneda, *Sab*, ed. cit., p. 203.

ÍNDICE DE AUTORES CITADOS

ÍNDICE DE OBRAS CITADAS

ÍNDICE DE ILUSTRACIONES